中 国 高 教 研 究 名 家 论 丛

韩延明 张茂聪 主编

U0745122

高等教育研究，何为？

杨德广 著

山东教育出版社

·济南·

图书在版编目（CIP）数据

高等教育研究，何为？/ 杨德广著. -- 济南：山东教育出版社，2025.6. --（中国高教研究名家论丛 / 韩延明，张茂聪主编）. -- ISBN 978-7-5701-3675-9

Ⅰ. G649.2

中国国家版本馆 CIP 数据核字第 2025NY8124 号

ZHONGGUO GAOJIAO YANJIU MINGJIA LUN CONG

GAODENG JIAOYU YANJIU，HE WEI？

中国高教研究名家论丛　　　　　　　　韩延明　　张茂聪　　主编

高等教育研究，何为？　　　　　　　　　　　　杨德广　著

主管单位：山东出版传媒股份有限公司

出版发行：山东教育出版社

　　　　　地址：济南市市中区二环南路 2066 号 4 区 1 号　　邮编：250003

　　　　　电话：（0531）82092660　　　网址：www.sjs.com.cn

印　　刷：济南鲁艺彩印有限公司

版　　次：2025 年 6 月第 1 版

印　　次：2025 年 6 月第 1 次印刷

开　　本：787 mm×1092 mm　1/16

印　　张：22.75

字　　数：373 千

定　　价：102.00 元

（如印装质量有问题，请与印刷厂联系调换）印厂电话：0531-88665353

总序

习近平总书记在党的二十大报告中强调，要"加快建设教育强国、科技强国、人才强国"，"加快建设高质量教育体系"，"加快建设中国特色、世界一流的大学和优势学科"。这些重要论述，为新时代高等教育高质量发展提供了根本遵循。在推进中国式现代化建设的当下，党和国家对高等教育高质量发展的期盼比以往任何时候都更为迫切。新形势下要实现高等教育高质量发展，需要有清醒的判断和正确的选择；需要进一步拓宽视野，守正创新；需要积极应对新技术和新方法给高等教育发展带来的新挑战；需要研究探索新时代高等教育服务治国理政和国家重大发展战略的新路径与新方法。

山东师范大学与山东教育出版社联袂推出的这套《中国高教研究名家论丛》（以下简称《论丛》），着眼于国家重大需求，探讨了高等教育发展的内在规律，回应了社会各界对高等教育发展的重大关切，是按照理论研究的科学范式和实践探索的应用要求编撰而成的一套高水平的高等教育书系。

《论丛》不拘一格，尊重每位学者的兴趣和专长，初定学术专著20本，分两辑出版，共600余万字。《论丛》站在高等教育的学科前沿，紧紧围绕"高等教育发展与前瞻"的主旨，遵循理论研究与实践应用相结合、应然建构与实然建设相结合、国际借鉴与国内经验相结合、历史回眸与未来前瞻相结合的原则，采用多学科、多视域、多元化的研究方法，以专题探索与体系构建为根基，以传承、改革、发展为主线，以国内外高等教育理论研究和实践经验探索为主题，从高等教育大系统、大拓展、大革新、大跨越的角度，对高等教育发展战略与宏观政策、高等教育组织与治理、高等教育研究何为、高等教育学及其理论问题、中国高等教育的时代命题、高等教育的理论探究、改革时代的高等教育发展、学科与研究生教育高质量发展，以及大学转型、大学治理、大学创新、大学文化、大学的未来等诸多层面和视角进行了全景式理论研究和全方位实践探索。《论丛》站位高远、立意新颖，中外结合、古今贯通，设计前卫、异彩纷呈，以国际视野打造中国高等教育的实践案例，彰显教育创新精神，凸显扎根中国大地办教育的理念，是新时代具有高等教育舆论导向、决策参考、理论指导和实践应用价值的精品力作。

本《论丛》的作者包括中国高等教育学科创始人、厦门大学资深教授潘懋元先生在内的20多位高等教育学界专家，分别来自厦门大学、北京大学、中国人民大学、浙江大学、中国教育科学研究院等全国知名高校和科研院所。这些作者绝大部分我都比较熟悉，有的已经认识、交往多年，也经常读到他们的论文或著作，他们在高等教育理论领域躬耕多年，贡献了许多真知灼见。他们扛起了高等教育学科理论大旗，创榛辟莽、研精覃思，坚守学术责任，攘袂引领国家教育改革决策，为中国高等教育改革和发展作出了重要贡献。

据韩延明教授介绍，潘懋元先生生前对这套《论丛》很支持、很关心，曾一度答应为丛书作序，这彰显了这位国内外著名教育家对我国高等教育研究的高度重视和对后辈学人的鼎力扶持。我和潘先生是多年的学界挚友，我一直视他为我的先辈，40多年来，我们的交往最多、最频繁、最亲密。现在他走了，但他的精神永存，我们永远怀念他！

"最是书香能致远"，欣闻《中国高教研究名家论丛》即将出版，甚为高兴，聊抒所感，是为序。

2023年5月25日于北京

编撰说明

党的十八大以来，习近平总书记站在中华民族伟大复兴战略全局的高度，对新时代教育强国、高等教育高质量发展、建设世界一流大学等，作出了一系列重要指示批示，深情似海，厚望如山。《中国高教研究名家论丛》（以下简称《论丛》）正是在这一宏阔发展愿景和踔厉奋进背景下，由山东师范大学和山东教育出版社联袂策划、组织、编撰、出版的一套接续性大型理论研究丛书。

（一）《论丛》基于新时代教育强国建设的使命担当

习近平总书记在党的二十大报告中强调，要"加快建设教育强国、科技强国、人才强国"。2023年5月29日，他在主持中共中央政治局第五次集体学习时又明确指出："建设教育强国，是全面建成社会主义现代化强国的战略先导，是实现高水平科技自立自强的重要支撑，是促进全体人民共同富裕的有效途径，是以中国式现代化全面推进中华民族伟大复兴的基础工程。"而"建设教育强国，龙头是高等教育"。这些重要论述，指明了新时代教育强国和高等教育高质量发展的方向，开启了高等教育强国建设的新征程。我国高等教育要立足实现中华民族伟大复兴，心怀"国之大者"，勇攀世界高峰，提升高等教育服务强国建设的能力和水平，强化高质量高等教育支撑中国式现代化建设的责任意识和使命担当。

（二）《论丛》致力于打造高水平的高教研究智库

本丛书整合集聚了国内高等教育学界领航专家和全国知名高校教授有影响力、有代表性的创新学术成果，倾力打造高等教育高水平研究与高质量发展的理论智库、决策智库与实践智库，致力于为新时代高等教育发展编撰一套具有学术价值、实践指导价值、高水平决策咨询作用的精品书系。

作者队伍由来自北京大学、中国人民大学、北京师范大学、大连理工大学、华东师范大学、上海师范大学、苏州大学、南京师范大学、浙江大学、厦门大学、中国石油大学（华东）、山东师范大学、华南师范大学、云南大学、西北工业大学、兰州大学、中国教育科学研究院等全国知名高校（以教育部官网公布的《全国高等学校名单》排列）和科研院所的高等教育专家学者构成。这些作者扛起高等教育学科理论大旗，为高等教育研究、改革、发展作出重要贡献。特别是著名教育家、中国高等教育学科创始人、中国高等教育学会高等教育学专业委员会首任理事长、厦门大学原副校长、资深教授潘懋元先生，更是殚精竭虑、建言献策、著作等身，构建了中国高等教育的学科体系、学术体系、话语体系，开创了中国特色、中国风格、中国气派的高等教育理论。

在遴选内容上，《论丛》着眼于国家重大发展战略，聚焦于高等教育发展规律，旨在与国家发展大局同向同行、与社会发展布局同频共振、与教育发展格局相辅相成。书稿均是经作者反复斟酌、精心选择的具有较高学术价值的代表性学术成果。有的成果虽已公开发表，但作者也进行了适当的修改和完善，还有一些是首次正式发表的具有学术含量的论文、报告、演讲、随笔、访谈、政论等，凝练了高等教育的中国智慧、中国方案和中国实践。有的著作还研究、解析、借鉴了国外高等教育发展的经验和创见。

（三）《论丛》科学建构高等教育的理论研究体系

《论丛》站在高等教育研究与发展的前沿，以多学科、多视域、多元化研究路径，按照理论研究的科学范式和实践探索的应用要求，遵循高等教育科学方法论，深入探讨创新人才培养、科研成果转化、教学质量提升、大学文化传承以及人文精神培育等高等教育实践中的热点、难点和焦点问题，为高等教育理论研究"描全貌"，为高等教育实践探索"留档案"，为高等教育发展"绘蓝图"。

《论丛》由潘懋元先生担任编委会主任，教育部原副部长、中国高等教育学会会长、教育部普通高等学校本科教育教学评估专家委员会主任林蕙青任编委会副主任，临沂大学原校长、山东师范大学特聘教授韩延明与山东师范大学副校长张茂聪教授任丛书主编，计划分两辑出版（共20册），倾力打造国内高等教育理论研究丛书中的标志性、创新性书系。

《论丛》在编撰出版过程中，得到了教育部领导、全国相关专家学者、山东省委宣传部、山东师范大学、山东教育出版社的大力支持。潘懋元先生生前多次电话催问和指导《论丛》的编撰工作；著名教育家、教育部教师教育专家委员会主任、中国教育学会名誉会长、北京师范大学原副校长、资深教授顾明远先生不仅多次悉心指导，还在百忙中为《论丛》撰写"总序"；林蕙青博士欣然担任《论丛》编委会副主任，为圆满完成潘先生的遗愿而尽心竭力；各位作者认真梳理、修改、完善文稿，精益求精，付出了艰辛的劳动；厦门大学教育研究院副教授陈斌博士，为搜集、整理、校对潘懋元先生《教育的未来》一书的文稿精辑细核、倾情奉献；山东教育出版社杨大卫社长、孟旭虹总编辑积极筹划、悉心组织；李红主任、郑伟副教授协助丛书主编做了大量相关工作。在此，我们一并表示诚挚的感谢！

由于编撰出版时间紧迫，加之面广量大，难免有疏漏、不妥之处，恳请同人和读者批评指正。

韩延明　张茂聪　谨识

2023年11月10日于济南

深切缅怀潘懋元先生

编者按：

    《中国高教研究名家论丛》从最初策划到推进实施，一直得到编委会主任潘懋元先生的热情鼓励和大力支持。正如顾明远先生在总序中所言："潘懋元先生生前对这套《论丛》很支持、很关心，曾一度答应为丛书作序，彰显了这位国内外著名教育家对我国高等教育研究的高度重视和对后辈学人的鼎力扶持。"即使在病中，潘先生也时常询问、了解丛书进展情况，令我们感激不尽。虽然先生已驾鹤西去，但其学术思想永存，学术之树常青！先生永远活在我们心中！

    为缅怀、感恩潘先生对本《论丛》的关爱和贡献，值此丛书出版之际，我们谨将2020年潘先生百岁华诞时韩延明教授在《中华辞赋》发表的《潘懋元先生百寿赋——敬贺潘先生百岁华诞暨从教八十五周年》转载于此，以表达我们对先生的敬仰和纪念！

潘懋元先生百寿赋

——敬贺潘先生百岁华诞暨从教八十五周年

韩延明

悠悠中华，代代薪传。盛世名家，潘公榜显。鸿儒硕学，懋德魁元。霁月光风，师表群贤。雄起桑浦之山峦，功著粤闽之海天。博通古今，皇皇乎摛文千卷；蜚声中外，巍巍然屹世百年。

壮哉！公祖籍揭阳，生于沙汕。幼爱习文，仲兄敷宣。八岁入学，衾寒毅坚。十五志教，永矢弗谖。卢沟烽起，粤东沦陷。赴揭阳抗敌，奔普宁增援。跋涉长汀，投考厦园。自强不息，朝乾夕惕志砺四年；止于至善，铢积寸累睿聚三源。学成赴赣，伉俪比肩。仰师恩，返母校执鞭；荣校荫，掌附小复建。欣开国大典，人大深造，北师读研，探察冰城，顾访太原；憾"文革"坷坎，燕京遣返，鹭岛受难，贬皖谪滇，蒿目时艰。然志不得伸兮行不由径，厄不辍研兮功不唐捐。

盛哉！改革开放，神州春满；花甲披坚，宏图大展。锵锵走中国道路，学科建设如日中天；矻矻立华夏学派，研究院所似火燎原。勇为天下先，鳌头独占；敢坐冷板凳，捷报频传。帅旗飏展，两条规律说深耕本原；师心璀璨，三段教学法涵育俊彦。学术例会，崇闳评点；硕博论文，精细把关。周末沙龙，宛然孔孟设杏坛；游学调研，譬犹朱吕会南轩。导大众化走向，区域高校辰光灿灿；辟应用型蹊径，高职民办星辉闪闪。讲演千场九域兮，论道谋猷大智渊渊；走访百国五洲兮，贯中通西宏论侃侃。授教大中小学，桃李争妍；历任科处校长，政绩炳显。银幕首秀，线上开坛，逸兴情酣；敬老携妻，教子育女，嘉行懿言。噫吁！鸿仁沐贤，悃诚播善。立德立功立言均不朽，为师为政为友皆垂范。"懋元奖"育林溉田，"潘公树"本固枝繁。芸窗奋志名扬四海，风华浸远辉耀九天！

大哉！谦谦君子诲而衍衍，八十五载树蕙滋兰；烁烁椽笔论而侃侃，百万臻言求真明典。研精覃思，擎新学之旌幡；创榛辟莽，立鸿业于荒原。气凛凛以浩然，身正行端；学浃浃以海瀚，钩深致远。茹古涵今传华夏之经典，探骊得珠撷欧美之灼见；左右采获答学子之叩问，上下求索解国策之疑难。人师世范，传道授业兮涔涔血汗；高教泰斗，披沙沥金兮点点琅玕。弘大学之道，创首个学科点辟地开天；仰天下为公，携数代高教人填海移山。承总书记执手畅谈，蒙委员长亲函盛赞。嗟夫！国泰民安，道闳文澜。俯未怍乎地，仰不愧于天。先生之德浩浩不已，沛乎集百川之源；大师之学绳绳无穷，峨然出万峰之巅！

懋嘉禹甸，启行乾元。泰岳望远，鹭江扬帆。忆曩昔，初心守望难愈攀；瞻前路，壮志骋怀老弥坚。盛世高吟复兴曲，潮头续写强国篇。瑞蕴华堂觐东海，弦歌黉宇寿南山！

（原载《中华辞赋》2020年第8期）

自序

2022年12月，我接到临沂大学原校长韩延明教授的电话，他说山东师范大学和山东教育出版社将联袂推出一套《中国高教研究名家论丛》，已将我列入编纂委员会名单，问我是否同意。韩教授是厦门大学博士毕业生，中国高教研究泰斗潘懋元先生的高足，著名的高等教育研究专家。对于这突如其来的任务，我感到很突然，也很有压力。我说："首先感谢你们的信任和抬爱，让我想好后再回答。"

我想得最多的是选定什么主题。改革开放40多年来，我发表了500多篇关于高等教育、基础教育和老年教育的文章。2021年5月，人民教育出版社出版了一套《中国当代教育学家文库》，将我的《高等教育改革的探索与反思》列入其中，共精选了我写的53篇文章。我还有较多的文章是论述高等教育研究的意义和作用，以及如何运用教育理论指导教育实践的体会。平时也有不少人问我，为什么一定要搞教育研究？搞教育研究有什么作用？于是我决定参与此论丛的编写，书名定为《高等教育研究，何为？》

教育研究有什么作用，有何作为？我作为一名老教育工作者，50多年来在5所高校工作过，其中包括教育行政部门、科研机构等，担任了16年大学校长。我的回答是，办好教育必须开展教育研究，如果学校领导和管理者不搞研究，不用科学的教育理念指导教育实践，就不可能管理好一所学校，引领好一所学校。我深深感受到教育研究、教育理论的重要意义和作用。我曾在多篇文章中表述过，作为大学管理者，必须研究教育理论并将其应用到教育实践中去，用教育理论回答和解决教育所面临的问题。

　　没有革命的理论，就没有革命的实践；没有正确的理论，就没有正确的实践。办大学是社会实践活动，办学过程中必然会遇到各种各样的问题，必须有科学理论作为指导。如教育的目的和方向、学校的定位、办学体制和模式、教育内容和方法等，在计划经济和市场经济两种体制下，迥然不同。计划经济下的教育体制，是国有化的办学体制、条块分割的领导体制、高度集权的管理体制、单一的投资体制；而市场经济下的教育体制，是一主多元的办学体制、以省（市）为主的领导体制、扩大办学自主权的管理体制、多元化的投资体制。要改变在计划经济下的上级对下级"统包管"、下级对上级"等靠要"的局面，就要遵循高等教育"适应性"理论，高等学校要主动为社会政治经济文化服务，要主动走进市场，适应市场经济的发展，为市场经济发展服务。我于1996年到上海师范大学当校长，当时学校经济拮据，赤字达1500万元，教学设备陈旧，教职工收入不高，住房十分紧张。导致这一状况的根本原因是学校的运行仍停留在计划经济体制的轨道上，没有进入市场经济的轨道。于是我们转变观念，积极发展教育产业，拓展教育市场，大大提高了办学的社会效益、经济效益和个人收益，尝到了用教育理论指导教育实践的甜头。实践证明，高等教育研究是可为的，是有所作为的。

　　科学理论对实践有重要的指导作用，这是客观存在的。但如何才能发挥理论和理论研究的"有为"，并非轻而易举之事，必须有理论研究的觉醒，必须有理论运用于实践的勇气，必须有理论运用于实践的成果，必须把教育当事业而非职业，必须得到社会的认可。

第一，高等教育研究要有作为，必须有理论的觉醒。1978年5月，《实践是检验真理的唯一标准》一文刊登，引发了关于真理标准问题的大讨论，只有符合实践，被实践证明是正确的，才是真理。不符合实践的，被实践证明是错误的，就不是真理。当年召开了具有历史意义的党的十一届三中全会，彻底否定了"两个凡是"的错误方针，并明确提出，把全党全国的工作重心从"以阶级斗争为纲"转移到"以经济建设为中心"上来。我觉醒了，觉悟了，认识到理论的极端重要性，明白了如何开展学生思想教育工作。我连续写了几篇文章——《思想政治工作必须做到教学领域中去》《以教学为中心开展思想教育工作》《政工干部要深入到教学第一线，开展思想教育工作》等，分别发表在《文汇报》《中国青年报》《中国青年》杂志上。学生工作、团的工作贴近实际了，顺畅了，激发起了我对理论学习、理论研究的浓厚兴趣。1979年，我被调到上海市高教局工作，一度负责全市高校毕业生的分配工作。在严格的计划经济下，毕业生全部由政府统包统配。无论学生及家庭状况如何，必须服从统一分配，不服从者即取消其毕业生资格，不予颁发毕业证书。我认为此举很不合理，必须从理论上突破，找出根源，提出"刚性计划与弹性计划"相结合的方案，要实行供需见面，可适当调整毕业生分配计划，照顾确有困难的学生。1980年，我在《人民日报》上发表了题为《高校要把计划管理和合同管理相结合》的文章，对当时的工作起到了积极的推动作用。这些都是受到1978年关于真理标准问题的大讨论和十一届三中全会精神的启发，我对理论有所觉醒和觉悟，意识到遇到任何复杂问题，必须从理论上分析和解决。

第二，高等教育研究要有作为，必须用理论指导实践，要行动，要解决实际问题，要有实际成果。1993年，我到上海大学任校长，这是一所由7所分校组成的新型综合大学，是上海高校改革的试验地，是上海第一所收费上学的大学。我根据高等教育"适应论"理论，提出上海大学在人才培养上的7条改革举措。针对办学经费不足问题，提出"大学校长一要找市长，更要找市场"，积极发展教育产业，增加学校收入。我根据因人而异、实事求是的原则，为著名作家戴厚英召开了全校学术委员会，解决了她的教授职称问题。1996年，我在上海师范大学当校长时，学校经济状况不好，我提出高等学校要走出困境，必须走进市场，主动承担起全市幼儿园、小学、中学教师的培训任务，举办研究生课程班，拓展大专自学考试，学校及各学院教师收入明显提高，大大调动了广大教师的积极性。此后6年时间里，学校建筑面积增加了30多万平方米，学生数从8200多人发展到2.4万人，学校专业从20多个发展到70多个，学校固定资产从2亿多元发展到10亿多元，1000多名教职工搬进了新居，还引进了大批著名教师、专家，教育教学质量明显提高，全国高校排名从158位上升到96位。1998年，上海市政府要求上海师范大学开发奉贤新校区，扩大招生规模。由于国家不投入，校内一片反对声，我则认为可以通过市场运作开发奉贤校区。我们通过贷款、置换等方法，在政府不投入的情况下，3年内把奉贤校区建设成了杭州湾畔美丽的大学园区，学生数从1000多人发展到2万多人，为上海高校扩招作出了重要贡献。

第三，高等教育研究要有作为，必须以调查研究为基础。理论来自实践，理论研究必须面向实际做好调查研究，"没有调查，就没有发言权"。20世纪80年代，我在上海市高教局工作时，为了摸清学情、制订人才培养计划，组织了两次大型调查研究，获取了上万条数据，最后发现，我国高校毕业生素质好的或比较好的占80%以上，用人单位表示满意或比较满意。但存在的突出问题是"平而不尖"，拔尖人才、领军人才和能打"攻坚战"的人才太少，这引起了我对拔尖人才的关注。我在上海大学、上海师范大学工作时，都办过"尖子班"，先后撰写了多篇文章，专门探讨拔尖创新人才培养问题。2019年，我写了一篇关于"超常"儿童教育的文章，获得浙江"天元杯"唯一的金奖。我认为，我国义务教育阶段取得了巨大成绩，但也存在不足，即忽视对拔尖人才的早期选拔和培养，没有对百分之三左右的"超常"儿童、天才学生给予特殊的培育。

在上海师范大学工作期间，我调研了在校学生的学情和基本素养，发现学生中存在"松""散""懒"的情况，存在"思想境界不够高""理论素养不够高""对己要求不够高"等问题，于是提出开展"充实教育"，让学生动起来、忙起来、学起来。每年开展学术科技节、体育节、文艺节，在全校开展以清扫校园为主要内容的"文明修身"活动；在教学改革上提出"减少必修课、增加选修课、加强实践课、开设辅修课"；在学生中开展"多张证书制、干部轮换制、半年实习制、综合测评制"，把"德、艺、语、技"作为师范生的特色。教育理念指导教育实践、育人实践，获得了丰硕的成果。教育质量明显提高，毕业生大受社会欢迎，就业率连续多年在全国名列前茅，学校受到教育部表扬。

　　第四，高等教育研究要有作为，必须有理论和实践的勇气，包括要有探索理论的勇气、坚持真理的勇气、敢讲真话的勇气、不唯上只唯实的勇气。前面说到20世纪80年代大学毕业生统包统配，不服从分配便取消毕业生资格，我提出改革统包统配制度、"刚性计划与弹性计划"相结合、实行供需见面等办法，都是顶住了极大的压力，必须有抛掉自我的勇气。1992年，邓小平南方谈话后，针对主管部门执行不力的消极态度，我撰写了《值得反思的几个问题》，矛头直指教育部门领导。近年来，在探索"双减"政策的过程中，我发现问题的根源在教育主管部门而不在培训机构。在探索拔尖人才的研究中，我认为障碍出现在义务教育阶段，是教育部基础教育司不重视、不作为的结果。我都公开提出了质疑。改革开放以后，高等教育界对几个重大理论问题一直存有不同看法，如对潘懋元的两个规律论、高等教育适应论的看法，关于高等教育扩招、大众化进程的看法，关于发展教育产业、建立教育市场的看法，关于民办教育、独立学院的看法，关于大学体制改革失败论、成为赚钱"学店"的看法，我都参与了讨论，直言不讳地发表了自己的看法，不做沉默的大多数，不怕打击。无论是面对权威大咖，还是面对领导，我都坚持讲真话，维护真理，坚持真理。潘懋元教授曾评价我，"特别敢于面对敏感的、有重大争论的问题，开展研究，提出看法，表现了理论创新的勇气和可贵的探索精神"。我认为高等教育研究的有为，就在于坚持真理、敢讲真话。

第五，高教研究要有所作为，要把教育当作终身追求的事业，而不是一个阶段的职业，更不是饭碗。从教近60年，我深感教育的极端重要性。教育是为人的发展、为社会发展服务的。任何一个人、任何一个社会的发展都离不开教育。热爱教育就是热爱人民、热爱社会，就是为人民、为社会造福。

中国教育成绩巨大，但也存在不足，需要我们深入探索和研究。我责无旁贷，但我的精力和能力有限。自学校因"年龄问题"取消了我的高等教育学博士生导师资格后，我的研究方向有所变化，开始关注老年教育和基础教育的研究。随着我国人口老龄化的推进，老年教育越来越重要，也越来越需要研究。我从1996年开始关注老年教育，撰写过关于建立老年教育学的文章，当时没有刊物愿意刊登，直到2018年，文章才被《教育研究》刊登。上海师范大学老年大学是我主持创办的（1996年），阮兴树校长聘任我担任老年教育研究所所长，在阮校长的领导下，我主编的《老年教育学》由人民教育出版社出版（2016年10月），成为全国老年教育师资培训教材。后来我被上海老年大学老年教育研究院聘为顾问，每年参与课题评审、研讨会、骨干培训等工作。拔尖人才的培养是我十分关注的问题。这几年有了空余时间，就对这方面进行了探索，撰写了好几篇万字以上的文章，均被人大复印资料转载。杭州天元公学是培养拔尖人才的试点学校，非常重视拔尖人才的早期选拔和培养，校方很认可我的教育理念，聘请我担任顾问。我国义务教育阶段的普及化程度很高，均衡教育、公平教育发展很成功，教育质量大面积提高。我国政府立足于义务教育"一个都不能少"的政策，使入学率高达99.66%，居世界前列。但我国忽视了对其中"超常"儿童、天才学生的早期选拔、早期培养，导致我国天才教育、英才教育在世界上处于落后状况。对此，我写了多篇文章，但并未引起主管部门的关注。党的二十大报告提出，要"着力造就拔尖创新人才"，这意味着我国人才培养进入了新的历史阶段，也给拔尖人才培养带来了机遇。可喜的是，长三角教育发展研究院下设了拔尖创新人才研究中心，暂由我担任主任，我们打算进行一系列研究。我很有信心以此研究中心为据点，比较广泛深入地在中小学探索拔尖创新人才的选拔和培养工作，把高等教育研究深入义务教育研究中，将拔尖人才的培养从小学、中学到大学衔接起来。

第六，高等教育研究是否有为，需要得到社会的认可。我曾当选为中国高等教育学会副会长、全国高等教育学专业委员会理事长、上海市高等教育学会常务副会长、教育部教育科学规划领导小组高等教育组成员、教育部高校设置委员会成员、中国民办教育研究院副院长等，这些职务体现了学界对我从事高等教育研究工作的认可。如果不从事理论研究，没有研究成果，别人不会认识我，不会认可我，更不会推荐我担任这些重要的职务。我曾获"上海市首届教育功臣提名奖"，被评为"对高等教育研究有突出贡献的专家"。2019年，我当选为"新中国成立70年70位教育人物"。2022年，我当选为西交利物浦大学评选的"新时代中国杰出教育家"（全国5人）。40多年来，我出版了40多部专著，发表了500多篇文章，其中在《文汇报》发表35篇，在《光明日报》发表13篇，在《解放日报》发表12篇，在《中国教育报》发表10篇，在《中国青年报》发表3篇，在《教育研究》发表11篇，在《教育发展研究》发表44篇，在《高等教育研究》发表29篇，在《中国高教研究》发表20多篇，被《新华文摘》转载摘录27篇，人大复印资料全文转载190多篇，被媒体报道65次，被"学习强国"转载3次。这些都是对我在高等教育研究方面的理论成果及实践成果的认可。

以上不谦虚的自我表白，绝非吹嘘和抬高自己，而是彰显了从事教育理论研究的必要性和重要性，以及把教育理论运用于教育实践的巨大作用。从事高等教育理论研究，大有可为，大有作为。

杨德广

2023年7月于上海师范大学

目录

第一章

高教研究要有思想觉醒、理论创新的"有为"

第一节　发展我国高等教育事业的战略对策探讨

中国共产党第十三次全国代表大会规划了我国社会主义现代化建设的宏伟蓝图，中华人民共和国第七届人民代表大会第一次会议对我国今后五年建设和改革的目标、方针和任务作了具体部署，令人鼓舞，催人奋进。要实现这一战略规划，确保到21世纪中叶，人均国民生产总值达到中等发达国家水平，人民生活水平比较富裕，基本实现现代化，主要靠什么？党的十三大报告中明确指出："从根本上说，科技的发展，经济的振兴，乃至整个社会的进步，都取决于劳动者素质的提高和大量合格人才的培养。百年大计，教育为本。必须坚持把发展教育事业放在突出的战略位置，加强智力开发。"李鹏同志在七届全国人大一次会议的报告中也强调，实现"四个现代化"，科技是关键，教育是基础。

教育在实现经济发展战略中起着最基础、最重要的作用。因此，党的十三大和七届全国人大一次会议都把发展科学技术和教育事业放在首要位置，这使每个教育工作者都感到十分光荣，更感到责任重大，任务艰巨。高等学校是为现代化建设出人才、出成果的主要基地，在实现经济发展战略中应发挥前沿作用。因此，全国及各地区应该制定与经济发展战略相适应的高等教育发展战略。

制定高等教育发展战略的根本指导思想是坚持教育为社会主义现代化建设服务的方针。我们不是为教育而办教育，而是为社会发展的需要办教育。一方面我们应该看到，新中国成立后，尤其是党的十一届三中全会以来，我国高等教育事业有了较大发展，在社会主义建设中起了重大作用；另一方面也应该看到，我国高等教育中还存在着结构不够合理、质量不够高、经济效益比较低、适应性不够强等问题。因此，建议我国高等教育发展的战略目标和重点拟为：适当发展数量，大力提高质量，调整改善结构，增强经济效益，主动适应社会发展的需要。为此，必须端正教育思想，深入进行教育改革，确立正确的战略思想和对策。本节就如何发展我国高等教育事业，提出十个战略对策，以期达到抛砖引玉的目的。

一、树立现代教育观念

实践是理论的基础，理论是实践的先导。要促进我国社会主义高等教育事业的发展，必须在研究、总结国内外教育思想、教育经验的基础上，根据我国社会主义现代化建设的实际情况，确立与之相适应的、新的、现代的教育思想，以便科学地、正确地指导我国高等教育事业的发展。新中国成立后，我国高等教育出现过几次曲折和失误，是由于没有确立适应我国国情的教育理论和教育观念，照搬照抄外国的教育模式。在研究教育发展战略时，必须吸取这些教训，认真探索教育理论问题，树立现代教育观念。

所谓现代教育观念，就是适应我国社会主义现代化建设、适应商品经济发展和改革开放需要的教育观念。《中共中央关于教育体制改革的决定》中提出的"教育必须为社会主义建设服务，社会主义建设必须依靠教育"[1]，以及邓小平同志提出的"教育要面向现代化，面向世界，面向未来"的思想，是现代教育的根本指导思想。具体说来，要促进我国高等教育事业的发展，应确立以下教育思想：在领导体制上，变统得太死、管得太多为扩大学校办学自主权；在办学模式上，变单一的学校办学为集资办学、合资办学、联合办学；在教育经费来源上，变单一渠道为多种渠道；

---

[1]《中共中央关于教育体制改革的决定》，载《人民日报》1985年5月29日。

在学校职能上，变一种职能（教学）为多种职能（教学、科研、社会服务），主动为经济建设、发展商品经济、促进改革开放服务；在教育模式上，变平均划一的模式为多种模式；在教法上，变注入式为主为启发式为主，以教师为主导，学生为主体，充分发挥学生在学习中的主动性，对学生因材施教；在教学目的上，变传授知识为主为培养能力为主，教会学生获取知识，发展能力；在教育制度上，变"包下来""铁饭碗"为奖优汰劣、优才优用的制度，把助学金改为奖学金，把毕业后包分配改为推荐录用、考核录用，等等。

这里仅仅列举了现代教育观念中的一部分内容。总之，在制定教育发展战略时，不要急于在规模、数量、速度上做文章，首先应认真探索教育理论，确立指导实践的现代教育观念。只有确立与我国政治、经济、科技、文化等相适应的现代教育观念，才能防止教育上的左右摇摆、大起大落，促进我国教育事业稳步、健康、迅速地向前发展。

二、 确立"以育人为中心"的教育思想

高等学校应以什么为中心？有人认为教学最重要，应"以教学为中心"；有人认为科研也很重要，应"以科研为中心"；有人认为二者都很重要，应有两个中心，即"以教学、科研为中心"。有些管后勤的同志则强调后勤工作的重要性，认为后勤工作也应成为学校工作的中心，因为"兵马未动，粮草先行"。于是形成了各个部门争中心、学校工作多中心的局面。然而"以教学为中心"的观点似乎已被公认。我认为，无论是"教学中心论"还是"教学、科研中心论"，都欠妥当。因为学校是从事教育工作的，教育则包含德育、智育、体育、美育以及健康的个性心理培育等，而教学、科研仅是教育系统工程的组成部分。如果只强调"以教学、科研为中心"，将削弱教育的职能，忽视对学生全面发展的教育。教学是指一种有组织、有计划地由教师向学生传授知识，以及学生学习知识的共同活动，其中包含德育，但不能替代德育，更不能替代整个教育。

高等学校的根本任务是为社会主义建设培养各类合格的专门人才。由此，必须"以育人为中心"，德育、智育、体育都是围绕这一中心，为育人服务的。高等学校必须切实对学生进行全面发展教育，把德育放在重要位置，做到德育、智育、体育三育并重，并建立德育、智育、体育三支教师队伍，各司其职，互相配合。当然，智育（即业务课）教师及体育教师应坚持"教书育人"，但不能把育人的任务、全面发展的教育任务完全落在业务课教师身上，因为德育包括政治理论课教育、思想品德课教育及日常思想政治教育，有其特殊的作用，并非智育教师和体育教师能包办代替的。

三、 实现教育社会化

教育的社会化包含两方面的内容：一是教育要为社会服务；二是要依靠社会力量办教育。关于教育要为社会服务的问题，从理论上说没有什么可争论的，但是如果用实践来检验，就会发现高等学校为社会主义建设服务的问题并没有真正得到解决，至少还存在以下不足：一是高校招生往往从学校自身的条件出发，缺乏对人才的预测，导致有些专业的学生毕业后在社会上不被需要，毕业生分不出去，而社会上奇缺的专业，招生数很少或不招生；二是有些学校的课程设置、教学内容、学生规格与社会需要脱节，学生毕业后较长时间不能适应工作；三是学校没有树立直接为经济建设服务、广泛为社会服务的观念，如有些学校潜力很大，有多余的师资、科研力量却没有发挥作用，有些学校设备的利用率很低，而又不对社会开放。

从依靠社会力量办教育来说，也存在很多问题。我国大部分高校是大而全、小而全，什么都管，大学成为一个小社会。校领导整天忙于抓后勤、管生活、分房子等具体事务，削弱了学校领导办教育的精力，而且脱离了大社会，不注意依靠大社会，也不注意为大社会服务，从而淡化了社会各部门支持教育、共办教育的责任和义务。

实现教育社会化的战略对策，最根本的一点是应树立全心全意为社会服务的思想，主动适应经济建设和社会各方面的需要。招生工作、专业和课程设置、教育内容、培养目标都要从社会实际需要出发。要尽快调整现有的专业结构，对供过于求的一些理科专业，不能再盲目增设和招生，要向应用方面发展，增设社会上紧缺的专业。学校领导和教师要经常到社会上作调查研究，了解社会各方面对人才的需求。大学教师应定期到对口的企事业单位、科研部门去工作，积极为社会主义现代化建设献计献策。凡是有条件的学校应办夜大、函授大学，多招收一些在职人员到学校学习。应对高等学校仪器设备的使用率作出规定，使用率过低的应予调出或上交财产占用税，促使学校的实验室对外开放。高等学校应在主动适应社会需要、主动为社会服务中提高社会地位，得到社会支持，促进教育事业的发展，不能坐等政府"送饭吃"，而要在为社会服务中"找饭吃"。

实现教育社会化的战略对策，还必须树立全社会办教育、依靠全社会办教育的观念。要从工厂、企业、科研部门、机关聘用有专长、有丰富实践经验的工程技术人员、科研人员、干部到大学讲课，以解决新设专业、新开课程师资不足的问题，及时从实践中汲取新的科学知识。还要逐步将高等学校的食堂、托儿所、幼儿园、教工住房等后勤工作交给社会有关部门去管，在各方面加强学校与社会的紧密合作，通过社会集资的办法，解决教育经费不足的困难。

四、政校分开，自主办学

长期以来，不少高等学校缺乏活力，有潜力却挖掘不出来，根本原因在于学校自主权太小。解决这一问题的突破口是实行政校分开。"政"指政府部门，"校"指高等学校。我国高等学校的体制历来是由政府部门直接领导，在学校的专业设置、教学内容、招生人数、毕业生分配计划等方面，由政府部门决定或审批，政府把各大学分属各个部、委、局等。这种以政管校、以政代校的状况，是过去高度集中的计划经济体制的产物，在当时的条件下有一定的必要性和积极意义。随着近几年我国商品经济的发展，企业成为有法人地位的独立核算单位，实行政企分开，所有权与经营权分开，增强了企业活力。如果高等教育仍然坚持以政代校、政校不分的体制，必将越来越不适应改革开放的需要，也会暴露出不少弊端：一是大学为各部委、地方部门所有，培养的人才主要归部门所有，造成有些部门得不到所需要的专业人才，另一些部门专业人才过剩；有些大学有培养能力，却不让招生，另一些大学没有培养能力，却被逼上马，这不仅造成了低水平重复建设，还致使教学质量难以保障。二是学校缺乏自主权，不利于大学办出特色。有些大学长期以来在某一学科、某一专业的发展方面形成了优势和特色，但由于本部门、本地区不太需要这类专业，限制了其发展。三是学校缺乏压力、动力和活力。由于学校经费来自政府，政府部门对学校管得过多，控制过严，学校被捆住了手脚，缺乏活力，也缺乏改革的动力。

要改变这一状况，必须实行政校分开、职责分开，让大学成为有法人地位的独立实体，避免以政代校。具体说来，建议给学校"十个权"：一是有权直接与用人单位签订招生、培训、技术协作等合同；二是有权根据社会需求设置专业；三是有权在定编范围内审定、聘任教师职称，解聘不称职人员；四是有权聘任副校长及处、系级干部；五是有权自行建立董事会、基金会，接受国内外团体、个人的赞助；六是有权与国内外有关部门、单位实行联合办学；七是有权利用学校的智力、物力、财力对外服务，发展产业；八是有权在计划内或计划外招收委托培养学生、自费生，对部分毕业生实行预分配和有偿分配；九是有权将学校的创收用于发展教育事业，改善教职工福利待遇，实行浮动工资；十是有权独立开展对外交流活动，吸收外资办学。这样才能使大学成为相对独立的实体，建立起责权利相统一的自主办学机制。而政府主管部门主要实行目标管理，进行宏观调控，具体任务有四项：一是给各类学校定编，下达经费；二是确定培养目标；三是选拔任命（或审批）校长；四是督导和组织教育质量评估等。

五、教育经费来源多渠道

当前影响我国高等教育事业迅速发展的最主要障碍是经费不足，尤其是教师工资过低，基建费用奇缺，以致不少学校连最起码的实验室、实习基地、生活用房也没有，教工宿舍、学生宿舍十分紧张。许多高校的教育事业费每年缺口20%～30%。因此，必须改变教育经费仅仅依靠国家拨款的单一渠道的现状，应制定经费来源多渠道的战略对策：一是完善国家补贴制度。国家每年应逐步增加教育经费投入，并改变平均下达经费的办法，拟建立国家和地方拨款委员会，制定下达经费的原则。对办学质量高、多招收委托培养生和自费生的学校，应按人数补贴一部分教育经费。二是利用学校智力优势对外提供有偿服务，以校养校。发挥校办工厂、农场的作用，开放实验室、测试中心。有条件的大学可以举办各种社会需要的培训班、进修班，可以创办和发展相关产业，联合办厂、联合办学。有条件的大学可以承包几个工厂、商店，作为大学生的实习基地，就像医学院校有附属医院一样。三是社会集资，成立董事会、基金会，扩大委托培养的规模。毕业生分配到产业部门，可酌收教育补偿费。四是鼓励国内外团体、个人进行教育投资。五是对每个学生适当收取学费，金额相当于培养费的十分之一，扩大招收自费生，收取较高的学杂费，可相当于培养费的三分之二，其余由国家补贴。

六、实现教育目标多元化

新中国成立后，我国高等学校的培养目标从总体上说来是明确的，但是也存在三个不足：一是强调共性多，强调个性少，不同类型、不同学科的学校，不同的学生缺乏具体的培养目标和要求；二是盲目追求大（规模大）、综（综合性大学）、高（高学位）的发展目标，专科向本科发展，本科忙于办学院向综合性大学发展，脱离了社会实际的需要；三是对德育教育质量重视不够，学生素质有所下降。

制定培养目标的出发点：一要从我国社会主义高校的现状与要求出发，培养能坚持四项基本原则、符合"四有""三个面向"的要求、适应改革开放所需要的现代人，使他们具有效益观念、时间观念、商品观念、市场观念、竞争意识、创新意识等现代观念，具有高度的社会责任感、事业心、全心全意为人民服务的献身精神等。这些是培养目标的共性。二要从社会各地区、各部门的实际需要出发。我国地域辽阔，行业很多，某些地区经济、科技、文化还很落后，发展不均衡，因而需要不同学科、不同规格、不同层次的专门人才，这就决定了高等学校在培养目标上应多样化。三要从各类不同学校、不同专业的特点出发。重点大学、普通大学、专科学校的功能是不同的，在办学条件方面也有一定差距，不能用一个模式、一个目标，应有所分工、各有侧重。四要从学生的实际情况出发。学校对每个学生既应坚持德、智、体、美全面发展的培养目标，又要考虑到学生素质、专长、个性特点，因人而异，因材施教。

以上是高等学校制定培养目标的依据。应该看到，只有实现培养目标的多元化，才能适应社会主义初级阶段多结构、多层次的需要。不同类型、不同层次的培养目标是同样重要、不可或缺的。不能有高低贵贱之分，不能认为"大、综、高"的培养目标是唯一最佳的目标。本科工业大学培养工程师人才固然重要，但专科工业学校培养高级技术人才也不可缺少。近年来高校中出现的"升格风""改名风"，忽视了多规格、多层次的培养目标，削弱了专科教育，是不符合我国社会主义初级阶段多方面需要的。

七、挖掘潜力，提高效益

截至1987年，我国普通高校已发展到1 063所，在校大学生196万人，研究生12万人。而1978年普通高校仅598所，在校大学生85.6万人，研究生1.1万人。

从我国高校发展的状况看，主要存在四方面的问题：一是学校数量发展速度过快，1985年全国新增高校114所，1986年全国新增高校38所。不少专科学校是在中专学校的基础上改个名字，本科学校是在专科学校的基础上改个名字。有些学校是在师资、设备奇缺的情况下仓促上马，质量不符合要求。二是重复办学、办专业，缺乏战略规划，造成人力、财力、物力严重浪费。三是学校规模小，经济效益低。四是有些学校的领导工作重心没有放在挖掘潜力和提高质量上，办学效益不高，潜能释放不出来。

从宏观上看，我国高等学校的数量已经不少，除了个别空白门类没有高等院校外，今后不应在发展高校数量上下功夫，而应充分利用现有高校条件扩大规模，挖掘潜力，提高效益。各省、自治区、直辖市和有关部门所需专业人才，一般应同国家教委，各省、自治区、直辖市教委或直接与有关高校联系，向有关学校投资，不必新办学校、新办专业。这样至少可以节省三分之二的经费，且质量较高。各高校也要积极争取和吸引用人单位来校投资，挖掘潜力多招收学生。主管部门在政策上要求高校严格实行人员定编。按国家教委下达的编制要求，教职工与学生比平均应为1：3.3，师生比平均应为1：6.6，而目前仅达到1：2.8和1：5.9。教职工超编10多万人，其中教师超编3.43万人。解决办法之一，即扩大紧缺专业的招生人数，包括增收夜校生、函授生、委托培养学生和自费生，逐步使师生比达到1：10。解决办法之二，就是挖掘潜力，在为社会服务中提高办学效益。这也是发展我国高等教育事业的主要途径之一。学校应把超编人员组织起来，成立智力开发公司、科技服务公司等，以增加创收。把创收的经费用于改善全校教职工的福利待遇，增添教学设备，这样既稳定了一线教师队伍，又促进了教育事业发展。有人担心，学校搞创收会影响教学质量，不愿走出"象牙之塔"。实际上，人员过剩才真正影响了教学质量。当然，也要注意克服另外一种倾向，有些学校发动所有教师或大部分教师去搞创收，实行层层承包，这种做法是不妥的。学校必须把主要力量和教学骨干安排在教学第一线，确保教学质量。让少量多余的力量和有开发能力的教师去搞创收，也可实行轮流制、兼职制，这样才能真正提高办学效益。办学效益的高低，不仅要看创收多少，更要看教育质量如何。

八、发展横向联合

我国高等学校不仅数量多，师资队伍庞大，而且学科和专业门类较齐全，但效益为什么不高呢？原因之一是各自为政，各成系统，横向交流、联合不够。因而有的学校在某一方面力量过强，"英雄无用武之地"；有的学校在某一方面力量过弱，"用武之地无英雄"。一方面，有些业务部门急需培训在职人才，进行继续教育，因此开办了各种进修学院、职工大学、培训中心，投资很大，效果却不好；另一方面，学校有师资力量，就是缺乏资金盖校舍、添设备，教师工作量不足，积压很多人。一方面，工厂、企业内部组织人力、财力搞技术革新、产品更新、科研攻关；另一方面，学校、科研部门的科研成果长期搁置，转让不出去。造成这种状况的原因之一，也是横向联合不够。要充分发挥高等学校潜力，发展高等教育事业，必须实行横向联合。

一是高等学校之间的联合。高等学校教师、仪器设备、科学研究应加强交流，普通高校之间可以联合办学，联合办专业，充分发挥各自的优势，以适应学科之间互相交叉、互相渗透的需要。为了加快人才培养的步伐，各类高校的学制可以相通，即通过考核，学生可以转学、插班，改变一次高考定终身的做法，同时引进竞争机制，实行奖优汰劣。另外，普通大学和成人高校之间进行联合，可以是松散联盟，也可以合为一体，部门、工厂、企业办的职工高校有些可并入全日制普通高校。1987年，我国有成人高校1216所，在校生185万人，平均每所仅1500名学生，而且办学体制分散，存在不少困难。如上海有各类成人高校131所，在校生10万余人，其中职工高校75所，在校生4300多人。这些职工高校分别由60多个局、公司、企业承办，面临着师资质量不高、仪器设备不全、生源不足等问题。如果能将一部分职工高校并入普通大学，会带来很多好处，如可以充分发挥普通高校的潜力和优势，提高办学效益；可以提高高校的教学质量；可以扩大招生人数，增加在职人员的培训数量；可以进一步密切普通高校与工厂、企业之间的关系，为普通高校的学生实习、教育经费来源开辟广阔渠道。

二是高等学校与企业、科研单位联合。其形式有多种：一是建立"三位一体"的联合体。学校为企业、科研单位培养人才，开展技术合作；企业为学校提供生产、实习基地，提供部分教育资金。三方的教师与科研人员经常交流。二是学校建立董事会、基金会，吸引有关工厂、企业、科研单位参加，与他们签订关于人才培养、人才交流、科研协作等方面的合同，互惠互利，互相促进。三是联合办学，发挥各自的优势，为工厂、企业培养专门人才，办好职工学校或培训中心。加强学校与企业、科研部门的横向联系，有助于贯彻落实"教育必须为社会主义建设服务，社会主义建设必须依靠教育"的方针；有助于学校理论与实际结合，提高教学质量；有助于增加教育资金，发挥学校的潜力；有助于促进社会生产力的发展。

九、在竞争中发展

提高经济效益和教育质量的有效途径之一，是引入竞争机制，创造一个能够激励学校办学积极性、教师教学积极性、学生学习积极性的良好竞争环境。

我国高等教育应在竞争中提高效益，在竞争中提高质量，在竞争中求得发展。一是学校之间的竞争。对办学水平高、教学质量高、深受社会欢迎的学校，国家应多投资；反之，投资相应减少。重点学校则在竞争中形成。二是教师之间的竞争。一所学校的教育质量高低，从根本上说取决于教师质量的高低，加强教师队伍建设是发展高等教育事业的关键所在。为此，必须注意教师的选拔和培训工作，不断改善他们的待遇。然而仅有这些外部因素是不够的，还要开展竞争，以调动和激励内在的积极因素。如学校对教师可实行聘任制，每门课可以有几位教师挂牌上课，让学生自由选择，按实绩和水平提职、晋级，不搞论资排辈。教师在一定的期限内达不到要求水平的，没有被聘任的，应实行流动，让他们去从事力所能及的工作。三是学生之间的竞争。目前有相当一部分大学生学习动力不足，对自己要求不高，除了必须加强思想教育工作外，还要在管理上引入竞争机制。如取消助学金制度，实行奖学金制度和贷款制度；取消统一的定班授课制，实行学分制、中期选拔制，优秀生可以提前毕业；取消毕业后包分配制，实行考核制、招聘制；应适当提高优秀毕业生的工资待遇，适当降低没有取得学位的学生的工资待遇。

通过竞争，可以激发和调动学校、教师及学生内在的积极性，可以鼓励先进，鞭策后进，形成比学赶帮、奋发向上的校风、教风和学风，使高等教育事业在竞争中充满生机，蓬勃发展。然而，社会主义高等学校的竞争是建立在全心全意为人民服务、为社会主义建设多作贡献的前提下的，必须把思想政治教育放在首位。竞争，实际上是竞赛，为了健康地开展竞争活动，教育主管部门应制定和健全对学校的评估制度和各项评比条例，学校内部应制定对教职工和学生的评比条例，奖勤罚懒，奖优罚劣。

十、实行对外开放

当今世界的科学技术和现代生产都在迅猛发展，信息瞬息万变，科技、生产和消费打破了国家、地域、民族的界限。高等教育要"面向世界"，只有实行开放，才能真正了解世界，学习和借鉴先进经验，充实、丰富、发展自己，才能培养可以应对未来挑战、参与国际竞争的优秀人才。

高等教育对外开放的方式多种多样：一是实行人员交流，派出专家、学者到国外进修、任教，互派留学生。二是建立校际协作关系，除互派专家、学者、留学生外，还可以开展科研、教学等方面的交流、协作，互派团组访问，交换图书资料。三是从宏观上看，为了适应对外开放的需要，我国高等院校要尽力增设涉外专业，如国际贸易、国际金融、国际谈判、国际法、国际关系、国别史等。对大学生要加强外语教学，使他们每人熟练掌握一门外语。外语类专业及其他学科高年级要选择一些外文原版教材。四是有条件的学校可创办国际学术交流中心或培训中心，开展国际性课题研究，争取国际组织的支持，吸收国外专家、学者来校任教。北京、上海、广州、天津等大城市应创办几所国际化大学，即跨国性大学，使这些大学成为对外联络的中心，多聘请外国专家，多招收外国留学生。五是举办国外科技和教育成果展览，组织文化、科技交流，将国外新科技、新成果、新思想介绍进来。六是吸收和利用外资办大学，也可以办中外合资大学，联合办学，联合培养学生，即让学生一部分时间在中国学习，一部分时间在外国学习，中外学生等额双向交流。让更多的中国学生到外国去学习生活一段时间，有助于增强学生的国际意识及提高其应对国际环境的能力。

要确保我国高等教育事业的健康发展，切实实施上述十个战略对策，必须加强立法。通过立法来明确高等教育的战略地位，保障高等学校的权益不受侵犯，保证改革工作顺利进行，以推动高等教育主动适应蓬勃发展的社会主义经济建设的需要。

（原载《华东师范大学学报（教育科学版）》1988年第3期，有改动）

第二节　构建德智体美劳教育体系

2018年9月，习近平总书记在全国教育大会上，提出了一项极有现实意义和深远战略意义的教育举措——要努力构建德智体美劳全面培养的教育体系。其中包括两个重要内容：一是构建教育大目标，二是构建教育大体系。

回想20世纪五六十年代，学校很重视"教育与生产劳动相结合"，很重视培养"合格劳动者"。从小学到中学、大学，都定期开展"学农""学工"活动。中学生、大学生每年要到农村、工厂参加一定时间的劳动。学生通过劳动实践深入社会、了解社会，锻炼意志和毅力，培养吃苦耐劳的精神，体会劳动的光荣与伟大，学习劳动人民的高贵品质，对健康成长起到了积极作用。

当今的青少年学生，大多数来自经济条件较好的家庭，加上应试教育的影响，他们整天沉浸在学习书本知识中，很少参加劳动。这导致许多学生不爱劳动、不会劳动，缺乏艰苦奋斗、吃苦耐劳的精神，不知道劳动的意义和价值。不少学生由于没有经历过劳动的艰苦锻炼，在学习过程中遇到困难就难以坚持，参加工作以后不敢担当，不敢开拓进取。因此，忽视劳动教育的教训是深刻的。

习近平总书记把教育目标的"四育"提升到"五育"，把"劳育"作为五大目标之一，构建德智体美劳的大目标，非常必要和及时，意义十分重大。让学生参加适当劳动，有助于改变"饭来张口，衣来伸手"的坐享其成的不良习惯，让他们认识到劳动创造人类、劳动创造世界、劳动创造美好生活的意义，树立劳动光荣、劳动致富的观点，培养热爱劳动的良好习惯，锻炼吃苦耐劳的精神，为人生发展奠定坚实的基础。

教育体系是为实现教育目标服务的，是指学校运行方式、运行规则等各方面相互关联、相互作用、相互协调的建制。如在德育体系上，如何把德育贯穿到学校教育的各个方面，把立德树人融入每个专业、每堂课、每位教师的教学实践中，还需要进一步完善和加强；在智育方面，要构建为大目标服务的教育体系，改变重科研、轻教学，重教书、轻育人的状况，构建全员育人、全程育人的教育体系。目前，更为薄弱的是体美劳教育体系。相当一部分中小学体育和大学体育并没有落到实处，相当一部分学生身体不够强壮，表面上身体颀长，营养充足，但由于缺乏体育和劳动锻炼，体质并不好，将来很难承担繁重艰苦的工作。

在体育方面，首先要树立"健康第一"的教育理念，开齐开足体育课，把学生引导到体育场、健身房、大自然中去锻炼身体，强健体魄，让学生在体育锻炼中享受乐趣、增强体质、健全人格、锤炼意志。

在美育方面，开展丰富多彩的课余活动，组织好第二课堂，传承、弘扬古今中外优秀文化艺术，让高雅艺术进校园、进课堂。开设人文素养课程和兴趣活动小组供学生选修。坚持以美育人、以文化人，提高学生的审美能力和人文素养。

在劳育方面，应借鉴20世纪五六十年代有效的学工、学农制度，加强劳动教育。中学和大学应有计划、有目的地组织学生参加适当的农业劳动、工业劳动。要让学生真正懂得"劳动最光荣、劳动最崇高、劳动最伟大、劳动最美丽"的道理，让他们在劳动实践中去体验、去感悟、去锤炼。

我们必须认真贯彻习近平总书记提出的构建德智体美劳全面培养的教育体系的战略思想，坚定不移地围绕实现德智体美劳全面发展这个大目标，开展学校的各项工作。

（原载《现代教学》2018年第10B期，有改动）

第三节　树立教育服务产业观

关于教育是不是产业的问题，我国教育界乃至社会各阶层人士对此争论不休。时至今日，争论虽已不多，但仍有不同的看法。这是正常的现象，有争议是好事，有利于对问题进行深入探讨。我是教育产业的积极提倡者，我坚定不移地认为教育是产业，是服务性产业，办好教育、发展教育，必须树立教育服务产业观。

一、教育是服务性产业

有些人不赞成教育具有产业性的观点，认为教育是公益性的。我认为，这种以教育的公益性来否定教育的产业性的观念是片面的。教育的公益性是指教育必须符合社会的公共利益，且有为社会服务的公共职能。教育的公益性主要表现在：教育产品的公共性，即为全社会服务；教育投资主体的公共性，即以国家投资为主；教育收益既有私人性又有公共性，即对个人、对社会都会带来利益；高等教育是准公共产品，即不是由国家全额投资，但国家和个人都能受益，且具有公益性和产业性的双重性质。

中国加入世界贸易组织，标志着中国经济已融入经济全球化，全面进入市场化阶段。相应地，教育尤其是非义务教育和高等教育也被纳入教育服务贸易范畴，这是无可争议的事实。马克思说过，服务也是商品。因此，教育服务具有商品属性、产业属性。

高等教育的产业性主要体现在以下四个方面：一是高等教育是生产知识的产业。在现代社会及知识经济社会中，发展生产的主要要素已从土地、资产、劳动转移到知识、信息和科学技术，而高等教育则是生产知识、信息和科学技术的主要基地。二是高等教育是生产高科技产品的产业。国内外许多高校都在创办科技园区，在科技园区中，教师和研究人员以及研究生、大学生均发挥了很强的创造能力和创业精神。他们将自己的科研成果转化为生产力，转化为商品，建立教育产业。发展科技园区，是孵化和推动高新技术发展的重要途径。三是高等教育是生产人力资本的产业。以知识和科学技术武装起来的人力是生产要素中新的资本投入，这种新的资本被称为人力资本，这种由知识和科学技术内化为人力资本的价值，比金钱资本的价值更大，而人力资本的形成及大小取决于教育水平和教育的投入。四是高等教育是提供服务的产业。高等学校可以利用自己的智力、设备、信息为社会各方面服务，包括咨询、决策，以及提供信息资料、开展科技攻关培训、人员中介服务等物质和非物质性的服务。

由此可见，教育的产品包括知识、信息、科技、人才、服务等。以前人们只是把培养人才当作教育产品，现在看来这是不全面的。从广义上讲，教育服务就是教育产品，因此，要树立教育服务的产业观念。学校，尤其是高等学校，要把整个社会当作提供教育服务的大市场。在现代社会中，教育产品主要体现在教育服务上，各类不同的学校在发展教育服务产业问题上应从各自的特点及优势出发，如理工科大学可以发挥高科技优势，为国家、企业、大型工程承担科技攻关任务、设计开发任务；医科院校可以开发食品市场、医药市场；位于市区的学校可以开发商业市场；艺术院校可以开发文化市场；师范院校可以开拓教育市场。非义务教育阶段，如中专、职校等，可以发展教育服务产业，向社会开放，为企事业单位服务，为人才培养服务。

二、高等学校要主动占领教育服务市场

高等学校有广阔的教育服务市场。高等学校发展教育服务产业不能仅局限于办学和办班，而应该积极主动地占领能发挥其作用的各种教育市场。

一是占领国际教育市场。我国加入世界贸易组织以后，将进一步推进教育的国际化和产业化。国外教育机构通过"跨境交付、境外消费、商业存在和自然人流动"等形式已进入中国市场，以吸引中国学生。美国的教育产业占其全国十大产业的第四位，英国、德国也在积极开放教育市场，吸引外国留学生，以获取巨大的经济利益。澳大利亚留学生的规模发展迅速，2002年已达到14.5万人，而本国招生数只有61.9万人，南澳大学有6000多名留学生，中央昆士兰大学的2万名学生中有5000名是来自99个国家和地区的留学生。我国大学，尤其是重点大学，应积极创造条件，提高办学水平，办出特色，以吸引外国留学生到中国来学习。

二是占领国内教育市场，满足各类人员上大学、接受教育的需求。成人教育、继续教育的市场很大，地方性大学、教学型大学应充分发挥作用。上海等城市已步入老龄化社会，许多离退休的老人迫切要求"老有所学，老有所为"，学习热情很高。因此，大学应充分利用自身的优势条件开办老年大学。建立学习型社会已在国外引起广泛关注，各类教育应主动为学习化城市、学习化社会服务。美国、日本等国在20世纪80年代，就提出由学历社会向学习化社会过渡的政策。1991年4月，美国政府提出了教育发展的四大战略，其中两大战略就是"把美国变成人人学习之国""把社区变成大课堂"。之后，新加坡政府提出要建设"学习型政府"，日本也提出要把大阪建成"学习型城市"。2001年5月，江泽民同志提出"构筑终身教育体系，创建学习型社会"的口号。

三是占领休闲教育市场。在我国，每人每年有近三分之一的时间在休假。对此，学校应主动占领休闲市场，为休闲教育、休闲文化服务。在休闲教育方面，我国各类学校都可以发挥作用，有所作为。马克思认为，休闲是不被直接生产劳动所吸收的时间，它包括个人受教育的时间、发展智力的时间。因此，学校完全可以为"受教育""发展智力"服务。

四是占领空中教育市场，建立网上大学，开设网络学院，大力发展E教育。目前，美国已有200万网上大学生，70%的大学设立了网络课程，少则3门，多则5门，最多的伊利诺伊大学开设了220门网络课程。美国教育部决定，到2005年，90%以上的美国大学都要开设网络课程，网络教育将成为远程教育的最新形式。为此，不少美国网上大学正在积极寻求海外发展空间。20世纪90年代中期以来，大量的美国资本除涌入E商业、E广告以外，还涌入E教育事业，如汤姆逊公司投资2500万美元与"21世纪环保大学"、锋古利尼亚大学、纽约大学等16所大学展开合作，计划向亚洲、拉丁美洲等地的大学提供远程课程，使远在土耳其、委内瑞拉等国的学生也可完整地攻读美国学位。我国有条件的高等学校，包括好的中学，也应积极发展网络学校，并对国内外开放，充分利用教育资源，主动占领空中教育市场。

三、各类学校都应增强教育服务意识

除义务教育、国家全额投资的纯公共教育外，凡收取学费、带有商业性质的教育活动均属教育服务贸易范畴。教育服务具有鲜明的选择性，在教育服务贸易条件下，学习者和家长成了教育服务产品的消费者，学校和教师成了教育服务产品的提供者。作为消费者一方，学生或其家长缴纳了相应的费用之后，有权根据自己的需要和满意度来选择学校，选择学习内容和学习时间，甚至选择教师。作为教育服务提供者，学校和教师在依法收取相应费用之后，有义务按照国家的教育标准和对学习者的承诺，提供合格优质的教育服务，供受教育者、教育消费者选择。在教育服务贸易条件下，每个学习者和每个家庭若要在非义务教育阶段获取知识，就应有一定的教育投资，以取得选择和获得满意的教育服务的权利，精心选择适合自己的教育消费的类别、水平和品位，从中获得自己真正需要且有效的教育服务。受教育者以支付一定的金钱来换取知识、换取教育服务，这种交换形式也具有商品性。既然有商品性，就有市场选择、市场竞争和优胜劣汰。教育服务的选择性包含教育提供方之间的激烈竞争。因此，作为教育服务提供方的学校和教师，在学习者可以自由选择教育服务的市场机制下，在市场竞争的推动下，必须努力提高教育服务的质量和品位，为社会提供优质的教育服务，以满足消费者的需要，否则将会在教育市场中被淘汰。

教育服务的另一个鲜明的特征是层次性。消费者有不同的消费需求，有高档、中档、低档消费层次之分。因此，各类学校也应提供不同档次的教育服务，以满足不同家长、不同学习者的需求。比如中小学教育的办学条件不能千篇一律，既要满足经济状况富裕家庭的需求，又要满足经济状况一般家庭的需求，有些学生需要有空调、热水的寝室，有些学生只需要有风扇的寝室；有些学生需要住单间，有些学生需要经济实惠的寝室，等等。作为教育服务的提供方，要为不同收入、不同需求的受教育者提供不

同层次、不同等级的教育服务，要因人而异，按需服务。与此同时，受教育方即消费方，也要按质支付费用。

增强教育服务意识最重要的是提供优质服务。各级各类教育机构要牢固树立教育服务产业观念，增强教育服务意识，要以优质的资源竭尽全力为学生服务，为家长服务，为所有的受教育者服务。因为教育服务产业应该建立丰富、优质的，适应社会、市场、教育消费需要的教育资源，包括校舍、设备、师资、管理等，并提供令人满意的服务、放心的服务。如有些学校提出，对每个学生负责，对每个家庭负责，"让每一个学生合格""让每一位家长满意"；有的学校提出，"以学生为本，以教师为本，以教育为本，以发展为本"的办学思想，牢固树立了"服务学生"的理念；有的学校向家长承诺，学生的学习任务全部由学校负责，不需要家长辅导学生默写生字、背书以及检查作业。这些举措受到社会的普遍欢迎。提供优质的教育服务是学校的责任，是教育服务产业观的具体体现，服务质量的提高，有利于赢得社会和市场的信赖，生源就会增加，经济效益就会提高，从而形成良性循环。

提供优质服务、满意服务并非不对学生进行艰苦朴素的教育，并非满足学生的一切要求，而是要从教育规律出发，对学生进行全面的素质教育，要从学校的实际情况出发，逐步改善办学条件，提高服务质量。

（原载《教育发展研究》2004年第2期，有改动）

第四节　关于高等教育改革与发展
几个争议问题之我见

我曾在网上多次看到著名学者郑永年先生的文章——《中国教育改革的三大败笔》，可以说，诸如此类否定中国高等教育改革和发展成果的文章还真不少。我是一名老教育工作者、高等教育研究者，也是新中国高等教育发展、改革的亲历者、见证者，更是改革开放以来高等教育改革和发展的参与者、实践者。我先后在5所高校工作过，在教育行政部门工作过，也在高等教育研究所工作过。以下我就结合自己的体验以及所见所闻，对有关高等教育改革与发展的几个争议问题发表一些看法。

一、中国高等教育体制改革不成功吗

郑永年先生在文章开篇就说道："从20世纪80年代到现在，中国的教育体制改革已经有20多年了，人们不难发现，中国和发达国家的教育科研差异并没有缩小。可以说，中国的教育体制改革并不成功。"[1]我认为，此结论有些武断。凡是在中国高校工作过，或认真到高校做过调查研究的人，就会发现，自改革开放以来，中国高等教育体制已发生了很大的变化。[2]

---

[1] 郑永年：《中国教育改革的三大败笔》，载《联合早报》2016年6月26日。
[2] 杨德广：《30年来中国高等教育的十大关系》，载《重庆高教研究》2015年第5期。

一是从单一的、国有化的办学体制向"一主多元"的办学体制转变。新中国成立以后，我国在所有制上逐步实行公有制，包括幼儿园、小学、中学、大学在内的各类学校都变为公有制学校，高校也相应成了包办型、供给型的事业单位。这种国有化的办学体制，所有经费都由国家负担，导致"穷国办大教育"的局面。自改革开放以来，在邓小平理论的指导下，在经济体制改革的推动下，我国高等教育体制发生了变化，如民办高校开始兴起，民间资本进入高等教育领域，逐步形成了"一主多元"的办学体制。这种办学体制有利于拓宽教育投资渠道，有利于扩大高等教育规模，有利于教育制度创新，有利于引入竞争机制。截至2013年，我国民办高校有718所（含独立学院292所），在校生557.52万人，分别占全国普通高校总数的29.5%，占在校生总数的22.5%。可以说，民办高校对推动我国高等教育大众化发挥了重要作用。

二是从条块分割的领导体制向中央和地方两级领导体制转变。计划经济是条块分割的经济，中央各业务部门都办大学，培养本部门所需要的专门人才，这就是所谓的"部门办学"体制。这种办学体制一直延续到20世纪90年代。1993年，全国普通高校有1065所，在校生253.55万人。其中，中央业务部门的直属高校有325所，占全国普通高校总数的31%，在校生85.3万人，占在校生总数的34%。[①]高校条块分割的领导体制是适应当时计划经济体制的，但弊端是导致大学变成部门所有，自成体系，自我封闭，低水平办学。改革开放以后，伴随着市场经济的发展，我国打破了条块分割的经济体制，高等学校条块分割的状况也随之发生了重大转变。如国家把大部分部（委）属大学归属于教育部或地方政府主管，这样就改变了高校归部门所有的体制，便于教育部和地方政府对高等教育资源的统筹安排，大大提高了办学效益。

三是从高度集权的管理体制向依法自主管理转变。在计划经济时代，

---

① 纪宝成：《世纪之交中国高等教育管理体制改革的历史回顾》，载《中国高教研究》2013年第8期。

我国自上而下实行高度集中的统一管理。高校也是如此，隶属行政部门领导，政府成为"全能"政府，集"举办者、管理者、办学者"于一身，学校却没有办学自主权。这种管理体制的弊端是政府权力过大，行政化倾向明显，削弱了高校主动面向社会、面向市场的积极性，不利于高校办出特色，发挥优势，也不利于高校之间的竞争。1993年，中共中央、国务院在《中国教育改革和发展纲要》中指出，为了与我国经济、科技、政治体制改革相适应，我国高等教育体制改革的目标和模式是逐步建立政府宏观管理、学校面向社会自主办学的体制。1998年，《中华人民共和国高等教育法》明确提出了高等学校具有七个方面的办学自主权。近些年来，随着改革开放的深入，市场经济的发展，政府管理职能不断收缩并向服务型政府转变，高校依法自主办学的权力扩大了，办学活力增强了，调动了教学、科研、为社会服务的积极性。

四是从单一的投资体制向多渠道集资转变。在计划经济时期，我国实行的是高度集中的"统收统支"的财政体制。高等学校办学经费根据高校的隶属关系，分别由中央和地方财政分担，大学生不仅免缴学费，而且普遍享受人民助学金，[①]当时这被认为是社会主义优越性的体现。在我国经济并不发达、财政经费拮据的情况下，对大、中、小、幼全部包下来的做法导致教育发展缓慢。改革开放以后，我国经济社会蓬勃发展，人民生活水平日益提高，对教育和人才的需求也日益增加，但高等教育的发展却满足不了社会的需求，政府不可能像过去那样对高等教育实行全包政策。当时，经济学中的人力资本理论、公共产品理论和成本分担理论的引入，使人们认识到高等教育属于非义务教育，是准公共产品，按照"谁受益，谁投资"的市场规则，受教育者应承担一部分教育成本。1989年，全国部分高校开始收取学费。1993年，《中国教育改革和发展纲要》明确提出，高等学校要建立"国家财政拨款为主，社会多渠道筹资的教育筹资体

---

① 中央人民政府政务院：《关于调整全国高等学校及中等学校学生人民助学金的通知》（1952年）。

制""收取非义务教育阶段学生学杂费"。以国家财政拨款为主、多渠道筹措教育经费的投资新体制，改变了单一的国家投资体制，增加了高等教育办学经费，缓解了国家教育经费短缺的困难，扩大了办学规模，改善了办学条件。

五是从后勤行政化体制向后勤社会化体制转变。在计划经济体制下，大学是一个封闭的独立体系，一切依赖于政府供给，与社会各方面的联系很少。在政府统包统配下，大学成了一个小社会，从托儿所、幼儿园到商店、医院，从食堂、浴室到住房，应有尽有。教育部设有总务司，大学则有总务处，是学校的总管处，师生员工的生活服务全部归入"总务"范畴。总务处完全采取行政化的管理模式，职工属学校编制，拿学校工资，按教职工作息时间上下班。学校党政领导要花很大精力讨论研究总务工作。1985年，《中共中央关于教育体制改革的决定》指出："高等学校后勤服务工作的改革，对于保证教育改革的顺利进行，极为重要。改革的方向是实行社会化。"1999年6月，中共中央、国务院颁布《关于深化教育改革全面推进素质教育的决定》，提出为适应高等教育规模扩大的需要，要"加大学校后勤改革力度，逐步剥离学校后勤系统，推进后勤工作社会化，鼓励社会力量为学校提供后勤服务"。为了推进全国高校后勤社会化改革工作，从1999年到2002年，国务院连续4年召开了全国高校后勤社会化改革工作会议，取得了显著成效。高校在探索后勤改革方面采取了多种模式，如并入方式、托管方式、联办方式、引进方式和校内独立方式等。高校后勤社会化改革的实践，有力地支撑了高等教育大众化的发展。[①]我国高等教育规模从1998年的643万在校生，增长到2007年的2720万在校生，之所以得以顺利扩大，高校后勤社会化的改革可以说是功不可没。

以上五个方面的体制改革，是中国高等教育从计划经济体制向市场经济体制转变的重大变革，有效地带动了高等教育的大发展，增强了高等教

① 别敦荣、杨德广：《中国高等教育改革与发展30年》，上海教育出版社2009年版，第245页。

育适应社会经济发展的能力，在一定程度上满足了人民群众的需求，绝非如有些学者所言"中国教育体制改革并不成功"。

二、大学成为赚钱的机器了吗

郑永年先生在文章中说，"在中国，大学则是名副其实的产业，是一部赚钱的机器"。[①]我认为郑先生并不了解中国大学的现状，更不了解大学校长们的艰辛。大学校长们要大力发展高等教育，高等教育的发展要走产业化道路，这是中国经济社会发展和人民群众的迫切需要。新中国成立初期，高校规模很小，仅205所，在校生11.7万人，毛入学率为0.26%。直到1977年，我国高校也只有404所，在校生62.5万人，毛入学率不到1%。

导致这一状况的根本原因：一是对教育的地位和作用认识不足，不重视发展教育；二是大学全部由国家包下来，经济上支持力度很小。这在很大程度上造成我国高等教育发展水平与世界发达国家相比差距很大，也落后于许多发展中国家，这种状况严重地不适应我国经济社会的发展。在20世纪七八十年代，我国经济发展主要依靠廉价劳动力，是粗放型经济，科学技术的贡献率仅占20%～30%，而发达国家的科学技术在经济发展中的贡献率则在70%～80%。在我国，制造业的劳动生产率仅为美国的4.38%，是日本的4.07%，是德国的5.56%。如果按创造同样的GDP（国内生产总值）所耗能源比较，日本为1，德国为1.5，美国为2.67，我国则高达11.5。[②]科技落后、人才奇缺的主要原因在于高等教育落后。2000年，我国就业人口中具有大专以上学历的比例为5%，而加拿大为50%，日本为47%，韩国为40%，美国为39%。我国高级技工在技术工人中仅占3.5%，而发达国家占35%。我国研究生教育也很落后，2007年研究生人数为120万人，占在校大学生的6%，而美国占12.7%，英国占21.8%，法国占18.8%。我国每千

---

① 郑永年：《中国教育改革的三大败笔》，载《联合早报》2016年6月26日。
② 杨德广：《教育新视野新理念》，上海教育出版社2007年版，第179页。

人口中研究生人数为0.9人，而美国为3.38人，英国为8.42人，韩国为5.18人。[①]因此，要改变我国目前科技落后、人才奇缺的现状，必须大力发展高等教育。

那么，如何发展呢？国家增加投入是必需的，但如此庞大的高等教育支出，还要通过发展教育产业、扩大教育市场来吸纳社会资金。发展高等教育，也是大学校长不可推卸的责任。大学校长要办好大学，为国家多出人才、多出成果，就必须发展大学产业，适度收取学费。这样做的原因很简单，办大学就需要大笔资金。

大学收取学费在绝大多数国家早就实行了，我国在改革开放以后才实行，如果仍然按计划经济下上大学全免费的模式，大学不可能加快发展步伐。大学按国家要求，适当向学生收费是合理合法的，收费标准也是结合当地经济发展水平和民众承受能力，经各地人大审议，且经财政局、物价局核实批准的。据我所知，中国高校的收费标准远远低于发达国家的高校。以上海公办高校为例，一般专业学生每年学费5000元，艺术类等专业每年学费10000元左右。实际上，国家培养一个大学生的成本每年在30000元左右，因此学生的学费仅占培养费的一小部分，根本不存在学校通过收学费赚钱的问题。在培养费总量中，国家投入大概占二分之一。有些重点大学，由于办学成本更高，在学校总经费支出中，国家投入仅占30%～40%，加上学费收入也只占总支出的50%～60%，大学必须充分利用学校资源，增加学校收入，以维持学校的正常运行。

大学是事业单位还是产业单位？大学可不可以发展教育产业或教育市场？这既是理论问题，又是现实问题。在计划经济时代，大学被划入事业单位，完全由国家投资，由政府包下来。由于大学是事业单位，成为政府的下属部门，形成了政校不分、以政代校的局面。改革开放以后，这种由国家包下来的办学模式逐渐被市场经济模式打破。高校拥有的物质资本和

---

① 胡瑞文：《从核心指标看教育现代化》，载《中国教育报》2009年1月17日。

人力资本通过产业化运作，重新进行合理配置，使学校规模扩大，教育质量和效益得以提高。随着条块分割的领导体制的变化、行业办学的收缩，政府仅投入一部分教育事业费，大学成为非全额拨款的事业单位，三分之一乃至二分之一的办学经费缺口都要由学校自行解决。因此，就需要发挥高校产业性的特点，通过发展教育产业来弥补教育经费的不足。刚开始，有些人反对提及大学的产业性，只承认大学的事业性，并以大学的公益性来否定大学的产业性。然而，在高等教育的发展进程中，越来越多的人认为大学既具有事业性，又具有产业性。大学的产业性是客观存在的，发达国家的大学把发展教育产业和教育市场作为提高教育质量和办学效益的重要途径，也作为教育经费的重要来源。许多国家不仅在国内发展大学的教育产业、教育市场，而且将教育产业、教育市场拓展到国外，如招收留学生，输出科学技术和高科技人才，建立劳务市场、人才市场、教育消费市场等。据统计，美国每年教育产业总产值高达2000亿美元，居美国所有产业产值的第四位，同时还提供了200万个劳动就业机会。英国、澳大利亚、加拿大、日本等国的教育产业、教育市场也在蓬勃发展。西方现代大学通过产业化改革，逐步形成了完善的自主经营机制。

我国大学的产业性主要体现为三方面：其一，大学是生产知识的产业；其二，大学是生产人力资本的产业；其三，大学是知识市场、科技市场、信息市场和人才市场。30年来的实践证明，把高等学校由具有单一事业性转变为具有事业性和产业性双重属性，调动了大学主动面向社会、努力为社会服务的积极性，拓展了教育产业和教育市场，有力地提高了大学的社会声誉和经济效益。

发展教育产业，开拓教育市场，同时也增加了学校的收入，从而有效弥补了办学经费的不足，改善了办学条件，提高了教职工的待遇。在这一过程中，我国绝大多数的大学校长和教授是把教育放在第一位的，而没有将"眼光落在钱上"，没有把"钱"当成中国教育改革的万能良药。

三、如何理性地看待高校"合并"之风

关于我国高校合并问题，评论性文章不断，批评之声也不绝于耳，还有不少文章对新中国成立以来高校的三次"合并"进行剖析，褒贬不一。我认为应该理性地、客观地看待高校的三次"合并"问题。实际上，三次有关高校的结构性调整，尽管存在一些问题，但成绩还是主要的，是适应了当时社会发展的需要的。

第一次大"合并"是在新中国成立初期，我国高校进行了一次较大规模的结构性调整。1952年5月，教育部颁布了《全国高等院系调整计划（草案）》，1953年基本完成调整计划。此次调整在以下四个方面取得了显著成果：一是私立大学改为公办大学，适应了社会主义公有制的需要。二是形成三种体制的高校，即中央直属高校、国家行政部委所属高校和地方行政（部门）所属高校。各类高校分工明确，适应了计划经济和工业化建设的需要。三是专业结构调整，把综合性大学中的工、农、医、师范、财、法等学科分离出来，建立起独立的工科、医药、师范、财经、政法等专业学院。专业设置大多数以行业为目标，以产品为内容，针对性很强，培养了大批各行各业急需的专业人才。四是高校规模有所扩大，1950年初，全国有高校205所，学生平均数仅为700人；1953年，调整后的全国高校数为181所，学生平均数为1172人。

此次调整的重点是突出高校专业化的发展。1952年，全国高校专业仅有215个，经过不断的专业化发展，到1980年发展到1039个。[①]这次专业结构的调整，是为了适应国家工业化发展的需要，对满足经济发展中专门人才培养的需要起到了积极作用。但也存在严重问题：一是削弱了综合性大学的实力；二是学生的知识面比较狭窄，对岗位外的适应能力不强。

第二次大"合并"发生在20世纪80年代，是为了适应当时世界新科技

---

① 卢兆彤：《建国后两次高校合并的比较研究》，载《清华大学教育研究》2000年第2期。

革命的需要。20世纪70年代初，全世界在校学生总数为4.5亿人，其中大学生占5.4%；中国在校生为2亿～3亿人，其中大学生271万人（1984年9月），仅占在校生的1.2%。①从1980年以来，我国注重并着手进行高等教育结构的改革和调整，加强了专科教育，本科与专科的招生比例由1978年的1∶0.37发展到1986年的1∶0.83。1979年到1988年，专科类型的学校由190所增加至473所，在校生由22.3万人增加到73.1万人，分别增长了3.15倍和2.2倍。研究生、本科生、专科生在校生的比例，由1949年的0.7∶100∶24变为1988年的9∶100∶55。②

这次"合并"调整了专业结构，社会急需的短线专业发展较快，财经类专业在校生占全国大学生数的比重从1978年的2.12%提高到1986年的9.01%，政法类学生数量也有很大增长。③另外，增加了工科，减少了理科，发展了应用文科。

第三次大"合并"是在20世纪90年代。我认为这次合并的主流是好的，是有成效的。这次"合并"主要是做了管理体制的调整，是为了适应市场经济发展的需要。当时的情况是在长期的计划经济体制下，我国高校形成了"国有化的办学体制、条块分割的领导体制、高校集权的管理体制、单一的投资体制"，已经不适应改革开放和市场经济发展的需要，不适应高等教育大众化发展的需要，不适应知识经济时代对复合型人才、拔尖创新人才、多种多样人才的培养需要。1998年，国务院机构调整，大幅度撤销、合并主管行业部委，成为高等学校管理体制改革的契机。为改变部门办学和管理体制，国家制定了"共建、调整、合作、合并"的八字方针。高校管理体制改革涉及900多所高校。④通过这次体制改革和调整，改变了部门所有制的管理体制，扩大了学校办学自主权，并组建了一批综合

---

① 卢兆彤：《建国后两次高校合并的比较研究》，载《清华大学教育研究》2000年第2期。

②同上。

③同上。

④同上。

性大学和多科性大学，有利于高校资源的优化配置，有利于提高人才培养质量，有利于新学科的发展和科研水平的提高。

这次调整的成绩是多方面的：一是高校规模扩大了。1990年，我国高校在校生规模为0.192万人，2000年达到1万多人，在校大学生数从1998年的643万人（毛入学率6.8%），发展到2002年的1512万人（毛入学率15%）。二是有利于形成合理的高教布局，改变条块分割、分散办学、重复办学的现象。三是多学科、综合性大学增加了，改变了以单科性为主的高校结构，有利于挖掘学校潜力，有助于建立一批高水平的大学，"有望填补我国世界一流大学的空缺"。[①]

当然这些调整也存在一系列问题，如有些地区和高校对调整合并准备不足，在师资、设备、投入等方面跟不上，影响了教育质量的提高；有些高校合并没有经过充分论证，"航母式"的超巨型大学过多；过多地追求高、大、全，忽视了保留一些特色学校的需求；高等学校发展过快，招生数量猛增，导致管理跟不上，有些学校学风下降，文凭贬值。

由此可见，中国高校的第三次结构调整，是在特定的历史背景下实施的重要改革，虽然存在不少问题，但这都是发展过程中的问题，完全可以通过深化改革加以解决。但有学者认为，20世纪90年代的并校之风是强行制造出来的。据我所知，当时浙江四所高校合并成新的浙江大学的起因是老浙江大学的一批离退休教授联名写信给教育部，强烈要求恢复老浙大原有的综合性特点。有人武断地认为，高校合并本质上是一种不改革体制、不改善教学条件，靠扩大规模的办学方式办"一流教育"，盲目求大，没有达到学科专业优势互补的预期。然而，事实并非如此。我就以亲身经历的上海大学等四所高校合并为例来说明这一问题。

20世纪90年代初，上海工业大学和上海科技大学都打算申报"211工程"大学，但担心各自的条件都不达标，于是在上海市教卫办和高教局的

---

① 眭依凡：《关于高校合并的理性思考》，载《求是》2000年第4期。

推动下，建议将两校合并，这样更有希望申报"211工程"。但是合并后叫什么名字呢？钱伟长校长希望叫上海大学，于是又决定把原上海大学也并进去，再加上上海科技专科学校，四校合并为新的上海大学。四校合并后，其优势立显，发挥了学科综合优势，造血功能增强，学校科研水平大幅提高。总之，1994年，上海工业大学等四校合并为上海大学是必要的，也是成功的。当然也存在一些不足之处，如多校区办学给管理工作带来困难、办学成本增加等。

四、如何理性看待我国高校的扩招

郑永年先生在文中批评了"毫无理性的大学升级"，"高等专科学校不见了，专门性的学院不见了，代之的是到处林立的大学"。[①]类似这种批评高校扩招、升级的文章还有很多。

那么，如何看待20世纪90年代后期到21世纪初的中国高等教育大发展，即1999年至2006年的高校大扩招呢？1998年，我国高校在校学生仅为642.99万人，毛入学率为6.8%，招生数为108.4万人。经过8年扩招，到2006年，高校在校生达到2300万人，毛入学率达到22%，招生数为546万人，平均年招生增长率为22.3%。[②]我国高等教育的扩招是在什么社会背景下产生的呢？应客观地、实事求是地分析，不能脱离当时的经济社会现状，更不能凭主观想象，不顾事实地认为"90年代末的高校扩招是当时教育产业化思潮的产物，具有很强的经济主义属性"。[③]

我国高校扩招的动因主要来自三个方面：一是基于改变当时高等教育落后状况的驱动。自新中国成立以后，从1949年到1999年的50年间，我国高等教育发展缓慢。1978年，在校生仅132万人，毛入学率为1.56%，1998

① 郑永年：《中国教育改革的三大败笔》，载《联合早报》2016年6月26日。
② 眭依凡：《关于高校合并的理性思考》，载《求是》2000年第4期。
③ 杨德广：《现代教育理念专论》，人民教育出版社2004年版，第238—240页。

年的毛入学率仅增长到6.8%，而同期国际高等教育毛入学率已达到35%。[①]
邓小平同志审时度势，于20世纪70年代末就提出，要优先发展教育，"教育事业要有个大的发展、大的提高"，"我们国家要赶上世界先进水平，从何着手呢？我想，要从科学和教育着手"。[②]1988年9月，他又提出，"我们要千方百计，在别的方面忍耐一些，甚至牺牲一点速度，把教育问题解决好"。[③]二是基于我国经济大发展的驱动。1992年以后，我国经济快速发展，迫切需要发展高等教育，培养大批人才，以满足各行各业的需求。一个经济大国、经济强国，必须有强大的高等教育作为智力支持，发达国家的发展历史就是有力的证明。只有一流的教育，才有一流的国家实力，才能建设一流的国家。我国要从经济大国走向经济强国，必须办好大学，培养大批人才。1995年以后，江苏、浙江、山东、上海等地经济发展快，迫切需要人才，于是当地高校纷纷扩招，以满足当地对大学毕业生的需求，随后才推动中央下决心，从1999年开始全国性扩招。当然，在扩招中存在过快、过量的问题以及质量问题，但主流是好的、积极的。三是基于人民群众迫切希望发展高等教育的愿望的推动。改革开放以后，人民生活水平日益提高，独生子女越来越多，大多数家长都希望把子女送到大学读书，而原有的大学规模、招生人数已远远满足不了人民群众对上大学的强烈愿望。

正是在以上几个因素的共同驱动下，1999年，党中央、国务院做出了大幅度扩大高校招生规模的重大决策。此后8年间，高校招生数增长了4倍多，从而实现了中国高等教育跨越式发展，使我国高等教育迈入了大众化发展阶段。

8年间，普通高校在校生数从341万发展到1739万，增长409.9%，2008年已发展到2021万人（总规模为2907万人），改变了过去人才奇缺、供不应求的状况，使社会各行各业也比较容易挑选到所需人才。近年来，大批

---

① 杨东平：《关于高等教育的"中国模式"》，载《江苏高教》2011年第1期。
② 贺国庆：《德国和美国大学发达史》，人民教育出版社1998年版，第80页。
③ 同上。

高校毕业生到中西部地区、到广大农村去，这对促进全国各区域协调发展发挥了积极作用。许多地区、部门及高校为高等教育投入巨资，兴建了一个个现代化大学园区、大学城，大大加快了高等教育大众化的步伐，为高等教育的可持续发展、经济社会的可持续发展奠定了坚实的基础。

有人认为，我国高校扩招，导致"高等学校出现了庞大的贫困生阶层，造成教育质量滑坡，大学生就业难等突出问题"[①]。关于"出现了庞大的贫困生阶层"的问题，可能是指有些民办高校收费过高，导致贫困生增加。但应该看到，高校规模扩大了，公办高校的规模也扩大了，满足了更多学生上大学的需求，家庭经济困难的学生也有了上大学的机会，这是社会发展、进步的体现，是高等教育发展的结果。从表面上看，扩招后贫困生多了，实际上是上大学的贫困生多了，这是好事。高校出现贫困生，总比把贫困生拒之高校大门之外要好。更何况我国确保每一位贫困生都不因贫困而辍学，从政府到各高校的这一庄严承诺是实实在在的。

"教育质量"问题是客观存在的，也是永恒的话题，这是发展中的问题，完全可以通过不断抓发展、搞改革加以解决。事实上，许多地区的高校已就此取得了明显成效。从另一个角度看，高中毕业生变成了大学毕业生，就整体而言，教育质量可能有所提升，倘若不扩招，而把几百万中学生关在大学校门之外，其综合素质发展空间也会受限。至于"大学生就业难"问题也要具体分析。从表面上看，由于高校扩招，近年来每年有600多万大学毕业生，的确对就业市场形成了很大压力，但要深入考虑的话，600多万人是客观存在于社会之中的，如果大学不扩招，可能每年只有300万大学毕业生，就业压力肯定要小一点。但另外300万高中毕业生也存在就业问题，也会给社会就业市场带来压力。让他们上大学，使他们在知识、能力、整体素质等方面有所发展、有所提高，比高中毕业生找工作会更容易一些，而且不少人还具有了创业能力。

---

① 杨德广：《现代教育理念专论》，人民教育出版社2004年版，第238—240页。

不少文章还提到高校扩招"导致了公办大学大规模举债、大建大学城"等问题。我认为许多高校，包括公办和民办高校，为了多招一些学生、多为社会培养人才，在扩招过程中挖掘潜力、节省开支，甚至牺牲教职工（包括校领导）的福利待遇来发展高等教育事业，这种精神是十分崇高的。其中不少高校在政府投入严重不足的情况下，从银行贷款，少则两三亿元，多则七八亿元，用于征地、建设校舍，来改善办学条件，加快高校发展速度，每年节衣缩食地从学费中抽出一部分资金用于付息。学校领导及教职工为了我国的教育事业作出了很大贡献和牺牲，他们应该得到颂扬和鼓励，而不应受到无端指责和批评。高校扩招以及新建大学城、大学园区，都是利在千秋的伟业。他们是在为国家、为社会培养人才，而不是为个人谋取私利。有些人只盯住高校举债两千多亿元，却没有看到扩招后高校增值了一万多亿元，只批评"大规模举债"，而不看效益和增值，这是不全面的，也是不公正的。

虽然地方政府资金不足，但从政策上支持高校贷款办学是明智之举。据悉，近年来广东、江苏和上海等地政府正在帮助高校偿还贷款，体现了负责任政府的自觉。

由此可见，我们应充分肯定高校扩招的必然性、必要性及其所发挥的巨大作用，不要只看到其不足的一面，更不能一叶障目，全盘否定。高校扩招不仅加快了中国高等教育大众化的步伐，而且"为我国从人口大国迈向人力资源大国奠定了坚实基础"[①]。

伴随着20世纪90年代高校的扩招和合并，高校更名风盛行，引起了社会的热议和争论，一些批评的言辞甚为激烈。还有人认为，我国大学频频更名是"新瓶装旧酒"。我认为应该客观、理性地看待高校更名问题。高校扩招后，规模扩大了，改变了原有的管理体制和单科性特点，原来的校名已经名不副实。还有不少高校是由几所高校合并到一起的，因此必须改一

---

① 纪宝成：《让民众享有更多接受高等教育机会》，载《中国教育报》2008年12月10日。

个新名。于是先后就有六七百所高校更名。我认为这样做是必要的。我们应该看到，许多高校的校名是计划经济时代的产物，是部门所有制的产物。如以"煤炭""石油""铁道"等行业命名的高校，以"印刷""化学""纺织"等专业命名的高校，已不再适应经济社会发展的需要。若干所高校合并前的校名，已经不能体现合并后新大学的特点，改名是与时俱进的举措。

再者，我国高校改名、升格，不是随意而为的，而是有一定程序、有一定标准的，是需要经教育部专家组考察、审核、无记名投票通过的。尤其是对专科升本科、学院升大学这种更名，教育部有严格的限制。事实上，我国现有专科学校1300多所，并非全部能升格为本科院校。许多学校在改名、升格过程中，激发了师生极大的热情和积极性。这些学校努力改善办学条件，有力地推动了教育事业的发展和教育质量的提高，也加大了对教育的投入力度。另外，改名也符合我国当下行政化管理体制的国情，有利于高校与社会的联系，有利于提升高校的社会地位。

如何看待30多年来中国高等教育的改革和发展，仁者见仁，智者见智。对不同观点进行深入探讨是正常的，但应该多做一些调查研究，应从当时中国经济社会的状况、改革发展的状况，从高等教育改革发展后带来的变化、产生的积极效果出发，全面地、客观地分析，用事实说话。切忌情绪化、简单化、片面化，要看到主流，而不要把支流当成主流。我认为，30多年来中国高等教育的改革和发展从总体上看是成功的，成绩是巨大的，高校数量上有了大发展，体制上有了大突破，扩大了高校办学自主权，增强了社会适应性，取得了教学、科研、人才培养方面的大面积丰收，为推动中国经济社会的发展作出了重要贡献。

（原载《教育发展研究》2016年，有改动）

第五节　高校体制可采取多种形式

1980年5月9日,《文汇报》刊登了《现行的高校体制需要改革》一文,对此我想谈几点粗浅的看法。

我认为,高校体制改革要有利于挖掘高等学校的潜力。多科性大学一般不宜由业务部门领导,如上海25所老的大学中,有20所分别受14个部委领导。不少老大学潜力很大,具有培养多种专业人才的能力。然而,由于直属的业务部门只需要某几方面的人才,结果把多科性大学变成了单科性学院,把可以为许多部门培养人才的学校,变成了仅为一个部门培养人才的学校,压制了高等学校潜力的发挥。因此,多科性大学或有条件发展为多科性大学的学校,一般不宜由业务部门管理,应由教育部门统管,以便更好地发挥它们的作用。

业务部门办高等学校也有其优越性,可以充分挖掘本部门的人力、财力,可以培养自己所需要的专门人才,其下属的高等学校也可以得到较多的经费。因此,不能全部取消各部委领导学校的体制。我认为,可以根据需要,办少数专科性大学,而多数学校应转给教育部门或地方人民政府管理。各业务部门所缺的人才,可预先向国家计委和教育部门提报,由国家计委和教育部门把指标统一下达到有关高等学校。为了解决高等学校经费来源问题,除了国家应逐步增加教育经费外,各业务部门每年应有一定的教育经费缴纳给国务院或地方人民政府,并签订部门合同。在一般情况下,哪个部门缴纳的教育经费多,哪个部门应多受益。另外,要给高等学校一定的自主权，允许他们在完成国家任务之外，和其他单位（国内外）直接签订合同，即单位合同制，承接教学、科研以及生产等任务，所得经费归学校支配。各主管部门、财务部门不要统得过多，卡得过死。如果各个业务部门的人才来源和科研工作等有了保障，就可以少办或不办学校；如果高等学校的经费来源有了保障，就不必依附于某一个业务部门，将其当作"靠山"了。这样，一个业务部门就可以得到许多大学培养出来的人才，一所大学可以为许多部门服务。

高校体制改革还要有利于调动地方办学的积极性。发展高等教育事业不能只有中央的积极性，还要有地方的积极性。上海目前有23所专科学校和大学分校，它们分别由本市15个局主办，其中十多所分校是1977年以后建立的，目前已招收学生9000人。它们之所以在短期内能发展得这么快，主要是发挥了工业局的办学积极性以及老大学的潜力，如果单单依靠教育部门是不可能办到的。地方业务部门办校的优势是学校规模小，投资少，可以以厂养校，即充分利用本部门的科技人员兼搞教学业务，利用工厂设备为教学服务，培养出来的人才专业对口，适应能力强。因此，应该提倡有条件的工业局、大的工厂、企事业单位办专科性大学。没有必要把所有的大学都归教育部门"集中地、统一地领导"。当然，教育部门应对各校的业务工作起指导作用，帮助他们不断提高教学质量。

总之，高等学校的体制应采取多种形式，以充分调动各方面的办学积极性。多数学校由教育部门领导，各业务部门也可办少量学校，各省市业务部门可多办一些专科性的短期大学，但各类各级学校都要同时受教育部门的领导，顾全大局，统筹规划，既照顾本部门的需要，又要面向全国。

（原载《文汇报》1980年6月12日，有改动）

第六节　世界教育兴邦与教育改革透视

只要我们翻阅一下世界现代史，便可以发现这样一个共同规律：一个国家和地区的兴旺发达与经济振兴，都离不开教育的力量。"教育兴邦"已成为许多国家的基本国策。当今世界，既有繁荣和发展的一面，又存在困惑与危机，然而解决危机的出路也离不开教育，离不开从抓好教育、深化教育改革入手。本节通过一些史实和资料来透视一些国家和地区教育兴邦与教育改革的状况。

一、教育是国家振兴、经济腾飞的源泉

有些国家和地区由于战争的创伤，经济遭到严重破坏，国家处于危亡之中。在这生死存亡的关头，如何复兴国家、治愈创伤呢？答案是依靠教育，唤醒民众，提高劳动者素质。

19世纪初，普法两国争霸欧洲。1806年，爆发了普法战争，结果普鲁士大败，只得割地求和，签订城下之盟，普鲁士处于危难之中。当时，普鲁士哲学家费希特挺身而出，提出国民教育，以救国家于危亡之中。费希特于1807年至1808年间，在柏林做了14次公开讲演，宣扬教育救国思想。他在演讲中说，普鲁士之失败，是由于国民缺乏爱国精神，缺乏民族意识，以致意志不能集中，力量不能集中，而被法国击败。他认为，德意志的复兴，要从教育上努力。他主张用教育的力量，唤醒全国民众发挥爱国的热忱，团结一致，共谋祖国复兴。由于费希特的宣扬，当时德国政府积

极振兴教育，历行普及国民教育，由政府设置学校，免纳学费，强制入学受教，并以本国语文、本国历史、本国诗歌和音乐，来激发国民爱国的热忱，以求恢复民族的自尊心和自信心。同时，国家设置师范学校，选拔优秀青年，施以严格训练，培养健全的师资。经过60多年的教育强国，普鲁士终于在1870年战胜法国，于1871年建立了统一的德意志帝国。

丹麦是北欧的一个小国，土地狭小而贫瘠，缺乏天然资源，人民生产以农业为主，农业人口约占全国总人口的七分之三。1864年，普鲁士入侵丹麦，丹麦无法抵御，乃割地求和，丧失了五分之二的国土。当时丹麦对外贸易停顿，农村濒临破产。丹麦历史学家葛龙维目睹时艰，认为唯有教育全国民众，激发民众自尊自信的民族精神，唤起民众爱国的热情，才能挽回国家的命运。他计划设立民族高等学校，招收18岁以上的民众，施以民族精神教育。在这种学校里，他也主张教本国语文、本国历史、本国诗歌和音乐，使民众回忆过去光荣的历史，恢复民族的自尊心和自信心，激发他们的爱国热情，以此来复兴民族。经过葛龙维和他的弟子们的努力，葛龙维的理想逐渐成为现实。1870年，丹麦有民众高等学校50所，到1929年，丹麦民众接受此项教育者约占全国人口的三分之一。不仅丹麦民众获得了民族的自觉，恢复了民族自尊心与自信心，还带来了国民经济的持续繁荣，丹麦后来成为北欧的农业模范国家。

日本已成为世界经济强国，这也与其长期以来重视教育有关。自明治维新以来，日本进行了三次大的教育改革，这三次改革对日本社会和经济发展起到了重大作用。1868年，明治维新后提倡实行"新教育"，以求振兴王室。这次教育改革是在"富国强兵"的口号下，由明治政府倡导进行的，其目的在于学习西方教育的经验，建立日本的近代教育体系。1872年，明治政府正式颁布了近代首个教育改革法令——《学制令》，规定教育的宗旨是训练为国家发展作出贡献的公民，其基本原则是做到"邑无失学之户，家无文盲之人"，把接受教育看成是每个公民应尽的义务。为此，1872年，日本仿法国制度，将全国分为8个学区，每区设大学一所；每一大学区内分32个中学区，每区设中学1所，全国共有中学256所；每一中学区内设210个小学区，每区设小学1所，全国共有小学53760所。由于日本很早就重视教育事业，这对国民素质的提高起了重大作用。

日本政府于1947年制定了《教育基本法》和《学校教育法》，把义务教育的年限由6年延长为9年。日本还非常重视初等、中等教育阶段的产业教育和理科教育，先后于1951年和1953年制定了《产业教育振兴法》和《理科教育振兴法》。制定《产业教育振兴法》的目的，是通过产业教育使学生确立正确的劳动态度，获得产业技术知识，培养其发明创造的本领。根据这一法律，日本逐步完善了高中产业教育的设施和设备。制定《理科教育振兴法》的目的，是通过理科教育，使学生获得科学知识和技能，养成科学态度，并培养他们发明创造的能力。自20世纪60年代以来，日本的商品质量高、造型新，逐步打入国际市场，经济得到了高速发展，这均与重视教育、培养人才有关。

二、扭转各种社会危机的关键是进行教育改革

世界上许多国家越来越清醒地认识到，与能源危机、生态危机、通货膨胀相比，影响更大的是教育危机。要扭转各种社会危机，关键是进行教育改革，很多国家把教育改革看成是"通向21世纪的光明之路"。

（一）美国

1957年10月，苏联第一颗人造地球卫星上天。这使美国人意识到导弹差距的出现和科学技术落后于苏联的根本原因是美国科学教育和数学教育的落后，而要保持科学技术的领先地位，必须从改革学校教育入手。因此，他们制定了《国家防卫教育法》，这是为了迅速扭转美国在尖端科技领域与苏联竞争的被动局面而采取的必要措施。法案要求美国政府以各种形式援助高等教育，承认高等教育对国家利益具有特殊重大的意义，从国家防卫和开发人才方面出发，对教育制度、教育内容、教学方法进行大幅度的改革。

20世纪80年代以来，为适应社会的进步，美国开展了整体性教育改革。1983年，《国家处在危险之中：教育改革势在必行》和《为21世纪而教育美国人》等多份研究报告提出，各州应广泛而迅速地展开教育改革运动。改革的原因有二：一是近20年来，中小学教育质量逐渐下降；二是美国的经济界开始体验到在国际竞争中的能力低落，对国家未来的危机感上升，政界和实业界的领导者尤为强调教育要承担起经济再生的作用，强烈要求提高学校教育的质量。研究报告中指出，"若想维持和提高美国在世界市场上尚存的一点竞争力，我们必须致力于改革我们的教育制度"。然而1988年的一天，美国第一大报《今日美国》在头版头条报道：今日美国面临着可怕的"智力赤字"，其根据是2010年美国可能缺少50万名科学家和工程师，再次发出重视教育的警告。于是，美国即将上任的总统布什决心要当好"教育总统"，保证"从一开始就每天重视教育问题，处理教育事务"。布什在1988年9月还说过，"教育是美国最强大的经济计划，最主要的商业计划和最有效的反贫困计划"，"教育是提高我们民族竞争力的关键，是增强我们人民精神的关键"。

（二）苏联

第二次世界大战后，苏联进行了四次较大规模的教育改革。第一次教育改革是从1958年开始的，主要对普通教育脱离生活实际的状况进行改革，加强了学校同生活的联系，加强了劳动教育。第二次教育改革始于1966年，纠正了在教学过程中进行与教学没有直接关系的劳动活动的偏向，进一步加强了基础知识教学，提高了教学质量。第三次教育改革始于1977年，调整了知识质量与劳动教育之间的关系，完善了劳动教育制度，培养了学生的职业技能。第四次教育改革从1984年公布的《普通学校和职业学校改革的基本方针》开始，这是一次全面广泛的改革，它突破了单纯学校教育的范围，既涉及学前教育、家庭教育、社会教育，也涉及社会各个团体和厂矿企业。

从1987年1月开始，苏联的高等教育制度又进行了重大改革。以戈尔巴乔夫为首的新的领导班子把教育看作实行经济改革的重要基础,改革的具体内容如下:一是革新教育方法。要求教师减少讲课次数且改变死记硬背的机械式讲学方法,提倡分析式授课方法,强调学习的内容要与解决实际问题相联系。二是对教授职衔加以更严格的评定。从1988年起,对教师进行严格的评价,从而使优秀的教师更快进步,并取消了教授终身制,使教学工作更具竞争性。三是增加教育资金的来源。除了政府拨付的教育经费外,还开辟了两个新的渠道:一是设置科研经费,为技术院校的科研提供资金;二是任何一个接收大学毕业生工作的部门,都要向其所培养的高等院校提供一定数量的资金。四是学生获得更多权利。为了激发学生的创造力,使学生在文化、学术和生活自我管理方面获得更多的权利。如学生可参与评定哪一位同学可获得生活津贴,自主管理宿舍活动,可以对课程内容进行评论,并且参加对教师工作表现的评议。五是改革大学管理体系。过去根据专业性质,苏联的893所大专院校分别由不同的部门管理,现在统一由教育部负责管理。六是实行经济核算、定向培养改革的试点。

(三)法国

20世纪60年代以来,法国的高等教育几经重大改革。1981年5月,密特朗总统提出:"改革法国的教育制度是今后10年最首要的课题。"于是,法国政府实行了重视教育、学术和文化的政策。1982年,文教预算的增长超出一般财政支出增长3.5倍。1983年9月,法国公布的第9个经济计划中(1984年到1988年),教育事业位列12项"优先发展事业"中的第2位。1984年到1986年,又掀起了两次改革浪潮。1984年1月,颁布的《萨瓦里法》,对法国高等教育进行了自1968年以来最大的一次改革。这次改革的最大特点是强调高校的质量,强调高等教育要"现代化、职业化和民主化"。所谓现代化,主要指办学方向和方法面向现代社会。高等教育现代化的核心是提高教学质量。因此,法国政府积极支持大学跟上现代化新技术革命的步伐,淘汰陈旧的课程,更新专业设置,调整内部教学与科研结构,加强不同基础学科之间的相互渗透。所谓职业化,是指在大学教育的各个阶段，进一步克服纯理论教学的倾向，重视对学生进行职业技术教育与方向引导，培养学生的动手能力和实践技能，提高他们的职业竞争能力，在教学内容上也作了较大调整，加强了多科性教学，增设了具有职业准备性质的课程。所谓民主化，一是赋予大学更多的自主权，让大学本身的管理结构充分发挥作用；二是教育政策进一步民主化。

法国于1986年再次进行高等教育改革，颁布了《德瓦凯法案》。同1984年的改革相比，有以下主要区别：一是在高等教育民主化问题上，新政府针对当前法国高校新生质量较差，以及前政府允许所有通过中等毕业会考的学生均有权进入大学第一阶段学习的规定，提出没有必要扩增学生人数，而应确认大学有择优录取新生的权力。二是在大学本身的管理方面，新法案提出要给予大学完全的自主权，国家必须减少对大学的管理与干预，从而促进各大学之间的竞争。为此，大学有权确定本校的专业设置和教学大纲，有权从外界获取资金并自行确定学生的注册费。三是在研究生培养方面，这次改革否定了前政府于1984年制定的新博士制度，重新恢复了第三阶段博士和国家博士制度。《德瓦凯法案》一经颁布，即遭到强烈反对，法案中关于大学有权确定录取新生的条件和大学有权通过提高注册费来解决资金来源的规定，直接触及了广大学生的利益，引起了全国大中学生的强烈抗议。1986年12月，在种种因素的促成下，几十万大中学生连续数日举行游行，强烈要求政府废除《德瓦凯法案》。12月8日，希拉克总理不得不在法国电视一台宣布废除《德瓦凯法案》，改革以失败告终。

1988年4月7日，法国总统弗朗索瓦·密特朗又发表《告法国人民书》，提出国力将更多地依靠智力而不是财力。因此，教育必须置于头等优先的地位。1988年12月8日，法国总理米歇尔·罗卡尔宣布了创办现代学校的三项措施：一是更新教育方针；二是提高教师地位；三是提高中学和大学招生能力。从1989年到1993年，政府每年增发40亿法郎，作为对国民教育经费正常增长的补充。

（四）联邦德国

1987年6月29日，在德国波恩召开了德国大学校长联席会议，会议着手讨论高等学校的教育和科研工作。会议认为，联邦德国能否在发达工业国家中长期保持领先地位，并在国际上有竞争能力，关键在于高校政策能否及时适应当前形势发展的需要：一是克服"结构性弱点"，学生在校学习时间过长，应实行四年结业制，在校学习时间不超过一学期。二是鉴于当前国际竞争日益加剧的发展趋势，要特别注意发挥个人的首创精神。三是高等学校要进一步加强同经济界的合作，使高校科研与经济发展紧密结合，承担更多的新任务。四是考虑到社会发展的迫切需要，必须采取有力措施，促进后起之秀的成长。五是改善高校的学习环境，密切人与人之间的关系。

（五）日本

第二次世界大战后，日本根据新宪法进行了一次教育大改革，建立了民主教育制度。这次改革是在战后由美国教育使节团主持进行的，颁布了新的《教育基本法》，改革的结果确立了"六三三"学制，提出了"教育机会均等"的思想。

从20世纪70年代开始，日本再次进行教育改革，以适应科学技术和经济发展的需要。1971年，日本文部省提出了《教育改革的基本方针》的报告，这次改革的重点是在普及九年义务教育的基础上，进一步普及高中教育；改革中等教育的单一性，提出了完成普通教育和职业教育的双重任务；发展学生的创造力和国际精神，增强其公共责任感，培养开放的爱国主义精神。进入20世纪80年代后，教育改革进入深入发展和具体实施的阶段：一是强调教育改革与政治经济改革同步进行。二是改革目标直接指向教育的单一性、封闭性和非国际性。三是重视发展学生的创造力和培养学生的个性。四是重视家庭教育和社会教育的作用。随着社会和科学技术的发展，日本对教育的认识越来越深刻，对教育改革的要求也越来越高。1984年，日本首相中曾根康弘的智囊团就提出了教育国际化、自由化、多样化、信息化和重视人格的"五原则"。1987年8月，日本临时教育审议会在第四次咨询报告中大声疾呼："这次教育改革成功与否，将关系到21世纪日本的命运。"

长期以来，日本的教育为经济起飞发挥了巨大的作用，但还是不能完全适应时代的发展。随着当今科学、技术、文化、经济、交通的飞速发展，21世纪的国际化趋势必将越来越显著。日本政府意识到，急需配备一套能够适应不断发展的国际化、信息化等社会变化的教育体制，在培养能够适应当前信息化社会人才的同时，致力于全面提高学生适应国际化社会的能力。日本人认识到，要确立自己的国际地位，适应国际化，就必须在经济、文化、教育等各方面进行全方位的国际交流，尤其要培养出能够在国际化社会中作出突出贡献的优秀人才。具体措施如下：一是为了适应当前信息化的社会，各级各类学校纷纷引进大批计算机用于教育实践，促使学生掌握一定的计算机基本理论，具备一定的信息处理能力。到1987年年底，日本的大学、中学和小学的计算机普及率已分别达到86%、23%和7%。二是为了面向教育国际化，各级各类学校普遍重视学生的英语学习，尤其重视对学生听说能力的训练。为了促进国际交流，日本政府计划把接收外国留学生的人数由当前的1.5万人增加到2000年的10万人。同时，大量聘请外国学者到日本讲学。三是为了学生的全面发展，各级各类学校进一步重视基础教育，尤其注重学生素质的提高。日本的大学、中学和小学通过社会课和道德课加强学生的道德修养及人生价值、民主意识和群体意识的培养，在抓好基础课的同时，尽可能为学生全面成长创造良好环境。

三、世界各国教育改革的重点

为了加快教育发展，以适应社会和经济发展的步伐，世界各国都非常重视教育，改革的重点主要集中在以下五个方面。

（一）重视提高教育质量

许多国家的教育危机，突出表现在普通教育质量下降。面对21世纪的国际竞争，要求各类人才具有全面的更高的素质，因此各国十分重视提高教育质量。一是重视思想品德教育。在第40届国际教育大会上，许多国家的政府和社会人士都强调要对学生加强道德、伦理、纪律和精神价值的教育。二是提高文化科学知识的教学质量。许多美国人把教育质量的下降和青年厌学的现象，视为比财政赤字更可怕的隐患。因为他们认为教育是发达国家经济高速发展的生命线，即"今天的教育，明天的科技，后天的经济"。

各个国家在对高等教育的改革中，都把提高质量放在重要位置。20世纪70年代末到80年代初，是美国和苏联高等教育发展的转折时期，即由以发展数量为主转为以提高质量为主的阶段。1982年，美国大学与学院协会召开了学术会议，专门讨论大学本科教育质量问题。1983年4月，美国高质量教育全国委员会发表了有关教育问题的报告，提出近年来普通教育和高等教育质量的下降，使国家处于危险之中，迫切要求对教育制度进行根本改革，以提高教育质量，这篇报告在美国引起了极大的震动。1983年10月，美国成立了提高高等教育质量必须条件研究小组，该组经过一年的调查研究，于1984年10月向美国教育部部长提交了重要报告——《主动学习——发挥美国高等教育潜力》。该报告列举了大学本科教育质量下降的许多事实，并对改进本科生教育提出了20多条建议，强调"高等学校要全力以赴地提高教育质量"，"在学科内容上跟上最新发展趋势"。

苏联对高等教育质量尤为重视，早在1979年就发布了《关于进一步发展高等学校和提高专门人才培养质量》的规定，要求各高等学校切实采取措施，努力提高教育质量。1986年，苏联提出"将各类专业学校中专门人才的培养，提高到现时代要求的水平"。1987年，《苏联高等和中等专业教育改革的基本方针》再次强调"提高专门人才的培养质量是高等学校的主要任务"。

1934年，法国高等教育改革最大的特点是强调质量，提出"高等教育的质量，大学运转的效率，是国家在制定高等教育法令时考虑的主要问题"。法国提出了高等教育要"现代化、职业化和民主化"，现代化的核心是提高教育质量。

为什么各国在教育改革中都十分重视教育质量的提高？主要原因有：一是由于前一阶段高等教育的大发展，高等学校在数量上已经饱和，甚至过剩，从而使专门人才的供求关系的主要矛盾，已由数量不足转化为追求质量。二是高等学校的教学质量有所下降，必须立即改变这种局面。三是由于现代科技的迅猛发展，对专门人才的素质要求越来越高，大学现有的质量标准已落后于客观形势的要求。

（二）修订高等学校培养规格，加强基础知识，提高学生能力

在现代新技术革命迅猛发展的形势下，人类知识总量激增，知识和技术陈旧率提高，产业结构不断变化，以及未来向信息社会发展等特点，要求高等学校培养具有综合素质的人才，即具有宽厚的基础知识，专业面较宽，创造性、适应性较强的人才。因此，为适应这一形势的需要，各国都在修订高等学校培养规格。

美国将高等教育改革的重点放在提高学生的基础知识上，这是由美国大学本科生的培养目标及其当前存在的主要问题决定的。据美国一些教育专业团体的调查，近年来，在大学本科生中有一半人未达到学士应有的水平。在1964年到1982年间，研究生入学考试的15门主要学科中，有11门成绩下降，其中下降得最多的是语言能力。因此，美国许多教育专业团体和社会各界人士纷纷要求高等学校要大力加强基础课程，提高大学本科生的基础知识和基本能力。美国全国高等教育问题委员会提出了高等学校提高大学本科生的基础知识水平的建议：一是除了提高已有的基础课程水准，还需扩大几方面的知识，如外语和外国文化、美国文化史和科学技术的威力及局限性等。二是不仅要提高知识水平，而且要重视加强能力培养，要进一步提高学生分析问题和解决问题的能力，培养他们的交流能力和综合能力。注意培养学生的自学能力，在高年级开展课堂讨论，在学生中开设科研方法课、独立研究课等。三是提高新生入学标准，要求高等学校与州政府中等教育官员共同制定中学修业的最低标准，即修四年英语、三年数学和计算机、两年科学、两年外语，并在三年内先后修完社会科学和人文科学方面的若干课程。同时，还要制定普通教育考试成绩的评定标准。

苏联在教育改革中提出，高等学校的专业不应当划分过细，否则会对一般学术和职业培养产生消极影响，要求"纠正按狭窄部门和学科设置专业的做法，大量减少专业种类"，培养"高深基础知识与扎实实践训练相结合的专业面宽的专门人才"。因此，他们把重点放在调整专业设置上。因为长期以来，苏联高等教育的专业设置按学科进行划分，专业分得过细。到了20世纪60年代，旧专业没有调整好，新开设的专业又再按学科进行设置，使专业面过窄的问题一直没有得到解决。1987年，苏联颁布的《高等教育改革方针》中再次强调，"要克服按狭窄的部门和按学科编制专业目录的旧观点"，"培养专业面宽的人才"。这次苏联下定决心要在近期内完成专业调整的任务，并提出"调整专业的原则是按职业性质来划分"，如工科专业按从事研究、设计、工艺和开发等工作类别分，把原有的"农业机械""矿山机械及机组""起重运输机械及设备""泥煤机械及机组"四个专业合并为"机械制造专业"。苏联在调整专业的同时，还注意加强大学生的基础知识教育，并且提倡理科学生学习一些文科知识，文科学生学习一些理科知识，工科学生学习一些经济管理知识，强调要培养"高深基础知识与扎实实践训练相结合的专业面宽的专门人才"。

其他国家在教育改革中也十分重视对学生能力的培养。如日本21世纪的教育目标中有一条是"培养学生宽广的胸怀与丰富的创造力"，法国提出要培养高等学校学生既有领导能力又有被领导的能力。

（三）加强高等学校与社会的联系

在现代社会中，一些发达国家的高等教育改革的一个重要趋势是以满足社会经济发展的现实需要作为主要目标。美国从"赠地大学"开始，就有高等学校与工业、商业合作的传统。20世纪初，美国出现了"威斯康星思想"，即威斯康星大学在教学和科研的基础上，通过培养人才和输送知识两条渠道，努力发挥大学为社会服务的职能作用，积极促进社会和经济的发展。这一思想的实质是确立高等院校的教学、科研与服务的"三维"关系，打破大学的传统封闭状态，建立学校与社会的密切联系。自20世纪60年代以来，美国的大学与企业建立的伙伴关系有了很大发展，许多著名大学都与周围的企业，特别是新兴企业建立了产学联合体关系。其中，以哈佛大学和麻省理工学院为轴心形成的"波士顿–坎布奇科学工业综合体"，以旧金山加利福尼亚大学和斯坦福大学为中心形成的"工业公园"，都是这方面的代表。以斯坦福大学为主要依托的硅谷所取得的成绩已闻名世界。1983年，由美国各界人士组成的教育为经济发展服务特别调查团，在《为最优化而战》报告中提出，"各项教改计划必须着眼于教育为职业和经济发展服务"，"实现教育改革，必须由教育、企业、政府三方人士携手合作，其中以教育与企业界的真诚合作为主，只有企业界才深知未来的职业需要怎样的技能和何种素质的人员"。

苏联从20世纪60年代就开始试办教学、科研、生产联合体，积累了一定经验。1987年，苏共中央通过的《苏联高等和中等专业教育改革的基本方针》中，第一条就是"改革的方针和基本动力是实现教育、科学和生产一体化"。这就要求这三方面建立一种新型的关系，对高级专门人才的培养和使用共同负责。所谓一体化是指，"高校和中专与国民经济各部门之间建立合同责任制"，建立教学、科研和生产综合体，把一部分教学内容移到生产单位进行，包括科研实验室和实验工段，使学生在高校接受基础教育，而在生产部门接受专业训练；保证教学过程与实践的可靠反馈，使高校和企业之间广泛交流；新技术、新工艺方面的设计人员要直接为本生产单位培养专业人员，而高校教授、教师则要参加提高工程技术人员的专业水平和充实其理论的工作。这样就能保证教学过程与实践活动之间的可靠联系，同时也为教师提供充实实践经验的进修机会。

英国于1988年在《20世纪90年代英国高等教育的发展》绿皮书中强

调，高等教育应面向社会，为更有效地提高经济效益作出贡献。学校应当开门办学，积极发展与工商界的联系，并与地方团体建立密切联系，促进教育为企业经营服务。英国在这份关于高等教育改革愿景的绿皮书中，充分肯定了大学教师经商的好处，要求大力发展大学教师与企业界的密切合作。

法国政府为了改变大学经费膨胀、大学与社会联系减弱的状况，从四个方面进行了改革：一是鼓励工业界与实验室联系，由公司企业确定科研选题。二是允许教授到私人企业工作2年至3年，停薪留职。三是鼓励大学与公司合作，培训在职人员。四是大学校长独立行使权力，决定与工业界联系的方式，政府对向高等教育事业投资的公司给予部分免税待遇。

日本政府为了适应大学，特别是国立大学和工业界日益扩大的合作形势，采取了以下措施：一是鼓励国立大学和工业界的科研人员开展研究，经费主要来自工业界，文部省也提供一部分。二是国立大学的科研人员在外界资助下进行科学研究。三是工业界的研究人员及工程师到国立大学从事研究生级别的科学研究。四是建立大学与地方工业界合作的研究中心。五是成立促进大学和工业界合作的组织，为了进一步加强大学与工业界的合作，成立了大学—工业界科研活动咨询委员会，全面研究大学和工业界的合作问题。

联合国教科文组织代表萨利姆·马利克博士说，高等学校与企业的联系和合作，不只是联合进行技术开发，还应吸收企业界和社会各界人士参加学校领导机构。因为他们最了解社会的变化，能够提出新的思想，这对高等教育的发展是有利的。他还说，高等学校培养市场需要的人才应是自己配套的，但是，只适应市场需要是不够的，还应培养一批促进国家发展、影响未来市场的人才。

为什么外国的高等学校与社会的联系会日益密切呢？这是因为自20世纪60年代以来，随着以电子科学为中心的现代科技革命的迅猛发展，劳动性质和产业结构不断变化，要求高等学校培养出来的专门人才，不仅要具有良好的科学知识，而且要具备解决新问题的创造能力和适应形势发展的应变能力。要培养出这种新型人才，靠封闭式的大学是不可能的，大学教育必须向社会开放，大学生要走出校门接触实际，学校要利用社会力量来共同培养人才，这样才能收到应有的效果。企业和科研机关也同样由于面临现代科技革命的挑战，深感孤立地搞科研、搞生产，难以适应形势发展的需要。高等学校不仅有着巨大的科研潜力，而且拥有一般科研机构难以具备的多学科交叉优势和复合型人才储备。因此，企业和科研机构与高等学校建立协作关系，既可以加速科技的发展、开发新的领域、提高生产率，也有助于提高教学质量、培养新型人才。

（四）大力加强教师队伍建设

许多国家都认识到，重视教师的作用、改善教师的待遇和提高师资的水平，是高等教育改革成功的保证。美国认为，教师是高等教育工作的核心力量，他们的地位、精神状态、相互关系以及对学校的责任感，对报告是至关重要的。1986年5月，美国发表了一份名为《国家为培养21世纪教师做准备》的报告，报告中提出，"美国的成功取决于更高的教育质量，而取得成功的关键是建立一支与此任务相适应的专业队伍——受过良好教育的教师"。苏联指出，"教学质量，首先取决于教授和教师的组成"，并规定"教师在国民经济部门要有一个长期的实习过程（即担任一至二年专家），并直接参加解决生产任务"。法国一些大学提出，教师"必须定期走出学校，参加实际的工作，或到企业工厂实习，或以其他各种形式参加再培训，只有这样，才能避免教师在心理上和方法上的衰退和落后现象"。日本教育学会于1989年专门讨论了"教师教育改革方向"这一命题，强调提高教师水平和加强教师继续教育的重要性。研讨会上大家认为，大学不能以为只要完成规定的人才培养课程，就等于培养出一名合格的专业人才，更重要的是，教师要把学科教育的研究方法或研究能力，扎扎实实地传授给学生，教师必须进行终身学习，因为学生是多样化的，教师也必须多样化。

（五）高度重视大学生德育教育

许多国家在教育改革中都很重视大学生的德育教育。自1983年以来，美国在连续提出的几份关于教育问题的研究报告中，既指出了教学方面存在的弊端，也指出了学校在德育方面存在的问题。长期以来，美国学校在教育过程中存在忽视德育的倾向，造成教育质量下降。美国前总统里根针对美国教育和教学质量下降的状况指出："美国之所以存在教育问题，并不是因为钱花得少，而是因为钱花得不当，没有把足够的人力、物力、财力花在道德教育上。"美国报纸把学校不对学生进行伦理道德教育的状况称作"道德的空白"。克拉克大学的哲学教授霍夫萨默说，"对道德问题，学生根本未予以思考，他们不知道道德意味着什么"，其原因是"学校没有对学生进行很多关于尊重、诚实等道德行为的教育"。在学术界，社会科学的崛起和在学校课程中文化多元论的兴盛，都使各级学校逐步削减了对学生应该进行的价值观念和伦理道德的教育。

目前，美国一些学校已经在加强对学生进行道德教育，分为两个方面：一是性格教育；二是讲授社会和民主的价值。性格教育主张培养学生正直、诚实、勇敢和善良的品格。性格教育的倡导者希望恢复美国奠基者的理想，即一个社会单纯依靠法律是无法存在的，还必须从人民的美德中汲取力量。关于社会和民主价值，一种新的理论正在形成。近10年来，美国学校一直在强调美国社会的多元化和文化的多样性。而现在有比较多的教育工作者感到，必须让学生懂得民主的内涵，向他们讲授"公德""联合"的意义，尊重不同的意见，学校还要求学生集体学习，行将毕业的高年级学生要为社会服务75小时，等等。还有一些教育工作者强调，在高等教育中，智育和德育应该并重。他们认为，高等学府的教育无论在智育上对学生提出怎样严格的要求，如果忽视德育，都是不完全的教育，如果再不同时注意德育和智育，美国难以解决的问题则会有增无减。

苏联一直坚持对学生进行思想政治教育。在20世纪80年代中期开展的教育改革中，苏共中央对教育改革作出了两项决议，其中对进一步加强德育提出了新的要求。1987年3月，苏共中央公布了《苏联高等和中等专业教育改革基本方针》，其中专门提到了德育，"学校的全体教学人员，党、共青团和工会组织，都负有加强大学和中专学生的思想政治教育、劳动教育和道德教育以及培养大学生的公民意识的使命，要使党、苏维埃和经济机关的领导人员积极参与对学生的思想教育工作，应大大提高马克思列宁主义教学的思想理论水平和教学法水平，这是培养苏维埃专门人才科学世界观的现实基础"。

日本自20世纪70年代以来，提出三大改革：经济、财政、教育。中曾根康弘首相亲自挂帅，组织了临时教育评议会，专门研究教育改革的对策。临时教育评议会做过两次咨询报告，都把"强调德育以克服学校教育出现的教育荒废等种种弊端""为培养21世纪的日本人"放在极重要的位置，加以专门研究。1983年12月，中曾根康弘指出，为培养完美的社会成员，必须加强对青少年的品德教育、纪律教育、道德教育。1984年2月6日，他再次提出，"要对学生进行崇高的理想、社会公德、丰富的个性等道德教育，不要只偏重知识的教育"。日本的一些学者认为，轻视德育投资的思想值得反思，只有重视德育投资，才能使日本经济得到高速发展。

当今世界，许多国家重视学生德育的主要原因有二：一是在社会发展中，精神文明的发展跟不上物质文明的发展。也就是说，高度物质文明出现后，人的精神面貌必然会发生急剧变化，这就会与一部分传统观念发生矛盾。如何建立适应高度物质文明发展的文化道德，如何正确对待传统的文化道德，想要处理好继承与发展的关系，就必须重视德育。二是学校教育中存在脱节问题，即学校教育跟不上社会变革的步伐，德育跟不上社会发展变化的需要。因此，学校应加强德育，用来改变这种不适应性。

（原载《高教信息与探索》1989年第5期，有改动）

第二章

高教研究要有勤于实践、勇于行动的"有为"

第一节　上海师范大学的成功实践

一、调任上海师范大学校长，任重而道远

1996年6月，我被调任上海师范大学（以下简称上师大）校长，当时已56岁，我想这是我最后一班岗了，决心以"百米冲刺"的精神状态跑完最后一棒，把多年来学习和探索的教育理念与工作实践结合起来，实现自己的教育理想——成为"教育家"的梦想。首先，我竭尽全力推动上师大大发展、大变革。我清楚地知道抓发展、抓改革是要得罪人的，因此，我制定了"约法十章"，以此作为当校长的准则。只有两袖清风，才能一身正气，我用实际行动践行了共产党员全心全意为人民服务的宗旨和人活着就要为社会的发展、为人民的利益作贡献的理念。我在上师大当校长的六年半时间，是我工作以来最操劳的六年半，也是最有成就感的六年半，让我品尝到了人生的酸甜苦辣。

我到了上师大后，有人问我："新官上任三把火，你有哪三把火？"我认真思考后，在全校中层干部大会上发表了题为"让燃烧的火焰持续地烧下去"的就职演说：

今天，教卫党委书记王荣华同志在百忙之中送我来到上师大，宣布了任命，并讲了很多鼓励我的话，我非常感激。到上师大工作是我最后一班岗，在我人生的冲刺阶段来到上师大，我要把我最后的精力、几十年的积累献给上师大。我是在国家教育事业处于大发展、大改革时期来到上师大的。

中央明确提出科教兴国的方针，邓小平同志提出教育优先发展的战略，对高等教育提出了新的要求，上海经济社会的蓬勃发展需要大量的各类人才。上海有小学教师5.5万人，中学教师5.6万人，其中高中教师8900人，多数教师亟待提高学历层次、更新知识结构，上海每年要补充中学教师3500人，这就是我们面临的任务。自改革开放以来，上师大在党委和历任校领导的领导下做了大量工作，为上海基础教育的发展作出了重大贡献。有人问我，到上师大有没有"三把火"？我想说的是，在改革和发展方面上师大已取得了很大成绩，已经燃起熊熊火焰。我没有三把火，我是来添薪加油的，让已经燃烧的火焰持续地烧下去。我要接好王校长交给我的接力棒，对于搞好工作、办好上师大充满信心。因为市委、市政府领导对上师大很重视，上师大有良好的基础，有徐汇、奉贤两块宝地。我个人的工作靠两个字——投入，全身心地投入。人的能力有大小，水平有高低，按照我的水平和能力是不能胜任校长之职的，所以我只有加倍努力、加倍投入。初次跟大家见面，有必要简单地介绍一下我自己。我的性格属外向型，我喜欢开诚布公、直言不讳，我能听取不同意见，也乐于接受批评和建议。我认为是正确的，会固执己见、据理力争，但也会服从组织决定，服从多数人的意见。我工作节奏比较快，讲究效率，喜欢雷厉风行，看准了就干，干错了就改。错了，我承担责任。我反对拖拉，反对议而不决。我十分珍惜时间，认为世界上最宝贵的财富是时间，把时间投入工作、学习、研究中去是最值得的。我的缺点是有时比较急躁、片面和主观。

怎样开展工作？在党委领导下，齐心协力，要抓住八个字：服务、开拓、勤奋、务实。

服务——为官一任，服务一方。校长就应抓发展，为学校的发展服务，为师生的发展服务，创造一个良好、和谐、宽松的教学、科研及生活环境。

开拓——社会发展的动力是什么？邓小平同志说，改革是中国的第二次革命。要勇于开拓，敢于冲破旧的世俗观念、模式，以及计划经济下形成的已不适合现代社会发展的理论、观念、模式。改革开拓就要不怕非议、不怕阻力、不怕困难和曲折。

勤奋——勤能补拙，以勤补拙。要勤奋工作，把精力、时间投入工作中去。多年来，我在工作实践中总结了六字方针，即工作、学习、研究。以工作为中心，结合工作进行学习，把工作、学习的心得进行研究，把研究成果用于指导工作。

务实——讲实话，干实事，重实绩。当干部要能干、肯干、敢干、大胆地干。我的特点是认准的事就去干，不怕别人议论、反对，只要不是从个人利益出发，就大胆去干，团结周围的同志一起干。干错了，出偏差了，由我承担责任。

当好校长，必须发扬民主，科学决策。

发扬民主：第一，校领导要经常听取、广泛听取各方面的意见，要形成制度，通过教代会、学代会、团代会、民主党派双月座谈会、离退休干部双月座谈会等形式听取意见，建立教授咨询委员会，建立校领导接待日制度；第二，重大决策前要充分听取意见，听取而不轻信，要作深入调研和分析，最后交党政联席会、党委常委会讨论；第三，校长在党委领导下工作，讨论重大问题时，每人只有一票，少数服从多数，不能匆忙去做班子里多数人不赞成的事，有重大分歧时，先要冷处理，再作调查研究，最后充分讨论；第四，不越权、不越位，按能级行使职权，各负其责。

科学决策：第一，按照管理学中的能级原理，在自己的权限内，大胆负责，大胆决策，不要推诿；第二，重大的决策要调查研究，听取意见，充分讨论；第三，要有两个以上的方案；第四，重大的决策权在党委、党政联席会、校长办公室，不能个人说了算。

归根到底，学校要在办好学、育好人上下功夫，切实提高教学质量、科研水平，努力培养德智体全面发展的合格人才。我有决心、有信心在党委的领导下，与全校教职工一起，尽心尽力，把上师大各项工作做好。尤其要在提高质量、办出特色上下功夫，为上海社会经济发展，为上海基础教育发展，为培养更多更好的人才，作出更大的贡献。

我到上师大后的前两个月，主要着手调查研究，听取意见，寻找工作突破口。我去每个学院、每个部门召开了座谈会，听取了离退休干部、民主党派代表、教代会代表等各方面的意见。大家反映了上师大存在的许多困难和问题。我听到最多的一句话是"上师大搞不好了"。有人把上师大概括为"地位不高、目标不明、士气不振、人心不稳"，也有人说"学生学习积极性不高，教师教得没有劲"，"教职工住房十分困难"。在一次中文系教师座谈会上，一位教授尖锐地说："我们上师大的确缺钱、缺房、缺人才、缺设备，但最缺的是精神，我们心急如焚，校领导首先要振作精神。"这席话给我很大震动，讲到了点子上。我把调研的情况在党政联席会上作了汇报，提出我们校领导一班人要紧密团结，齐心协力，多做实事，充分调动每个人的积极性，用切实可行的发展目标来激励教职工，用改变学校面貌的现实取信于教职工，全校教职工对我们抱有很大的期望，我们每个人要有责任感、使命感、紧迫感，要下决心抓几件实事。我认为，当前上师大迫切要抓好四件事：一是深化教学改革，抓好教风学风建设；二是解决教职工住房困难问题，抓好住宅建设；三是整治校园，抓好绿化建设；四是调整学校布局，抓好奉贤校区建设。

上师大的发展方向即遵照徐匡迪市长提出的"努力把上师大办成适应上海基础教育和社会经济发展的多学科、高水平的新型大学"的方针，要为上海培养更多、更好的应用型、实用型的专门人才。

二、抓好教学改革，顶住压力不放松

大学应以育人为中心、教学为主体、科研为先导。我到上师大做的第一件事是抓教学改革。1996年暑期，在调查研究的基础上，我提议召开教学改革研讨会，研讨会在外宾楼开了三天，各学院负责教学工作的系主任都参加了会议。我先作报告，介绍了国内外高教改革的信息、动态，大家听得很感兴趣。在报告的最后一部分，我结合上师大实际，提出了四条改

革措施，即减少必修课、增加选修课、开设辅修课、加强实践课，具体内容如下。

一是减少必修课。现有的必修课程太多，不少课程内容陈旧，学生不愿听，或者干脆不来听。有些老师批评学生学习动力不足，但我发现不少学生不愿听我们的课，却自己花钱到校外去听课，说明不完全是学生学习动力不足，而是我们开设的课程不受学生欢迎。有些课程内容是十七八世纪的，有些教科书是20世纪五六十年代的。我建议将现有的必修课砍掉25%～30%。

二是增加选修课。给学生学习的选择权、自主权，把一些最新的、交叉的、符合学生需求的知识传授给学生，选修课要占总课程的25%～30%，以拓宽学生的知识面，构建合理的知识结构。有人说，全校可开设的课程不多，仅1000门左右，我的意见是给每位教师发张问卷表，让他们自报能开设几门课。根据调查结果，全校可以开设2000余门课程，由此可见，选修课的潜力很大。

三是加强实践课。原来师范专业的学生教育实习时间只有6～8周，参加实践的时间太少。国外培养一个教师一般要有一年的实习时间，医学院校的学生也要实习一年。我建议把师范专业学生的实习时间延长到半年，非师范专业学生的实习时间为6～10个月。让学生多实践，在实践中巩固所学的理论，增加新的知识。

四是开设辅修课。我主张让每个学生学习两个专业后再走向社会。少数优秀学生可学习两个本科专业，比较优秀的学生学习一本一专，即再学一个专科专业。其余学生再辅修一门专业课，20学分左右。学生掌握两个专业的知识有助于增强工作适应性，对日后就业会有所帮助。

当我提出这四条改革措施后，我问大家是否同意，无人应答。我说可以提出修改意见，也无人应答。我心中明白，大家不赞成，这是我没有想到的。我说如果大家不同意，我有另一个方案，就是每节课砍掉5分钟，这样一节课是40分钟。上午安排5节课，下午和晚上可增加两节课，先把选修课开出来。结果大家还是不表态，实际上是不赞成。我一再请大家提出意见，均无人发言。我满腔热情搞改革，结果一盆冷水泼下来。会议中场休息的时候，我征求一些系主任的意见，问他们为什么不同意，他们说："你提的第一条就做不到，减少必修课，而且要减掉25%~30%的必修课，那么减下课来的老师怎么办？要减的课，都是中老年教师开的课，不让他们上课，就等于砸了他们的饭碗，他们没有饭吃怎么办？我们做系主任的首当其冲，他们整天要缠着我们。"原来如此，改革总是要触动一部分人的切身利益。我说："你们讲得很有道理，那么每节课砍掉5分钟，为什么不同意？"他们说："一节课少讲5分钟，100节课就是500分钟，那么课时费也要相应减少，这又是涉及教师利益的问题。"我说："那是我没有讲清楚，缩短讲课时间，课时费不减。"这下系主任们放心了，同意了第二个方案。后来校长助理项家祥又到各系征求意见，大部分系赞成40分钟一节课的方案。于是这个方案于1997年3月正式实施。

但我真正的教改目标还是第一个方案。为了能统一认识，继续推进第一套改革方案，我在全校组织了教育思想大讨论——"21世纪给学生什么样的知识结构"，并组织大家学习邓小平教育思想和党的教育方针，让大家认识到教育改革的必要性和重要性。与此同时，学校每年拿出几百万元用于教学改革。哪个系、哪个专业带头改革，就优先增加投入、增加编制、增加设备。在思想认识提高的基础上和切身利益的驱动下，叶文博副教授所在的生物系、李维民副教授所在的体育系率先改革，数学系、中文系等紧随其后。当时，我还提出压缩课时的建议，理科从四年的3150课时压缩到2700课时，文科从四年的3000课时压缩到2500课时。有些人想不通，说我"一年一个样，年年玩花样"，还有人说"杨校长来了后把我校从本科水平降为专科水平了"。我当时不理解，怎么就降到专科水平了？有人说，原来是3000多课时，现在变成2000多课时了，不就是本科变专科了吗。原来如此，幸好我是研究高等教育的，我说："美国、澳大利亚、日本等国家本科仅1900课时，难道是中专吗？本科与专科的区别并非取决于课时多少，而是取决于内涵。"与此同时，半年实习制的推行也遇到阻力，有人认为难以安排，有人认为理论教学时间太少。我首先在中文系和体育系试点，他们积极与中学联系，学生到中学实习一学期，顶岗上课，中学可以抽出一些教师对实习学生进行集中培训。实习制实施一段时间后，受到了中学的欢迎。后来教务处朱元春等人把半年实习制专门作为一个课题进行研究，其成果被市教委评为优秀教学成果二等奖。在主辅修方面，我鼓励学习成绩优秀的学生再选修一个跨学科的本科，利用周六一天及寒暑期集中一段时间学习，学满60学分即可获得第二专业的本科文凭，学满40学分可获得专科文凭，学满20学分可获得一张辅修证书。学生在校就读一年后即可报名学习第二专业。截至2009年4月，全校有3600多名学生选修第二专业。实施主辅修制，一是可以调动学生学习的积极性，开发学生的潜能；二是可以让学生构建复合型知识结构，使他们走上工作岗位后具有更强的适应性。经过三年的努力，第一套教改方案在上师大全面实施，并取得了显著效果。

教改中我主张允许学生转专业、转学校。在考进上师大的学生中，有些人是服从调剂志愿录取的，有些人高考时是按父母或老师的意见填报了自己不喜爱的专业，或在进入大学后发现自己并不喜欢所学的专业，而喜爱另外的专业。我主张应允许确实另有所爱（专业）的学生转换专业，并制定了有关条例。从1999年起，每年都有数十位学生转专业，其中，2006年有94人，2007年有82人，2008年有75人。这样可以改变"一考定终身"的局面，有助于因材施教，调动学生的学习积极性。当时上海市教委颁布了一个校际学生流动的政策，即允许优秀学生在一年级学完后报考其他高校，包括985高校、211高校，我完全赞成和鼓励上师大的优秀学生报考其他高校。上海教育电视台的记者曾经采访过我，问我为什么舍得把优秀学生放出去，多数学校都希望把优秀学生留在校内，舍不得放出去。我说，学校是为国家、为社会培养人才的，有些优秀学生很有志向，喜欢重点大学的一些专业，到那里能够更好地发挥他们的才智，能更好更快地成长，这是件好事，这样做既可以激励高中毕业生报考上师大，也可以激励在校生刻苦努力地学习。从1999年到2008年，上师大有100多名学生经考核插班到复旦大学、华东师范大学、上海大学、华东理工大学、上海财经大学学习。为了因材施教，在我的提议下，全校组建了提高班，在优秀学生中选拔一部分愿意加大负荷、有志攀登科学文化高峰的学生加入提高班。文理科各组建一个提高班，专门配教师、辅导员，进行文科综合、理科综合方面的教育，帮助学生形成宽、精、综（综合）、复（复合）型知识结构，优秀者可直升研究生，由教务处直接管理。后来由于经费开支等管理方面的问题，仅办了两期便停止了。对此，我感到很遗憾。

三、针对学生"松、散、懒"，开展"充实教育"

我在担任校长期间，每隔一段时间就会抽空到学生宿舍看看，到图书馆、教学楼转转，以了解学生在做些什么。记得1996年9月的一天晚上，我查看了11个男生寝室，发现有7个寝室的学生在打扑克，有2个寝室的学生在看电视，有2个寝室的学生在聊天，没有一个寝室的学生在看书学习。第二个月我又查看了9个寝室，发现有5个寝室的学生在打扑克，有3个寝室的学生在看电视，只有1个寝室的学生在看书。期末考试前，我到图书馆查看时，看到不少学生拿着笔记本在复印机前排队。我很惊讶，一了解，才明白原来是这些学生平时上课不记笔记，或不去上课，要考试了，才向其他同学借笔记本去复印，以应付考试。这些现象反映出上师大学生"松、散、懒"的状况严重。我当时提出要在学生中开展"充实教育"，让学生忙起来。我说中学生要"减负"，大学生要"增负"，学生不忙就空虚，一空虚就要出事。"充实教育"包括充实教学内容、充实课余活动、充实精神生活三个方面，旨在让学生从松散到紧张，从闲暇到忙碌，从空虚到充实，从不知干什么到知道干什么。我要求教师在教学中布置参考书目、文章，布置作业，培养学生的自学能力、搜集信息能力、写作能力；鼓励学生参加课外活动，凡参加校级运动队和校课外活动社团，并有固定活动时间、有教师指导的，学校给予一定的学分作为鼓励，学校还开设文化素养选修课供学生选修。党团组织和辅导员则要帮助学生做好"充实教育"的设计工作，使学生在每一个时间段都知道要做什么。尤其是低年级学生，他们刚进大学，还没有掌握大学学习规律和生活规律，学校更要帮助他们设计和安排好每天的时间，逐步发挥他们的自我教育主体作用，帮助他们学会自我设计、自我充实，增强自律意识，提高自立能力。自我设计最重要的是设计好如何利用时间，让学生成为善于驾驭时间的主人，向时间要知识，向时间要素养。

我在调研中发现，历史系萧功秦老师教学责任感很强，治学很严谨，不仅自己学问好，而且对学生要求很严。他教授的"中国通史"，除教科书外，还布置参考书，并且要求学生必须写4万字的读书笔记交给他批阅。我翻看了几个学生的读书笔记，萧老师都做了认真批阅。对完全抄书没有自己见解的学生，他在笔记本上提出批评意见，要求重写；对于好的学生，给予表扬。每次上课前，他要求学生做5分钟演讲，以培养学生对专业的热爱，提升学生的阅读能力和表达能力。我要求校办专门发了简报，推广萧功秦老师的教学方法和严谨治学的精神，这在广大教师中产生了良好的反响。

在1998年8月的学生工作会议上，我又强调了"充实教育"。一是支持学生大力开展社团活动，组建运动队、艺术团。每年要办好三大节，即科技学术节、体育节、艺术节。充实实践生活，动员和组织学生走出校门、走向社会。二是开展有教育意义的调研活动、考察活动、参观活动以及访问有成就的校友活动。三是组织周日家教学校，帮助双职工家庭克服周日无法带孩子的困扰，为孩子提供一个娱乐、活动、学习的场所。四是组织好公益劳动，由教师或辅导员带队，做到有内容、有时间、有成效、有学分。

我们还在全校开展了"从抓充实教育入手，树立良好学风"的活动，由学生处和团委负责组织。为了开展"充实教育"，我提出在全校学生中实行"四个制"，即多张证书制、干部轮换制、半年实习制、综合测评制。

多张证书制。为了适应激烈的人才竞争，毕业生不能仅凭一张毕业证书进入人才市场，还要有英语等级证书、计算机等级证书、技能等级证书以及参加各种竞赛活动的获奖证书。学校积极组织各种不同类型的竞赛，如在科技学术节、文艺节、体育节等期间举办论文比赛、演讲比赛、师范生技能比赛、文艺比赛、体育比赛等，要求每一个学生一年内至少参加1~2项比赛活动，让他们在这些活动和竞赛时有机会得到获奖证书。多张证书制还包括开设各种辅修课程、特色课程，学生可以任选，达到一定的学分可授予单科证书。实行多张证书制的好处是有利于改善学生"松、散、懒"的状况，激励学生勤奋学习；有利于激发学生参加各项活动的兴趣，提高他们的组织能力、自我评价能力、竞争能力；有利于充实和丰富学生的课余活动和学习内容，充分发展学生的个性和专特长，为他们创造更多的成才机会和条件；有利于形成良好的学风和校风；有利于提高毕业生在就业市场上的竞争力。

干部轮换制。让每个学生都有当干部的经历和不当干部的经历。在学校期间担任一定的社会工作职务，有助于提高学生的全面素质。担任学生干部可以让学生在工作能力、组织活动能力、人际交往能力、语言表达能力等方面都得到较好的锻炼。担任学生干部还可以让学生增强自我约束力和学习自觉性，促进他们努力学习、严以律己，沿着德智体美全面发展的方向前进。多年来，高等学校的学生干部总是由一小部分学生担任，多数学生得不到锻炼的机会。因此，我提出实行干部轮换制，让每个学生都有当干部和不当干部的经历。大学生应该具备一定的领导素质和被领导素质，当干部时能主动把工作做好，不当干部时能主动配合干部搞好工作。今年当团支书、班长，明年当寝室室长或者普通学生，让每个学生都能在干部岗位上得到锻炼，也让每个学生都能在非干部岗位上得到锻炼。当干部能锻炼一个学生为他人服务的精神，与同学和谐相处的能力；不当干部，也是对一个人的思想品德和心理健康的考验，这是一种很现实的教育。如果每个学生都担任过干部，整个集体的自我约束力就增强了。学生的整体素质提高，有助于推动良好学风、校风的形成。

半年实习制。从社会需要和学生现状来看，对师范生最需要加强两方面的培养和锻炼，即基本素养和基本技能，仅仅依靠课堂教育是解决不了这两大问题的。通过延长实习时间，可以让学生到中小学第一线去强化素养和技能。经过几年的试点，实习半年后的学生不仅在教学技巧、方法、能力等方面有了很大的提高，更重要的是学到了中小学教师敬业爱岗、严谨治学等优良品质。学生深深地感受到了教师工作的光荣和崇高。半年实习可以集中实施，也可以分散在各个年级实施，如一年级安排2周实习，二年级安排4周实习，三年级安排12周实习。

综合测评制。如何评价一个学生，涉及教育观和学生观问题，也涉及对学生的导向问题。长期以来，学校主要以考试成绩作为评价一个学生的标准，这导致学生只注重考试，只关注考分，没有热情去参加各种社团活动、公益活动，去发展个人的兴趣爱好。少数学生为了追求高分，在学习中投机取巧，也影响了德智体全面发展，影响了学风和校风建设。实行综合测评制就是对学生在德智体等各方面的表现进行量化综合考核，而不是仅看学习成绩，如把学生参加社团活动、社会工作、竞赛活动情况，学习态度、道德品质情况，以及获得的证书情况等都作为综合测评的内容，定量计入测评的总分之中。综合测评的结果与评奖学金、评优秀学生、直升研究生及毕业生就业直接挂钩，这样就可以形成正确的导向。如评三好学生时，德育的成绩占20%，智育占70%，体育占5%，能力占5%。这样有助于激励学生平时在各方面严格要求自己，不仅关注学习成绩，而且必须关注德智体能全面发展，从而有助于推动形成良好的学风和校风。综合测评放在每学年或每学期末进行。先是个人测评，然后是同学互相测评、教师测评，按权重评出每一个学生的综合分数。综合测评是一种较为全面的、公正的评价一个学生的方法，能促进学生自觉地按综合素质测评中的标准要求自己，可对学生的不良行为起到制约作用，对学生的成长起到激励作用，能有效地促进学生沿着德智体全面发展的方向前进。

我们还注重在社会实践中加强"充实教育"，以提高学生的人文素养。如每年暑假有数千名学生在全国各地举办"爱心"学校，参加大学生志愿者活动、勤工助学活动，到西部地区开展支教活动，开展文明修身活动等，这些活动都收到了较好的效果。

四、解决住房困难，让教职工安居乐业

我刚到上师大时，教职工反映最多的问题就是住房困难。校工会常务副主席万庆华向我反映，上师大教职工人均分配住房仅6.8平方米，远低于教职工实际居住需求。教师直到离退休时才能拿到房子，造成"干得动时没有房，干不动时分了房"的局面。在徐千荣书记、王邦佐校长的努力下，学校在上师大新村自筹资金盖了一栋教工宿舍，并利用空余土地与其他单位合作盖了两栋高层住宅，住房面积7100平方米，缓解了部分教职工的住房困难。但没有从根本上解决问题，因为困难户实在太多了。三个月内，我走访了30多户住房困难的教职工家庭，我感到很震撼，大学教师居然住在条件如此差的房子里。琴房是原上海音乐学院留下的弹钢琴的房间，现在却成了上师大教职工的住宅，每间房只有五六平方米，整栋楼住了几十户人家，住在里面的有讲师、助教，而且一住就是十几年。上师大原来的集体宿舍每间仅13平方米，没有独立的厨卫，副教授一家三口住在里面；有的结婚户没有住房，只能一间房子轮流住，或者将13平方米的房子一隔为二，两对结婚户住在里面。我只好安慰大家，困难是暂时的，情况会好转的。人们都说"教师是太阳底下最光辉的职业"，现在却住在没有太阳的房子里，真是莫大的讽刺。好几次在会上，讲到上师大教师住房困难问题时，我眼睛湿润了。教师的工作很辛苦，又住在条件这样差的房子里，实在太苦了。我的人生哲学是"无为何入世，入世有所为"。作为一校之长，就要在学校的发展上有所作为。

我下定决心要千方百计地解决教师的住房困难问题。我在市高教局的

时候，曾经分管过住房、财务和基建，当时实行福利分房制度。20世纪90年代中期，上师大还是靠福利分房，每年仅分到七八套房子，对于2000多名教职工来说无异于杯水车薪。我作了一些调研，走访了市教委和住房开发商，召开了一系列教职工座谈会，寻找解困途径，心中逐渐有了底。我先做了安抚人心的工作。1996年下半年，我在全校干部会上表态："给我3年时间，保证解决教职工住房困难问题，解决不了我辞职。"我和党委书记徐千荣在这方面配合得很默契。老徐说，当务之急是把学校西部校区西南角的35亩地要回来，其中一部分用于开发住宅。这块地我在高教局工作时就知道，土地证已经给了上师大，理应可以使用。但街道党委坚持不给，说有不少住家不搬走，街面的商店因关系到居民的切身利益而难以处理。我以为此事很简单，因为土地证在握，土地理所当然应还给上师大。我到漕河泾街道找了黄雪明书记，他是上师大校友。刚见面时他很客气热情，但一谈到土地，他就板起了面孔，讲了一大堆困难，说目前不可能把这块土地让出来。我说，我们教师住房十分困难，要靠这块地开发住宅，解决教师住房的燃眉之急。他说居民也有困难，不肯让地。我先后去了两次，都不欢而散。他是位精明能干、责任心很强，个性也很强的干部。我无可奈何，只好找到教卫党委王荣华书记，他一口答应，要我们写个报告，他去找徐汇区区长姜斯宪。姜区长原是上海交大的研究生，我在高教局时就认识他。1996年12月，姜区长陪我去街道见黄雪明书记，王荣华书记也去了。姜区长明确表示要把35亩地交还给上师大，街道有什么困难，由区里协调解决。黄雪明书记终于同意将35亩地还给上师大，我们承诺在公建配套上按规定给出一部分街面房。土地拿到后，学校就着手规划，先拿出一半土地开发住宅，仅用3年时间就建造了3万多平方米的科技园住宅区，优先解决了困难户和骨干教师的住房问题。

与此同时，学校积极购买新房。我从市教委获悉，市教委参建的秀峰翠谷小区有余房，每平方米2330元，约有8000平方米，我校高层楼每平方米3500元，于是决定拿出2500平方米的我校高层楼去置换秀峰翠谷的住宅，可得3755平方米的现房。当时有人认为秀峰翠谷的房子离学校太远，有些房型不好。我把校领导都请去看房，以便开校长办公会时讨论。吴祥兴副校长看了后明确表示，这么便宜的房子不好找，主张买下来。人事处处长徐桂英说，这种房子可用于引进人才，有四室一厅的，也有三室一厅的，很适合不同职称的教师居住。徐千荣书记也主张多买一些，并在校长办公会上得到了大家的一致认同。可购房款从哪里来呢？走改革之路——取消福利分房。

为了从根本上解决教职工住房困难问题，必须改变过去的福利分房制度，即完全依靠政府下达房源，按困难程度排队分房。1996年10月，在徐千荣书记和其他校领导的支持下，我提出取消福利分房制度，多渠道集资购买，不要上面给的小蛋糕，要自己做大蛋糕，争取政府贴一点、学校拿一点、个人出一点。这一举措一出台，立即遭到一部分教职工的反对，尤其是排队等了好几年即将拿到福利房的教师，他们好不容易等到了分房机会，学校政策却变了。有人写信到市教委告状，说我取消福利分房是不顾教师死活，不切学校实际。改革总是要得罪人的，当一部分人的利益受到损害时，必然会有人出来反对。我认为，只要对多数人有利、对全局有利、对长远有利，改革就要坚持下去。计划经济时代的"等靠要"一去不复返，市场经济不可逆转。市教委也支持上师大的改革，并提出了1∶1的优惠政策，即学校拿多少钱帮教师解决住房困难，市教委就补多少钱。这一政策比福利分房好多了。当年我们筹集1000万元购房，教委就补贴了1000万元，第二年学校集资1450万元购房，教委又补贴了1450万元，两年共近5000万元用于购房。我们除了从秀峰翠谷小区购置了8159平方米住宅外，1997年，又在古美新村、平吉新村、海上新村、新园小区等购置了一批住宅。海上新村是奉贤校区一位校友开发的，原价每平方米2100元，经多次协商，最后以每平方米1600元的低价，卖给了上师大48套新房。

房源充足了，不仅可以解决本校教职工的住房困难，而且可以引进高水平的教师。1997年，上师大分房标准是教授110平方米，副教授、处长

90平方米。当时，上海名牌大学教授的住房标准仅为75平方米，他们很羡慕上师大的住房标准高。我说："你们靠牌子吸引教师，我们靠房子吸引教师。"后来我校引进了一批教授和博士，他们对稳定校内教师队伍发挥了很大作用。有了充裕的住房，我们就有了引进人才的底气。我和吴祥兴副校长、徐桂英人事处处长，到一些重点高校招聘了一批名师大师，如郭本瑜、孙锦尧、唐力行、白光润、谢利民、徐芒耀等，还有年轻博士丛玉豪、陈恒、杨仲南等。

到1999年底，全校已有1075户教职工分到了新房，解决了住房之忧。那么多房子如何分配？我们专门成立了分房领导小组，由刘志刚副校长全权负责，他是位公正、正直的干部；校工会主席万庆华担任组长，他是位精明能干、能广泛联系群众的干部。我不参与分房领导小组的工作。我早声明过，没有房子是我的责任，有了房子如何分配、如何使用不是我的责任。有人曾提议校长可以掌握几套房子，可不通过分房领导小组直接分给困难的教职工，或用于引进人才。我拒绝了，分房权一律由分房领导小组讨论决定。但有些教师仍然来找我要房，我即转交给分房领导小组统一考虑，不下达任何指令性意见。为此，有些教师对我很有意见，说我不肯帮忙。实际上我是按管理科学中的能级原理进行管理，不同能级、不同层次的组织和管理者，应在其位、谋其政、行其权，不要越位或越权。我不能超越分房领导小组的职权，直接去管住房分配。

学校房改，我没要一套房子。但仍有谣言说我拿了多套房子，有人把我儿子、女儿的房子都说成是我拿的，并匿名告到了上海市纪委。市纪委来查，结论是没有任何问题。校财务处也证明我没拿过学校的1分钱用于买房。当时有好心人劝我，不要这样起劲地搞房改了，以免有人怀疑你。我说："真金不怕火炼。我是为全校师生员工服务的，受点委屈没什么。"刘少奇在《论共产党员的修养》中曾说过，要把人民的利益放在首位，全心全意为人民服务。当了校长后，我对这句话的体会更为深刻。

五、以绿色促人气，提振教职工精神

上师大徐汇校区分为东、西两个校区。长期以来由于办学经费困难，学校地下水管堵塞，水电设备陈旧，一下大雨就积水成潭，教学大楼、学生宿舍都要"抗洪救灾"。学校树木不少，但草地很少，教学大楼前后、学生宿舍前后杂草丛生。家属区内违章建筑很多。教职工要求整治校园、拆除违章建筑的呼声强烈。但这是一个非常棘手的问题，我认为必须从理念和行动两方面着手。

大学校园是师生员工共同生活、学习、工作的地方，是育人的地方，必须有一个优美的环境。环境的好坏直接关系到每个师生员工的生活质量、学习质量、工作质量。我们天天讲为人民服务，却连校园环境都搞不好，还谈什么为人民服务？作为校长，我有责任为师生员工创造一个良好的环境。在一个破旧不堪、杂草丛生的环境里如何培育人才？不能树木，何以树人？连学校的清洁卫生、树木花草都管不好，如何育人？于是，我下定决心抓校园环境整治和绿化工作。以绿色促人气，以改变校园面貌促进改变人的精神面貌。我自告奋勇地担任校绿化委员会主任。1996年8月，我在全校中层干部会议上提出，保证3年内把上师大建成上海市花园单位，成为"土不见天、绿树成荫、花不间断、四季飘香"的绿色校园。若是3年不建成上海市花园单位，我就辞职。

建设绿色校园必须解决两个实际问题：第一，钱从哪里来？第二，劳动力从哪里来？那时候市政府每年给学校的经费基本上只占全年所需经费的60%，其余40%学校要通过学费、创收等途径来补贴，市政府不可能给我们绿化经费。那么钱从哪里来呢？整个暑假我都在为钱发愁。开学后不久，有一天，几个青年教师在路上遇到我，开玩笑说："杨校长，考验你的时候到了。"我问："什么考验？"他们说："今年教师节，你准备发多少钱给我们啊？"我说："教师节还发钱啊？我不知道啊！"后来我了解了一下，前一年教师节每人（含离退休人员）发了100元，学校一共支出

30万元。他们说考验我的时候到了，是指今年增加多少。后来，学校党政班子开会时，我建议增加50%，每人发150元。消息传出去后，老师们并不买账，有人甚至说："杨校长很小气，今年教师节就给我们发150元。"这让我明白了一个道理：发多发少总会有人不满意，不能靠发钱来满足大家的要求。我想，学校的绿化建设不是缺钱吗？今年教师节的钱干脆就不发了，把30万元作为大家的集体捐款，用于校园绿化建设。于是，我专门召开座谈会征求大家的意见，包括听取了一部分离退休老同志的意见，他们一致赞成，说这个主意太好了，100元对他们来说无所谓，只要把学校环境建设好就行。我心中有了底，信心也增强了，这样绿化建设的启动经费就有了。但30万元是不够的，搞绿化需要大笔经费投入。校内低洼地很多，要买几千车土填平、垫高后才能绿化，还要采购各种树和大量的草皮。我提议发动大家捐款，鼓励教职员工自愿捐款但不攀比。我们连续3年在植树节（3月12日）召开全校绿化动员大会，发动捐款。我带头捐出一个月的工资。在全校大会、小会上，我总要宣传绿化的好处，讲述草皮散发出的气体对人有什么好处，香樟树、桂花树散发出的气体对人有什么好处。我提出大搞绿化，是为了让上师大校园里绿色多一点，氧气足一点，负离子多一点，把上师大建成一个大氧吧。大家听得津津有味，点头认可，而且还称赞我知识面很广，其实我是从网上搜索出来的。当然，我本来是学地理的，又是农民出身，有专业知识背景和绿化情结。

学生们的积极性也很高，纷纷要求捐款。让学生捐款我感到不妥，但又不能挫伤他们的积极性，我说每人要捐就捐1元，重在参与。中文系学生会收到学生捐来的700多元硬币，装在一个大牛皮纸袋里，交到了校长办公室。最令人感动的是地理系原系主任刘德生教授，抱病到校长办公室捐了500元，他说把上师大的绿化搞好，是他梦寐以求的事情，现在终于能够实现了。那时候各学院收入的70%以上都留存在学院，有些学院是比较富裕的，每年植树节前，我就打电话给各院院长，动员他们捐款。孙逊、顾大僖、白光润、张世正、李维民等院长都很支持，教育心理教研室在卢家楣教授的带领下，是人均捐款最多的部门。连续3年，全校师生员工一共捐了150多万元用于绿化建设。上师大师生捐款搞绿化的举动感动了市教委、市绿化委员会、徐汇区政府的领导，他们用各种方式支持上师大的绿化工作。尤其是市教委，第二年增拨40万元，第三年增拨257万元用于绿化和环境整治工作。在市教委夏秀蓉副主任的关心支持下，1997年，市教委拨款196万元给上师大，建造了运动场的观众台。1998年，龚学平副市长、教委张伟江副主任等视察了上师大，对学校环境建设、绿化工作大加赞赏。我趁机提出改建运动场、铺设塑胶跑道的申请。因为运动场上尘土飞扬，对师生健康不利，离"土不见天"相差甚远。龚市长是位雷厉风行、魄力十足的领导，当即答应回去研究，帮忙解决我们的问题。后来市教委拨了460万元专款，把上师大昔日破旧的煤渣跑道的运动场，改建成了达到国家标准的塑胶运动场。

绿化经费解决了，劳动力从哪里来？我建议开展双休日义务劳动，由团委、学生会协助后勤部门组织，师生员工自愿报名参加。从校领导、机关干部、广大教师到职工、学生，报名参加义务劳动的人很多，双休日排得满满的。校园内生机勃勃，人声鼎沸。在我的建议下，每期业余党校的学员参加半天义务劳动，新生军训也安排半天义务劳动。后勤职工吃苦耐劳的精神非常感人，很多重活、脏活和难啃的硬骨头都是他们啃下的。有一次早上5点多钟，我在家里听气象广播，说当天要下大雨，我一听非常着急。因为前一天晚上买来的十几车草皮，正堆放在文苑楼前面，如果被雨淋了就会烂掉。我赶紧骑着自行车去学校，当我7点钟赶到文苑楼的时候，后勤的干部和工人都已经在抢种草皮了。他们的责任心和敬业精神令我很感动，我二话不说，撸起袖子，跟他们一起种起草皮。8点后，我就让校长办公室打电话给各个处室，要求机关干部全部过来抢种草皮。类似的事情还有很多。我的"绿化校长"的称号就这样叫响了！

经过3年的努力，学校面貌大变样了，每一寸土地都披上了绿装。全校建立了10个园区，有樱花园（2400平方米）、行知园（4450平方米）、紫薇园（1400平方米）、海棠园（1330平方米）、桂花园（6300平方米）、梅花园（2274平方米）、月季园（2500平方米）、竹园（1000平方米）等。刘志刚副校长以及后勤处的虞建平、钱继峰、袁鸣捷、沈柏元和绿化科的郑培香、瞿乃华、潘金兰、钱澄等同志为学校绿化作出了重大贡献。绿色校园环境营造好以后，家属区的整治工作就相形见绌了。有人认为，家属区归区里管，我们不必管。我说，既然是上师大新村，那就要整治好，我们应该把义务劳动延伸到家属区。学校拨了一部分捐款支援家属区，家属区的面貌也改变了。但违章建筑很难被拆除。3年前我承诺在1999年前拆除所有的违章建筑。当时有人劝我，这件事不要做，拆不成会威信扫地。我说："不是为了树立威信而拆，而是为了美化校园、创建良好的生态环境，而且市政府、区政府都明文规定要拆除违章建筑。"我下定决心，非拆不可。一开始谁也不拆，相互攀比，一般职工与机关处长比，说处长们先拆，我再拆；一般群众与党员比，说党员先拆我再拆。于是，我走访了几家最惹人关注的搭建户，如高惠珠处长家，因住房小，书无处放，她把阳台搭建成一个小书房，里面放满了书。她是上海市优秀藏书户，经说服动员，她很爽快地答应拆掉。我去过刘亚平副院长家、刘洪绍处长家，经劝说，他们都很快地拆掉了违章建筑。直到1999年10月，还剩下四五家坚决不肯拆。我不断收到群众来信，说学校领导欺软怕硬，欺负老实人，对那些不拆违章建筑的人家毫无办法。在一次全校性大会上，我收到一张纸条，上面写着："杨校长，你不要讲空话、假话，你说年内要拆除违章建筑，要把家属区绿化好，为什么至今没解决？"这反映了教职工的迫切心情，我只好动用最后一张王牌，把徐汇区区长沈骏请到学校来，向他汇报了拆除违章建筑的事情。沈区长是位雷厉风行、十分爽快的领导。他问我怎么办，我说："司法通令已无效，只好依法强拆了。"沈区长说："我们再下最后一次通知，先礼后兵，若不拆，只有强拆。"几个"钉子户"根本不把最后一次限拆通知当回事，依然无动于衷，最后当然被强拆了。

经过3年的努力，上师大校园面貌发生了很大变化，实现了"土不见天、绿树成荫、花不间断、四季飘香"的目标，在校内外都产生了良好的反响。广大教职工都很高兴，原来不理解的现在也理解了，原来不支持的现在也支持了。

1999年，上师大被评为上海市花园单位。2002年，被评为全国绿化400佳单位，上海高校中仅有上师大获此殊荣。后来奉贤校区也被评为全国绿化模范单位，现在徐汇校区还成了很多影视剧的取景地。

校园面貌的变化促进了人的精神面貌的变化，广大师生、员工为生活、学习、工作在这样的环境里感到十分舒畅和自豪，对校领导的信任度提高了，学校的凝聚力增强了，达到了以绿色促人气、振奋精神的目的。

上师大在绿化建设上取得的成绩，是全校师生共同努力的结果。尤其是后勤职工、绿化科的全体人员付出了艰辛劳动，作出了突出贡献，但他们把荣誉让给了我，在我不知情的情况下，推荐我为全国绿化植树先进个人，使我荣获"全国绿化奖章"。

到上师大3年，我兑现了两个承诺：一是让教师住进有阳光的房子；二是让上师大成为上海市花园单位。

六、运用市场机制，开发奉贤校区

20世纪70年代末，全国大兴发展大学分校之风。1978年12月，在上师大奉贤校区新建了上海师范学院分院，1985年独立为上海技术师范学院，主要培养中专、职校师资。1994年9月，学院并入上海师范大学，成为一个校区。1996年6月，我调任上师大校长，7月1日即去奉贤校区调研，以后又陆续去过好几次，无论是在座谈会上还是在个别交谈之中，不少干部和教师的情绪都比较激动，对上级主管部门和校部的意见很大。有的教师说："合并失败了，合并后我们好像生了一场大病，提不起精神。"有的干部说："现在是定位不明确，方向不清楚，人心不稳定。"奉贤校区总投资1亿元，设备费1000万元，建筑面积8万多平方米，校园内大部分土地闲置，成为沼泽地、鱼塘，其中有10万平方米左右的水面，平时租给私人养鱼养虾。市主管部门曾打算放弃这块荒凉的"不适宜办大学"的校区，要将其改为大学生军训基地或转作他用。因此，一直没有对其进行开发，也没有增加投入。

随着上海经济社会的发展和高等教育大众化的推进，上师大奉贤校区迎来了新的生机。1998年4月15日，市教委郑令德主任和张民生、魏润柏副主任，把我和徐千荣书记、陶本一副校长召去谈话。郑令德主任说："上海高等教育要大发展，有两个增长点，一个是上海大学，一个是上师大。你们都是地方院校，要挖掘潜力，上师大要开发奉贤校区。"听到市教委提出要开发奉贤校区，我们都很高兴，急切地问市政府打算给多少钱。郑主任说："政府拿不出钱，你们可以到社会上筹集资金，也可以转换机制。"回校后，我们召开了党委会、校务委员会、教授座谈会，传达了市教委领导的讲话精神，在全校掀起了轩然大波，引起了一番热议。有人赞成，有人反对，也有人怀疑。赞成的人中也有不同的看法，他们一致认为开发是好事，但对如何开发的看法不一。尤其当大家了解到市政府给了上海大学8亿元，且将其列入市政府重点建设工程，却没有给我校1分钱，心态很不平衡，认为这是对上师大的不公。校党委常委会意见也不一致，因为学校经济实力不足，1996年赤字为1600万元，有人担心如果再开发奉贤校区会把学校经济拖垮。还有人认为，办学是政府的事，什么时候给钱，什么时候开发。我说："计划经济一去不复返，政府不可能'统包管'，学校也不可能'等靠要'。"我赞成开发奉贤校区。有人追问："没有钱怎么开发？"他们担心会挤占教育经费，担心影响教职工的待遇。我说："不开发更没有钱，开发后可以向市场要钱、向办学效益要钱。如果规模突破1万人，上级同意我校改制，一年学费可达1亿多元，即使不改制，一年学费也有7000多万元，可以自给有余，用于改善教职工待遇和办学条件。"还有人说："奉贤校区离主校区55千米，谁愿意去读书？"我说："校园建好了，环境优美了，才会有人去读书。"还有人提出，如果政府不给钱，又没有大企业愿意来投资，学校没有必要背这个包袱，干脆并给其他高校算了，主张放弃奉贤校区。我坚决反对这一观点。我认为，第一，奉贤校区有80万平方米的土地，这是很大的资源，切不可从我们手中丢失。第二，远郊办学是大方向，国外高校多数在远郊发展。第三，奉贤校区位于杭州湾畔，风景优美，空气新鲜，又是上海新的旅游开发区、工业开发区，在那里需要有一所大学，上海生源不足，可以向外省辐射。第四，市政府不给我校投资而给上海大学投资是从全局出发考虑的，因为我校的有利条件是有现成的土地，而上海大学需要购地建校。奉贤校区已有20年的办学历史，有一支管理队伍和教师队伍，办学基础较好，只要基建跟上，短时间内便可形成规模，经济上很快会有起色。第五，只有把学校规模扩大了，才能增强实力，有实力才有地位，上师大如果不发展就有可能被其他学校兼并。当前正是高等教育大发展的最好机遇，上师大必须抓住这一机遇，不能错失良机。

2000年11月，徐千荣书记退休，由上海水产大学党委书记林樟杰同志接任上师大党委书记。林书记曾担任过上师大校长助理、党委副书记，对学校及奉贤校区情况很熟悉。他认真听取了各方面意见后，明确表示支持奉贤校区的建设。领导班子很快形成了比较统一的意见。经过充分讨论和周密策划，我们敲定了开发理念：节俭、实用、展现田野风光。主体建筑包括第四教学大楼、学术交流中心、体育馆、行政办公楼、图文信息中心，合计需投入1.8亿元。加上基础设施、设备购置、装修和环境建设等费用，共需投入3亿元。当时上海市教委每年给我校拨款占总支出的60%左右，如1997年共拨款9000万元，其中奉贤校区1643.8万元。3亿元从何而来？当时我提出：大学校长一要找市长，二要找市场。充分运用市场机制，走改革发展的路子。我们采取多种途径、多种方式、多管齐下的办法集资建校：一是置换，将原上海师专置换8500万元，全部用于基本建设，其中拨出2000万元投入奉贤校区作为启动费。二是大力发展教育产业，扩大办学规模，如成人教育，原来我校夜大学生不到1000人，后来发展到

10000余人，大专自考班从几百人发展到5000多人。非政府拨款收入从1997年的4000万元，发展到2001年的1.8亿元、2002年的2亿元，可以调剂一部分用于奉贤校区的发展。三是吸引企业投资，如奉贤校区学生宿舍、食堂、浴室及其他配套设施，由奉贤建工集团投资建设，征地60多万平方米，征地费用共700万元，先由奉贤建工集团垫付，60000平方米的学生公寓和5000平方米的食堂、浴室等也是由他们出资建设。四是成立厚德教育投资公司，为了开发奉贤校区，我建议利用学校部分基金与社会上两家企业合作，筹集3000万元注册资本成立了这家公司，我兼任董事长，可授信贷款10亿元。第一个项目就是采用对方先垫资的方法，在奉贤校区投资8000万元用于基本建设，另外又新建9栋学生公寓。五是依靠贷款，通过厚德公司向银行贷款2亿元，市教委给予部分贷款贴息。奉贤区人民政府在立项审批、开工审批等方面提供了一条龙服务，区委书记林湘出面作协调工作，使得基建工作顺利进行。六是委托市教委教育基建管理中心作为代甲方管理，该中心由富有开拓创新精神的市教委副主任薛沛建创建，专门为高校基建服务，既省力、省时又省钱。经验丰富、办事果断的顾建生主任坐镇奉贤校区指挥。充分利用第三方力量建校效果很好。2000年9月奠基，2002年底第一期工程全部完成。我校基建规划处主要协助教育基建管理中心控制工程质量、进度和投资，尤其是控制建设资金的使用。七是实行责任制，奉贤校区基建项目多、时间紧、资金流动量大，经党委讨论，决定由校长助理杨卫武主要负责，尤其在资金运作上，全权委托他签字，全校几个亿的资金掌握在他手中，由他统一调剂。杨卫武不仅懂经济、会管理，而且办事冷静，作风清廉。基建规划处处长张礼道是专家型的干部，是位责任心很强、既实干又谨慎的干部。他们配合得很好，效率很高。

奉贤校区建设于2000年9月8日正式开工，市委副书记龚学平、市委副秘书长殷一璀、市教委党委书记王荣华、市教委主任郑令德和副主任张伟江等领导出席了开工典礼，给了我们很大鼓励和支持。尽管在资金投入上未能支持，但精神上的鼓励、政策上的支持及后来又给予贷款贴息，对奉贤校区的顺利建设起了极大的作用。经过两年多的紧张施工，昔日杂草丛生、坑坑洼洼的沼泽地、盐碱地变成了绿茵茵的、景色优美的生态型大学校园，凡参观过的人无不为之振奋，赞叹不已。时任复旦大学党委书记的钱冬生在参观后，评价奉贤校区"朴实无华、优美实用"。2003年初，教育部周济副部长带领一批全国重点院校的校长、书记到奉贤校区参观考察。周副部长一行在听了我们的汇报并参观了校园后，对奉贤校区大加赞扬，他在汇报会上对各校领导说："参观了上师大奉贤校区，有一种震撼的感觉，他们在国家不投入的情况下建成这么好的校园，很值得学习。第一，办学要有特色，要定位准确，上师大能正确定位，安于本位，坚持自己的特色，不跟人家攀比；第二，要有自力更生、艰苦奋斗的精神，经费不足自己想办法，上师大为我们树立了很好的榜样；第三，上师大提出'要找市长，更要找市场'的理念，让我很受启发，在座的要找部长更要找市场，高校要跨越式发展，必须创新。"

回看1998年，这里还是一条臭水沟，右侧是一块块贫瘠的农田，左侧是上师大奉贤校区。当时所谓的校区，实际上是荒芜的盐碱地和沼泽地，如今已是名副其实的大学校区，是现代化的大学校园。一幢幢黄墙红顶的建筑镶嵌在绿色的草地旁、树丛中；清澈如镜的云星湖、月亮湖微波涟漪，在阳光的照射下，闪烁出令人心醉的粼光；昔日的鱼腥味、鸡犬声、垃圾山荡然无存。市领导殷一璀同志赞扬道："上师大奉贤校区的成功开发，为上师大的发展、为上海市高教的发展作出了重要贡献，也为上海松江大学城、南汇大学城的建立起到了引领作用。"

我目睹了奉贤校区的巨变，也参与了奉贤校区的建设。每当我来到这里，自豪感和成就感便油然而生。

七、更新教育观念，改革发展见成效

我于1996年6月调任上海师范大学校长，2003年2月离任。6年多来，在上级和校党委的领导下，在全校教职工的共同努力下，上师大有了比较大

的发展，全日制在校生从8000多人发展到2万多人，成人高等教育学生从900多人发展到9000多人，研究生从170多人发展到1700多人，留学生从100多人发展到300多人，博士点和硕士点都有了成倍增长。校园面貌也发生了较大变化，学校被评为上海市花园单位。我深深体会到，要办好一所学校，要促进教育的发展，必须不断加强学习，更新教育观念，与时俱进，锐意进取。

（一）把发展放在第一位

在工作中，我始终抓住"改革发展"四个字，把发展放在第一位并落实到实际行动中。

一是扩大办学规模，满足社会需求。奉贤校区有80万平方米土地，仅1000多名学生，上海市教委要求我校对奉贤校区进行开发，使其成为上海市高等教育发展的新增长点。但市政府不投资，经费从何而来？我认为，应通过改革发展筹集经费。经多方调查研究，我提出成立厚德教育投资发展有限公司，得到了党委和教委的同意。我们利用学校的部分资金与两家企业合作，成立了该公司，通过集资、贷款在奉贤校区投资2亿多元，将其建成一座新型的大学园区。

二是解决教师住房难题。我校教师住房原来十分紧张，相当一部分人住在集体宿舍。我提出用改革促发展，即取消福利分房，采取"政府出一点、学校出一点、个人出一点"的措施，集资在学校周边地区建房，优惠向教职工出售，终于在2000年解决了教职工住房困难的问题，全校1000多户教职工搬进了新家。这一举措不仅稳定了教师队伍，还引进了一大批人才。为了学校的发展，我极力主张压缩学校办公经费，把更多资金投入硬件建设。原上海师专置换总金额8500万元，有人主张拿出一部分作为福利费，我坚持全部用于基础设施建设，改善学校的办学条件。把发展教育产业、为社会服务的收入，大部分投入学校基础建设，"养鸡下蛋"。5年内，学校投入基建费6.16亿元，竣工面积27.3万平方米；在实验室设备方面，投入9025万元，建立了计算机房36个、语音实验室23个、多媒体电化教室80

个，大部分都是自筹资金，确保了扩招后的硬件保障。

三是加强教师队伍建设。办好一所大学的关键在于有一支高质量的教师队伍，我们采取了培养和引进相结合的办法，努力优化教师队伍结构，提高教师队伍水平。从1997年到2002年，学校每年选送十几名教师出国进修，选送十几名教师在职攻读博士学位，引进十几名高水平的教授、博士。2003年，在职硕士生、博士生有60多人，已学成回国人员12人。全校38名学科带头人中，22人是引进人才，如郭本瑜、李新洲、孙锦尧、郑仁蓉、徐芒耀、白光润等都是引进的知名教授。为了改善教职工的住房条件，1997年至1999年，学校共投入8000万元，购房3.3万多平方米，共485套。学校还制订了构筑人才高地计划，对引进人才在住房补贴、科研启动费及福利津贴方面给予优厚待遇，以吸引更多高级人才到上师大从教。我校教师队伍正在向年龄结构年轻化、学历结构高层次化、职务结构合理化、成员结构多元化发展。在国际交往方面，上师大与14个国家的30多所高校建立了友好校际关系，5年来聘请外国文教长期专家37人，短期专家94人，接待外国访问团260批，2000余人次。上师大还与美国、加拿大的有关高校合作办学，这些举措对改善学术环境、提高教学质量和师资水平起了很大作用。

（二）着力加强校内管理体制改革

改革开放以来，在市场经济体制下，学校应遵循"民主管理，依法治校"的原则，深化管理改革，提高治理水平。学校重大问题首先听取广大教职工的意见、民主党派的意见、离退休老同志的意见，然后由党委常委会或校长办公会决定。学校及各职能部门实行信息公开。我们花了3年时间，对教务、科研、人事、财务、审计等职能部门共制定和修订了100多个管理条例、规章制度，如制定和修订了教学管理方面16个文件，人事师资方面30个文件，财务、审计方面28个文件，科研方面13个文件，使管理工作走上了制度化、规范化、科学化的轨道。办任何事都做到有据可依、有据可查。为了加强教学的监控和评估工作，学校成立了教学指导委员会，建立了视导员队伍、学生教学信息员队伍，建立了教学联系信箱，这对促进教学质量的提高起到了积极作用。在师资队伍建设方面，学校制定了关于教师岗位设置、进修、考核、奖惩、评聘、引进等一系列条例和管理办法，形成了由决策、执行、监督、反馈等环节组成的运作机制。

在计划经济体制下，是"大学办社会"，校领导要花很多时间和精力去管后勤。我力主改革后勤管理体制，变"大学办社会"为"社会办大学"。学校后勤改革的第一步是建立"小机关、多实体"的管理体制，第二步是列入上海高校后勤社会化改革第一批试点单位，第三步是成立上师大后勤实业中心，并逐步成为相对独立的经济实体，实行有偿使用、有偿服务，实现自主经营。后勤管理体制改革后，无论在经济效益还是服务质量上，都取得了显著成效。

（三）在办学质量和特色上下功夫

学校的根本任务是培养人才，因此必须树立"以育人为中心"的教育理念。学生进校后不是学了多少课、掌握了多少知识就完成任务了，而是要将学生培养成全面发展的人。因此，学校必须在质量和特色上下功夫。随着上海社会经济的蓬勃发展、中小学教育改革的不断深入以及毕业生就业市场竞争的日益激烈，当今社会对高校毕业生素质的要求越来越高，我深感危机感、紧迫感和责任感。如果高校教学没有质量和特色，在激烈的市场竞争中就无立足之地。在质量方面，要努力把学生培养成"基础厚、知识广、能力强、体魄健"的有创新精神和实践能力的专门人才。在特色上强调"德""艺""语""技"四个方面：德，就是有高尚的思想道德品质、高度的社会责任感和事业心，具有科学的世界观、正确的人生观和价值观；艺，即多才多艺，有一定的艺术修养，有正确的审美观和美育能力，在文艺或体育方面有一技之长；语，即有较好的语言修养和表达能力，可以熟练地掌握一门外语；技，即掌握现代教育技术，具有运用多媒体手段的本领。

为了实现这些目标，上师大开展了三次教育思想大讨论。首先让各级领导和广大教师提高认识，统一思想，使大家都有一种危机感，增强教学改革的紧迫感、责任感和自觉性，树立适应现代社会发展的教育观、教学观、质量观和人才观。教学工作是学校的中心工作，是育人的主渠道。我们以学科建设为重点，大力推进以面向21世纪的教学内容和课程体系改革为中心的教学改革，采取了四项措施：一是减少必修课，增加选修课，加强实践课，开设辅修课。二是完善"四个不断线"，即外语学习不断线、计算机应用能力培训不断线、实践环节锻炼不断线、文化素质修养教育不断线，把这四方面的培养贯穿本科教育全过程。三是重点抓好四类课程的建设，即师范生教育类课程的改革，把传统的"老三门"改为"新七门"；加强文化素质修养课的建设，共开设五大类100门左右的课程，以提高大学生的全面素质和文化修养；加强重点课程和重点教材建设，不仅为本校而且为全市教材建设服务；加强特色课程建设，如"数学模型"课程等。四是贯彻因材施教原则，满足不同层次学生的求知需求。我校对学有余力的学生开设了"一本一专"双学历教育课程，对少数优秀学生开设了"双本"学历教育课程。

以上改革举措取得了显著效果。我校对上师大96届至98届分配在上海市16个区县的毕业生进行了跟踪调查，认为上师大毕业生的思想、道德作风"好"和"较好"的占90.0%；认为班主任工作"好"和"较好"的占94.0%；认为知识更新能力"好"和"较好"的占94%；认为人际关系、交往能力"好"和"较好"的占90.0%；认为适应环境能力和心理调节能力"好"和"较好"的占81.8%；在总体评价上，认为"好"的占18.2%，"较好"的占81.8%，两者总计为100%。这说明上师大毕业生的素质和社会声誉在不断提高。我们还对2001年至2002年在中学实习的学生进行了质量调查，中学校长的评价是"优"的占31.7%、"良"的占55%、"中"的占12%、"差"的占1.3%，优良率达86.7%。这反映出上师大在教育改革、实施素质教育方面取得了一定的成效。

（四）树立"两个依靠"的群众观

作为一名校长，要办好学校，必须紧紧依靠广大教职工，依靠广大学生。要依靠群众，取得群众的支持和拥护，首先自己要做到"没有私心，不谋私利"。做任何一件事、一项决策，绝不能从个人利益、领导班子利益出发，而要从广大师生、员工利益出发，"为官一任，造福一方"。当校长就是要为学校的发展、为师生员工的发展服务。我提出每年办10件实事，每年都超额完成了；我自己带头捐款、带头参加义务劳动搞绿化，改变了校园的面貌；我经常参加学生的文明修身活动，和他们一起劳动、清扫马路；每年元旦、春节，我都要骑着自行车去慰问教职工，听取他们的意见；为了解决教职工的住房问题，我多次跑市教委、房地产公司、住宅区，筹集资金，看房选房；我上下班不要小车接送，乘火车不坐软卧，不参加旅游性的会议、活动等。作为一名校长，心中必须装着全校师生、员工，绝不能只想着自己，必须舍小家为大家，只有两袖清风方能彰显一身正气。

为了集思广益，我每学期都要召开多次教职工座谈会、学生座谈会，参加校工会、老干部处、统战部组织的双月座谈会，听取各方面的意见和批评。我坚持平时在学生食堂吃饭，经常抽空到学生寝室、教室、图书馆走走，骑车在校园内转转。我主张民主管理，依法治校。凡重大事情、重大决策，包括学校的财务情况都向教代会汇报，让大家了解学校的全局，可以充分发表意见。在人事分配制度、住房制度等与教职工切身利益相关的重大改革中，我会直接听取意见，与教代会代表共同讨论，改革方案都要经过多次修改，直到多数人同意后才能出台。在分配制度上，我提出"面向全体，鼓励冒尖"的原则，要关心每个教职工的利益，提高每个教职工的待遇，每两年提高一次校内津贴的标准。我把自己的校内津贴降为第三档。我之所以做"绿化校长"，就是决心为全校师生、员工创造一个良好的教学环境、生活环境，把上师大建成生态校园，建成"大氧吧"，提高每个人的生活质量。为人民服务，应落实到实际行动中去，而绝不是一个空洞的口号。

我深深地体会到，当一名公仆的最大乐趣在于奉献及奉献后的成果，只要始终怀有无私奉献精神、实干精神，就会得到广大群众的理解和支持，就会取得丰硕成果。

（选自《杨德广八十自述自选》，上海大学出版社2020年版，有改动）

第二节　对我国高校招生考试制度改革的评析和展望

2007年，全国高校招收新生567万人，报名者逾1000万人，如此大规模招收大学生是我国社会经济发展的需要，也是人民群众接受高等教育的需要。每年招生涉及上千万家庭和考生的切身利益，是直接关系国家如何选拔人才、培养人才的重大战略问题。多年来，我国高校招生一直实行全国统考制度，近年来进行了一些改革，尤其是上海，试行了两类高校的自主招生，在社会上引起了很大反响。人民群众对我国高校统考制度、自主招生改革议论纷纷。如何评价我国高校招生考试制度，今后如何进一步深化改革，笔者谈一些管窥之见。

一、全国统一高考的优点

我国从20世纪50年代开始实行全国统一高考制度，即由教育部组织专家统一命题，考生在同一时间考试，统一阅卷，统一划定录取分数线。在生源多、高校招生数少的情况下，实行全国统一高考制度，不失为一种较为公平、公正的办法，有其明显的优点。

优点之一是公平性。每位考生考统一的试题，分数面前人人平等，高分者录取，低分者落榜，这是一种公平的选拔制度。虽然是全国统一考卷、统一评分，但各地录取分数线却不一样。没有规定全国统一的录取分数线，这样有利于西部地区完成招生计划。

优点之二是便捷性。全国统考，操作比较方便，根据统编的教材，出一张试卷即可，成本低，容易保密。教育部把招生计划落实到全国各省、自治区、直辖市，各地区、各高校按规定的招生数、规定的分数线录取新生，操作简便。

优点之三是稳定性。全国普通高中的教学内容及统考内容是按统一的教学大纲进行的，不得降低质量，这对学生掌握系统的、全面的知识有积极作用，对建立稳定的教学秩序也有积极作用。当时，在我国高等教育资源比较匮乏、考生数量比较少的情况下实行全国统一高考，是必要的、可行的。

二、上海最早退出全国统考

20世纪五六十年代，我国高校每年仅招收一二十万人，80年代以后，招生人数迅速增加。偌大的中国搞统一教材，这不能客观地反映各地不同的社会、文化状况，不能满足各地学生的不同要求。自改革开放以后，社会的多样性和差异性、文化的多样性和差异性，必然要反映到教学内容、教材内容中去。因此，全国统考的做法受到了质疑。1985年，上海率先试行不参加全国统考，由上海市自己命题考试。上海自编教材、自己命题的举措得到了上海家长和考生的欢迎。但也有一些微词，"上海学生考分低，考不过外地学生，所以上海学生不敢参加全国统一高考"。这种说法不够客观，由于上海高校比较多，在上海的招生数也比较多，录取率也相对比较高，因而，每年高考录取分数线相对其他省市来说比较低。但上海自行统考的主要目的在于自主编写教材，适当减轻学生负担，加强学生素质教育。

上海实行自主招生的同时，还制定了高中会考制度，从高一到高三，对学生所学的文化课程逐一会考，作为高考录取时的参考，这一举措对促进学生重视每门课的学习起到了积极作用。但由于会考的题目比较简单，有些重点中学提出不参加会考，有些高校也不愿意采纳会考成绩。不少家长和学生认为，既然会考与高考不挂钩，何必加重学生负担。于是1999年，上海取消了会考制度，但依然坚持单独命题、自行录取，不参加全国统考。自2003年开始，北京、天津、重庆、广东、江苏、浙江等省市也相继退出了全国统考，对一部分科目试卷自主命题。

从全国统考，到省市级统考，是我国高考制度的一大变革，改变了全国性的高度集中统一的管理模式，把高考的命题权、录取权交给了省市级招生机构。在考试科目上也有较大的改革，如从统一考7门减少到5门或4门。一般采取"3+1+x"的模式，"3"即语文、数学、外语是必考科目；"1"即报考文科或理科的学生，在规定的文科类或理科类课程中任选一门；"x"指综合内容。

目前，全国大多数省、自治区、直辖市仍参加全国统考，自主招生的省市实际上也是一种统考，只不过由全国统考改为各省市统考。这种统考制度延续了50多年，为我国高等学校选拔优秀学生、合格学生发挥了很大作用，对提高我国基础教育的质量也发挥了很大作用。总之，这是一种公平、公正、公开的，高效、简便的招生办法。

三、高考的作用及统考的弊端

然而，这种统考制度、统考方法，是否没有弊端，是否无懈可击呢？事实并非如此。高考的目的和作用是什么？现行的统考制度、统考方法，是否达到了这些目的和作用呢？显然没有。高考的目的和作用主要体现在三个方面。

一是选拔作用。高考主要是为了从高中毕业生中选拔优秀的学生到大学深造，是为了给中小学教育、教学起积极的促进作用，促进学校教育质量提高，促进学生德智体全面发展。什么样的学生才是优秀的学生？怎样选拔优秀学生？用统考选拔出来的学生是否一定都是优秀学生呢？长期以来，我们以考分来判断学生的优劣，高分的学生可以进入重点大学、名牌大学。有些很有才华的学生往往因为几分之差就名落孙山，被挡在大学校门之外。我们不否认，高考分数是判断和区分学生质量高低的重要手段。但仅用分数一项指标来选拔和判定学生优劣是不够科学的。因为，每个人都有多元智能，有不同的专特长，各类学校和专业需要不同个性和专特长的学生，而仅用一次高考分数作为高校录取的依据，区分度太小、太窄。

二是导向作用。高考对学校、对考生、对家长起着重要的导向作用。仅仅用考试分数决定是否录取，必然导致学校、教师、学生、家长为争取高分而竭尽全力去奋斗。20多年来，天天强调素质教育，天天批评应试教育，为什么非但没有解决问题，反而应试教育的情况越来越严重，学生负担越来越重，这正是与高考的片面导向密切相关。随着知识价值的提升，人民生活水平的提高，独生子女越来越多，上大学成为人们共同的追求目标。参加统一高考是上大学的唯一途径，在"分数面前人人平等"的制约下，学校没有推荐权，也没有导向权；在"分数面前人人平等"的制约下，学生也没有自荐权、选择权，没有时间去发展自己的专特长和兴趣爱好，只有全力以赴地去拼搏高分。可怜天下父母心，家长也别无选择，只有从子女进小学开始，甚至从幼儿园开始，就着手应试教育，瞄准高考、统考。总之，在这种导向下，教师为了学校和自身的荣誉，学生为了个人的出路，家长为了孩子的前途，拼命地在应试教育的道路上"奋斗不息，战斗不止"。

三是激励作用。本应通过高考来激励和促进学生的全面发展，但目前的高考制度不是立足于选拔全面发展的学生，而是选拔最能考试的学生，因此，很难做到促进学生的全面发展。全国数百万考生在考同一张试卷，这种考试办法对优秀生不利，对差生也不利。优秀生为了争取高分，每天做那些对他们来说并不难的习题，浪费了许多本可学习、钻研其他知识和发展能力的宝贵时间。基础差的学生为了争取高分，每天做那些对他们来说非常困难的习题，不得不去参加统考（实际上是陪考），最后仍然被淘汰。平时学习成绩在中等以下的学生，即使勉强进入大专、高职、民办学校，但由于考分很低，进校后学习积极性不高。也就是说，现行的统考制度对基础好的优秀生和基础差的学生都没有起到很好的激励作用。

四、自主招生的突破及不足

近年来，高考改革的呼声不断，高考改革的举措也不少。2006年，上海市实施了两种自主招生改革，一种是教育部在复旦大学、上海交通大学的自主招生；一种是上海市教委在6所地方院校（其中5所是民办高校）的自主招生。教育部决定于2006年在部分重点高校实行自主招生改革，如复旦大学和上海交大各开放了300个面试入学名额，上海高中生可以"通过学校的面试便可进入大学读书"，这是我国高考制度的一大突破。事实上，这一举措使得考生的负担不减反增。以复旦大学为例，据报载，在"自主招生"后，复旦大学正式发布了"自主选拔录取改革方案"要点如下：1. 此次复旦自主选拔录取，招生计划单列，在上海市招生300名。2. 报名者于3月19日统一参加3小时的笔试，测试内容涵盖高中语文、数学、英语、政治、历史、地理、物理、化学、生物和计算机等10个科目。3. 成绩排名前1200名的学生将收到入学申请资料，并在4月1日和4月2日现场随机接受5位专家的面试。4. 凡符合条件的考生，且参加了2006年上海市普通高校统一招生考试，便予以正式录取。

按复旦大学党委书记的说法，自主选拔录取，要把高考"应试指挥棒"变为"素质指挥棒"，最终培养创新人才。愿望是美好的，但实际上实现不了。因为，这种"自主招生"反而加重了学生的负担，原本只要参加上海市普通高校的统考，现在还要参加10个科目共3小时的笔试。准备报考复旦大学"自主招生"的考生，从报名之日起要复习的功课，从4门增加到10门。

然而，复旦大学采用"综合考+面试+全市统考"的做法，也是迫不得已，否则如何从数以千计的报名者中选拔人才呢？2006年，报考复旦大学的高中生有5828名，其中有1185名获得了面试资格；报考上海交大的高中生有2672名，其中有1231名获得了面试资格。广大考生为了能多一次选择上名牌大学的机会而努力拼搏，他们付出的代价比其他考生大。我认为，教育部实行自主招生的举措非常好，但具体做法有待进一步完善。如果让复旦大学、上海交大等校全部实行自主招生，应该由他们单独命题，自主录取，而这次仅招300人（占招生总数的十分之一左右），实际上是优中选优。这种只招少量考生的自主招生应立足于选拔有专特长的学生，即一是专业需要的特长生，二是合格加特长的学生。一般的优秀生完全可以通过高考进入大学深造。真正选优、选特式的自主招生，就不应该让学生再参加统考，也不应该再组织综合考试，应把自主权下放给中学校长，由中学校长根据学生一贯的表现推荐，然后由大学面试。大学自主招生的名额可下放到有关中学，中学教师和校长是最了解考生情况的。有人担心把保送生的推荐权交给中学校长和教师会导致作弊、开后门的情况出现。这种情况确实有可能发生，但可采取约束机制，如规定保送生的条件必须经集体讨论，必须张榜公布，一旦发现有舞弊行为，不仅取消保送生的入学资格，还要取消该中学5年的推荐权，并公开曝光，给予相关责任人处分。复旦大学和上海交大为了从1000多名学生中选出300名学生，组织了150人的面试专家组，工作量很大，也很难做到真正的公正、准确。如果由中学推荐，按1∶1.2的比例面试，则可以大大减少工作量，公正性、准确性也会大大提高。

五、改进重点学校自主招生的建议

我很赞成教育部在部分重点大学试行自主招生制度，但我不赞成对学生进行层层考试。保送生既要参加自主招生学校的笔试和面试，又要参加统考，这样反而加重了学生的负担。自主招收少数优秀生的根本意义在于，让有专特长的学生在平时能充分发挥和展示自己的才能，不受考试约束，把一部分优秀学生从繁、难、偏、旧的题海中解放出来，促进他们的素质得到全面提高、个性得到充分发展。中学生队伍中，尤其是在一些重点中学里，确有一批特别聪明、才华出众的优秀学生，但为了高考，长期以来必须应对无休止的作业、考试，他们的专特长和个性得不到充分发展。如果建立一种良性的免考保送机制，便可以使这些学生脱颖而出。杨振宁教授曾经说过，同美国等发达国家相比，中国中学生、大学生的基础知识、学习成绩普遍高于他们，但拔尖人才比他们少，这是因为中国的教育制度、价值观念有利于大多数人的发展，但不利于少数优秀人才的发展。美国的教育制度、价值观念不利于大多数人的发展，而有利于少数优秀人才的发展。这一论断很深刻，也是切中时弊的。在我国，部分重点大学实行保送制度，这样有助于少数优秀的又有专特长的学生摆脱传统的平均主义、集中统一的教育模式。如果每所重点大学都能像复旦大学、上海交大一样，每年接纳300名优秀的有专特长的学生，全国100所重点大学可接纳约30000名优秀中学毕业生，其中若有一半人学有所成，每年可为国家培养约15000名拔尖创新人才。

教育部决定在部分重点大学实行自主招生，是针对高水平大学、高水平中学、高水平学生的，对选拔和培养拔尖创新人才有重要意义。这一工作刚刚起步，难免会有这样那样的问题，也会有不完善的地方，但应坚定不移地试下去，认真总结经验教训，努力克服不足之处，逐步探索符合我国国情的科学的保送制度。目前面临的主要问题是如何选拔保送生。我有几点建议：

第一，实行高中生会考制度，将主要科目分散在高中三年内考完。为改变一考定终身的情况，每门课可以考多次，由学生选一个最高分。

第二，建立完善的中学生品德、学习和身心健康档案。

第三，确定一批有保送生资格的中学，将保送推荐权交给中学校长，由校长成立保送生评选小组，全面考核、审定保送生人选，确定后张榜公布。保送生人选可由教师推荐，也可由社会上有关人士推荐，或由家长推荐或学生自荐。然后由考生所在中学汇总并决定人选，报有关高校。

第四，大学应充分考虑和尊重中学的推荐权，并以1∶1.2的比例接纳，进行面试。

第五，制定保送生推荐、录取制度的相关条例法规，包括监督、惩处办法，确保公开、公正、公平地实施。

第六，有接收保送生资格的大学应成立一个由各方专家代表组成的考核组。对保送生的中学会考成绩、中学一贯表现、本人专特长等方面进行全面审核并进行面试，最后决定是否录取，录取名单应张榜公布。

实行保送生制度，对选拔有专特长的优秀学生有积极意义，而且可以鼓励中学生充分发挥自己的专特长。这将是我国高考制度的一大改革。

六、高专、高职、民办高校的自主招生

另一种自主招生的模式是针对录取分数线比较低的高校，尤其是部分高专院校、高职院校、民办高校，让它们自主命题、自主录取。如2006年，上海有6所高校被批准自主招生，除第二工业大学是公办外，其余5所均为民办高校，包括杉达学院、建桥学院、新侨学院、工商外国语学院、邦德学院，共计划招生3436人，每所学校的招生人数占各校招生计划人数的三分之一左右，其中邦德学院总共计划招收1080人，全部实行自主招生。上海市教委除控制招生计划外，还给这些学校充分的自主权，考试科目、考试内容、录取办法均由学校自主决定。如工商外国语学院仅考语文、外语2门，招收700人，报名者逾2500人。新侨学院对外公布考语文、数学、外语3门，每个考生可根据不同专业任选2门，该院计划招收800人，报名人数逾2600人。6所高校实际报考人数为14706人，招生计划数与报考人数之比为1∶4.27。有些民办高校上一年连招生计划也未完成，自主招生后全部招满了。

这是真正意义上的自主招生，这些考生平时学习基础较差，若参加全

市或全国统考，大多数人分数不高，结果是被调剂到自己不喜欢的专业，严重影响了学习积极性。现在参加自主招生考试，可以根据实际情况，由考生自己选择比较满意的专业。因此，这些考生是以高考胜利者的姿态进入学校，不仅没有自卑感，反而有一种自豪感，学校也可以招到比较满意的学生。

这种招生制度有利于中学因材施教、全面实施素质教育，无须对每一个学生采取统一的教学内容和教学模式。对一部分基础较差的，将来主要报考大专、高职的学生，学校可以加强对其能力方面的培养，适度减少理论教学内容，让这些学生选学自己喜欢的课程，有学习的自主权，有较多的时间和精力自我发展，这样才有利于学生素质的全面提高。当然，这种自主招生也存在不足之处，即完全以一次性考试成绩决定录取与否。在实行中学会考制度（包括技能方面的会考）后，可以根据会考成绩决定是否录取，不必再组织考试，少数专业根据需要加试或面试。除会考成绩外，还应审核考生在中学里的表现，对思想品德好、有专特长的学生可适当加分、优先录取，以鼓励中学生在校期间全面提高自身素质。高校资源比较充足、已实行会考的地区，如果考生绝大多数科目的成绩达到良好，少数达到中等，平时表现又较好，就可以免试进入这些高校学习，这样有利于鼓励学生全面素质的提高。

实行部分高校直接面向考生自主招生、开放式招生，是我国高校招生改革的一大突破，为今后由各校自主招生或若干高校联合招生探索了一条新路。我相信下一步将有更多省市、更多高校实行自主招生，这将从根本上改变"一考定终身"，改变"千军万马过独木桥"的高考制度，并有望从应试教育向素质教育转化。

（选自《教育新视野新理念》，上海教育出版社2007年版，有改动）

第三节　文明修身是素质教育的载体

一、开展文明修身行动的重要意义

我国经济的大发展和人民生活水平的大提高，必将有力地推动高等教育事业的大发展。从国际上看，20世纪60年代到80年代是世界经济大发展的年代，也是高等教育发展最快的年代。20世纪60年代全世界在校大学生为1300万人，到20世纪80年代末猛增至8300万人，一些发达国家适龄青年上大学的比例已超过60%。高等教育大众化是社会发展的需要和必然趋势，但有人担心这几年我国高等教育发展太快，招收这么多大学生将来社会是否需要？我认为这种担心是没有必要的。从总量上说，我国大学生不是太多而是太少，我国劳动力素质不是太高而是太低。然而，令人担心的是质量问题，大学生人数激增带来的生源质量问题，学校对大学生的管理问题、教育培养问题，这些都必须引起我们的高度重视。现代社会的标志不仅体现在经济发展、市场繁荣、人民生活水平提高等方面，而且体现在具有现代人的素质上。学校是培养人的基地，可以说，每个人都要经过学校的培养才能进入社会，因而，学校对提高人的素质负有重要职责。素质教育要贯穿学校各项工作、各个环节之中，如教学、管理、校园文化建设等。素质教育必须有载体才能落到实处。

从上海师范大学（以下简称上师大）近几年来的实践看，我们认为，开展大学生文明修身行动是一个很好的载体，可以取得既能提高学生素质又能搞好校园环境建设的双重效果。

上师大于1995年初提出创建"十无"校园活动，即墙上无脚印和球印、地上无痰迹和果皮纸屑等垃圾、桌上无乱刻乱写痕迹、食堂无插队现象、公共场所无吸烟现象、无打架现象、男女同学交往无不文明现象、无不关水龙头和电灯现象、宿舍熄灯后无喧哗现象、无违章使用电器和破坏绿化及公物现象。因为以上这些不文明行为严重影响了校园环境、校园文明和教学秩序。为改变这些不文明的现象，推动全校精神文明建设，提高学生素质，从1995年到1998年，上师大连续4年每年集中一段时间，形成一定声势，以解决一些长期存在的脏、乱、差问题。每年我们都针对性地提出明确的主题和目标，如1995年以"清洁校园"为主题，1997年以"整治校园环境"为主题，学生发动面较广，参与率较高，每次都收到了一定的效果。但也存在一些问题，如在活动日大家重视，活动日过去了大家就放松了，时间一长，学生认为是老一套，导致主动性、积极性不高。

从1998年开始，上师大为了全面加强学生素质教育，学习北京大学等兄弟院校的经验，在大学生中开展"文明修身行动"，把创建"十无"校园活动升华到一个新的境界。让学生认识到创建"十无"校园，不仅仅是解决校园、教室、宿舍的卫生整洁问题，而且是每个人文明修身的具体体现，不是被动、消极地应付领导检查，而是主动、自觉地加强自我修养。

上师大开展的大学生文明修身行动取得了一定的成绩和效果，得到了上海市教委和市政府领导的肯定。周慕尧副市长到各高校明察暗访后，认为"上师大是切切实实在开展文明修身活动的，效果是显而易见的"。于是，1998年6月14日，周副市长将"上海市大学生文明修身基地"的大旗授予上师大，并到上师大参加了授旗仪式，这是市教委、市政府对上师大创建"十无"校园和开展大学生文明修身行动的肯定和鼓励，也标志着上师大大学生文明修身行动进入新的阶段。

二、开展文明修身行动的具体做法

（一）加强宣传教育工作

通过"两课"教育向学生宣讲邓小平关于精神文明建设的论述和中华

优秀传统文化中关于伦理道德和文明修身方面的内容。编写弘扬中华民族优良传统的《知我中华》和《中华美德五字歌》。上师大开展"12345教育工程"，即要求每个学生能背诵10首爱国诗词，阅读20部中国文学作品，观看30部爱国电影，学唱40首革命歌曲，熟悉中国历史上50位爱国人物及50个重大历史事件，用中华优秀传统文化、光荣革命传统和伟大民族气节教育学生、感染学生，以增强他们文明修身的动力。多年来，上师大坚持每周一清晨举行全体学生参加的升旗仪式，对学生进行庄严、形象的爱国主义教育。

（二）发动广大学生积极参与

创建"十无"校园，开展文明修身行动，目的在于对每个学生加强素质教育。为了使这一活动不成为少数人的活动，不成为标语、口号式的号召，我们注意调动广大学生的积极性，让尽可能多的学生参与。为此，我们拍摄了两部专题纪录片《呼唤清洁的校园》《明天教师，今日做起》，把校内存在的不文明现象向广大学生曝光，提出未来教师应有的素质和形象；我们组织师生编写了《"十无"歌》；我们还开展征集宣传用语的活动，把学生自己表述的创建"十无"校园和开展文明修身活动的宣传语刊登在校报和黑板报上，张贴在校园里，如"明日教师，今日做起""一屋不扫何以扫天下，一境不清何以清心灵""'十无'不是让校园一无所有，而是让精神更加富有"。为了营造一定的氛围，把文明修身行动落实到每个学生身上，校团委还开展了签名承诺活动。1995年底，上师大开展了"告别传统陋习，拥抱现代文明"的万人签名活动；1998年6月，上师大又开展了"禁烟"承诺签名活动，有数千名学生在巨大的横幅上签上了自己的名字，热烈且壮观的场面深深感染了每一个人。

（三）把文明修身行动落到实处

从1995年到1998年上半年，上师大主要从创建"十无"校园活动着手，以清扫校园为核心，采取了以下几条措施：建立清扫校园日制度，每月一次，全体学生参加卫生大扫除；建立公益劳动制度，每个学生四年中参加义务劳动两周；划分卫生包干区，由各系包干；建立督导队，设立学生文明监督岗，每天由学生轮流值勤。

1998年6月，上师大成为上海市大学生文明修身行动基地以后，开始了以大学生集体参加学校卫生清扫工作为主要内容的"文明修身行动"。我们先在外语学院、艺术学院试点，即以班级为单位，每班承包一间教室、一块公共绿地、一个厕所。到1999年底，整个校区已有8幢学生宿舍楼全部由学生管理及打扫，占全校学生宿舍楼的57%；全校205间教室中有129间由学生承包打扫；全校有69个公共厕所由学生承包打扫。

（四）结合勤工助学，设立"文明修身行动"劳动岗位

从1999年9月起，除班集体劳动外，我校由学工部牵头设立了209个劳动岗位，其中包括教室、厕所、绿地的清扫工作。由学生自愿报名，主要照顾家庭经济较困难的学生，与勤工助学结合起来。信息发布后，有300多名学生报名，后来选出209人上岗，选出65人作为上岗后备队，有这么多学生报名参加，是我们始料未及的。

学生踊跃报名的原因是多方面的。有的学生说："我是冲着'文明修身'四个字来的，这意味着不仅是做清扫工作，而且是一种很好的提升自身修养的手段，是高尚的行为，所以我来报名参加。"有位学生说："社会上有不少人批评我们大学生眼高手低、动手能力差，我要用实际行动证明这一说法是错误的，所以，我要从最普通的工作做起，在实践中锻炼自己。"还有一部分学生是为了解决家庭经济困难而报名的，因为，每个岗位每天劳动1小时，每个月有120元的报酬。

三、开展文明修身行动的效果

创建"十无"校园活动和开展文明修身行动，使上师大的面貌发生了很大变化。过去校园内杂草丛生、垃圾乱堆，如今已成为"土不见天、绿树成荫、花不间断、四季飘香"的上海市花园单位。2000年，上师大被评为全国绿化单位四百佳，这一成效和殊荣与广大学生的努力是分不开的。

学生宿舍的面貌也发生了较大变化，到1999年底，有3幢学生宿舍楼的卫生合格率达到100%；另有3幢楼的卫生合格率分别达到95%、98%和99%；全校学生宿舍达到"优秀之家"的寝室有336间，占全部寝室的31.4%。学生宿舍中脏、乱、差的现象基本被消灭，由学生自己承包打扫的教室，其中96%达到优秀标准。

在多次教委和市级卫生检查中，上师大的卫生状况均被评为优良，学校受到检查团和兄弟院校的赞扬。检查组的同志说："上师大狠抓文明修身行动，发动广大学生积极投入，成效明显。课余时间，在校园卫生包干区内到处可以看见学生辛勤劳动的身影，他们用自己的双手在美化、净化校园。"无论是每天置身于校园学习、工作、生活的上师大人，还是从外面来的校友、客人，都对优美、整洁的绿色校园发出由衷的赞美。上师大确实变美了，变干净了。这里凝聚着大学生文明修身行动的丰硕成果！

文明修身行动的丰硕成果不仅体现在校园环境的外在美上，更体现在广大学生心灵的内在美上，体现在学生思想观念的变化上。经过一年多的实践，学校向160多位学生做了问卷调查，并召开了座谈会，他们认为，最大的收获是改变了以往的劳动意识，增强了劳动观念（占被调查学生数的37.8%）；改变了以前不关注学校保洁情况的状况，增强了环保意识（占被调查学生数的35.4%）；改变了同学间自顾自的状态，促进了寝室团结（占被调查学生数的20.5%）。参加文明修身行动的大学生在实践中得到了不同程度的锻炼，颇有感受和体会。一位同学在小结中写道："在文明修身行动中，我应聘做了保洁员，内心突然有了一种踏实的喜悦，这一步对我而言意义非凡，真正体验到个人价值在社会各个岗位得以实现时的快乐。在打扫走廊、厕所的过程中，我找到了另一种特殊的感觉，保洁工作能洁净人的心灵，平凡的岗位更能练就不平凡的人格。"

通过文明修身行动，大学生提高了维护环境整洁的自觉性，增强了对他人负责、对集体负责的责任感。不少同学通过打扫公共卫生，"体会到劳动的光荣，劳动是生存的需要"，"尊重他人的劳动成果，等于肯定自己的劳动价值"。理工信息学院的一位同学说："我参加卫生包干后，真正懂得了劳动的不易。就说拖洗手间的地板，为了能拖干净，我每次要连拖三遍，拖完后自己都不忍心踩上去。在希望别人能够珍惜自己的劳动成果的同时，我也意识到自己也要尊重别人的劳动成果。"有位同学在谈体会时说："正是有花圃里的绿化工、打扫马路的清洁工的辛勤劳动，才使校园这样美丽整洁，他们十分值得尊敬。"

总之，通过文明修身行动的开展，增强了学生的劳动意识、公德意识、环保意识、自立意识。实践证明，对大学生进行素质教育不能仅停留在课堂上、书本中，而要在实践中、在行为过程中实施。

四、开展文明修身行动的几点体会

上师大在开展创建"十无"校园活动和大学生文明修身行动中，并非一帆风顺，中间也遇到不少阻力，也走过一段弯路。如开始时少数人热情很高，多数人袖手旁观，甚至有人冷言冷语；"十无"口号很响，但校园内脏、乱、差现象很严重。要做好这项工作，我们总结了以下几点体会。

（一）转变观念，提高认识

刚开始，有些人认为抓"十无"、抓绿化卫生是小题大做，是抓了小事丢了大事，不仅不积极参与，反而产生了抵触情绪。我们通过各种途径，在各种场合对广大学生和教职工进行宣传动员、思想教育，使大家认识到"千里之行，始于足下"的道理。高楼大厦是建立在坚实的地基之上的，人才的培养也要从一件件小事做起，从文明礼貌、行为规范开始。一屋不扫何以扫天下，一个怕脏怕苦的人何以能完成繁重的学习任务，何以能成为国家的栋梁？大学生要成为国家的主人，首先要有责任意识，把自己生活的环境整治好、打扫好，这是起码的责任。通过文明修身行动使大家认识到，校园环境的风貌，教室、宿舍、厕所的卫生，是学校校风的重要体现，是学生精神面貌的观察窗口，是校领导管理水平和能力的组成部分，也反映一个学校、一个单位的凝聚力、战斗力。校园面貌的改变，既为全校师生、员工创造了一个良好的学习环境、生活环境，又能促进人的身心健康，陶冶人的情操，起到"以绿气带人气，以人气促发展"的作用。

认识提高了，大家都积极投入创建"十无"校园活动和文明修身行动中，每个人在自己的岗位上尽责尽力，使校园保持良好的卫生、整洁的状态。不仅如此，为了美化校园，我校师生员工连续3年主动捐款150余万元搞绿化，每年有两万人次参与义务劳动。有时义务劳动安排在双休日，不少同学放弃回家和休息的机会留在学校，有的同学从郊区赶回来参加，大家都把每次劳动视为为学校增绿添洁、奉献力量的机会，当作文明修身的实际体验。

（二）文明修身要有抓手和载体

上师大开展以"清洁校园"为主要内容的文明修身活动后，每个人都要参加，每个人都有岗位，每个人都直接从事清扫工作、卫生工作、环境保护工作。有些人认真负责，有些人马马虎虎，有些人积极主动，有些人怕苦怕累。实践是检验真理的标准，同样，行为是检验道德的标准。只有在学生参与文明修身的实际行动中，才能检验出他们的思想道德水准，检验出学校教育的成果，发现问题后便于及时纠正、及时教育。比如针对有些学生把乱扔杂物、随地吐痰等认为是"小节问题，不必小题大做"的现象，我们在课堂上、在讲座中剖析"小节无害"论，从人类文明史讲起，讲到现代人与原始人的区别，讲到文明与愚昧的斗争，讲到传统陋习是一种最可怕的习惯势力，会阻碍人的发展。让学生认识到，参加文明修身行动，就是以实际行动向传统陋习宣战，就是不断净化自己的心灵、陶冶自己的情操。认识提高后，同学们又自觉地投入了清扫卫生等文明修身行动之中。所以，开展文明修身行动是对学生进行思想道德教育的一个很好的抓手、一个有效的载体。广大学生通过这一载体得到了锻炼，学校可以对暴露出的问题进行有针对性的教育，收到了良好的效果。

（三）统筹安排，加强管理

把文明修身行动持续地开展下去，切实成为思想教育的一个重要组成部分，但又不要过多地占用学生的课余时间，就必须统筹安排，加强管理。首先，要安排好劳动时间，在一年多的文明修身行动中，我校24.9%的学生三周劳动一次；21.7%的学生一个月劳动一次；19.9%的学生两个月劳动一次；参加209个岗位劳动的学生每天劳动一小时。可见，学生参加劳动的负担并不重，主要在于参与，有一种体验。为了让每个学生在劳动中得到锻炼，除每天整理寝室卫生外，每人每月至少参加一次全校性的文明修身行动，每次一小时左右。在岗位上的学生每天工作三四十分钟为宜。其次，学校专门让出一部分校园，教学楼、宿舍等由学生承包清扫任务，这样有助于增强学生的责任感，有助于学生看到自己的劳动成果，也有助于考评学生文明修身行动的实绩和实效。在学生承包的同时，学校拨一笔经费作为学生劳动的报酬，其中一部分给家庭经济困难的学生，一部分用于班级活动费。再次，要建立严格的检查监督制度，对宿舍卫生状况，每周由各院系进行对口检查，每学期评出"合格之家""优秀之家""模范之家"，并给予不同的奖励。被评为不合格寝室，寝室的所有成员在综合测评中都要扣分。针对209个岗位，学校组织了23位志愿者，他们每天分别检查两次，把检查结果及时反馈给参岗劳动的学生本人和校勤工助学中心。总评分在9分以上的学生，每月可得120元，如果一次不到岗则扣5元；总评分在8～9分之间的学生，每月得96元；8分以下的学生，每月得84元；7分以下的学生则被视为不合格，予以淘汰。这样既能确保劳动质量，又能促使学生严于律己，养成良好的习惯。

（四）把文明修身行动与帮困结合起来

以前，学校对家庭经济困难的学生采取补助的办法，而现在让这些学生报名参加一定的劳动，通过劳动给他们报酬，使他们"心安理得"地拿到钱。这样，既能使他们感受到劳动的价值，也能使他们感到这笔钱来之不易，从而更加爱惜和节省用钱。凡是参加文明修身行动的学生，绝大多数生活俭朴、学习努力。有些家庭经济困难的学生迫切要求参加清扫工作，一旦批准上岗，便十分珍惜这一机会；有的学生偶尔有事不能来校，则委托其他同学帮助打扫。目前，有65名后备队学生热切希望早日拿到上岗证书，但由于学校经费紧张，不可能拿出更多的岗位让学生去做。学校打算今后从人民助学金中划出一笔经费增加劳动岗位，以满足更多学生的要求。

上师大在开展大学生文明修身行动方面迈出了坚实的一步，对提高学生素质、改善校园环境方面都发挥了积极作用。但这仅仅是开始，学校将在现有基础上不断总结、提高，使这一有意义的活动在全校学生中进一步推广，并且向规范化、制度化发展。

（原载《思想理论教育》2000年第4期，有改动）

第四节　讲真话是教育工作者的学术责任

改革开放以后的30多年，是我国高等教育大发展、大改革、大调整的时期。我国高等教育经历了从精英教育向大众教育的跨越式发展，办学理念和办学体制也发生了重大变革。其间，我一直在高等教育岗位上从事管理和教学、科研工作，目睹了我国高等教育的巨变。1983年，我参与了由潘懋元教授主编的我国第一部《高等教育学》的撰写工作，之后又主编了《高等教育学》《高等教育管理学》等著作。面对我国高等教育现实中的一些热点、难点问题，我不曾回避矛盾，致力于研究和剖析我国教育改革和发展中存在的问题，并提出了许多自己的观点和建议。潘懋元先生曾评价我，"他思想开放，常以批判性思维在高等教育理论研究中提出超前的创新见解，有的在当时不为一般人所认可，如关于教育产业、建立教育市场的理念常有非议，他坚持正确见解，反复说明论证。他好辩善辩，他的许多论文是针对错误或保守的言论而慷慨陈词的"[①]。以下为应《苏州大学学报（教育科学版）》之约，刘岚博士（以下简称"刘"）对我（以下简称"杨"）进行的专访。

刘：杨老师，您好。您从教50多年，退休后仍笔耕不止，经常能在期刊、报纸上拜读到您的文章，观点鲜明、敢于批评。学界称您为"我国高教界的一名敢说敢干的'闯将'"，也有学者评价您是"探索高等教育真知的争鸣者"。您在提出前瞻性的观点或进行针锋相对的学术争鸣时，会有压力吗？您当时是怎么考虑的？

杨：我认为一名教育工作者要讲真话，不唯书、不唯上，一心追求真理。有时候因为直言不讳，我也受到过非议，但我并不介意。实事求是，讲真话，是我的学术责任和学术担当。我是新中国高等教育发展、改革的见证者，更是改革开放以后高等教育改革和发展的参与者、实践者。我先后在6所高校工作过，在教育行政部门工作过，也在高等教育研究所工作过。我比较了解中国的国情和高等教育状况，因此，我有发言权和话语权，对于问题，我从不讳言。

20世纪80年代初，我就提出"中国高等教育的体制必须改革，要实行多元化的办学体制"。当时，我国高等教育的数量与质量都无法适应形势发展的需要，大学毕业生普遍存在着专业面窄、能力不强等问题。我提出"要调整教育结构和专业结构，要减少和合并一部分专业，要建立综合性的大专学校""增设和发展新专业、紧缺专业"。针对我国高等教育存在的"国家统包统配的办学体制、部门办学的领导体制、高度集权的管理体制、经费单一的投资体制"等困境，我提出了"改制是我国高等教育走出困境的出路"的观点，并以翔实的数据剖析了"改制会使高等教育的效益明显提高"[②]。

① 张应强、瞿振元、潘懋元等：《大学校长的学术追求与职业精神——杨德广教授从教50年学术对谈》，载《高校教育管理》2015年第6期。

② 杨德广：《改制是高等教育走出困境的出路》，载《高等教育研究》1998年第6期。

我较早地提出了改革大学生"统包、统配"制度，最早在全国召开上海市高校毕业生供需见面会，把计划分配和市场调节相结合，将大学毕业生的分配制度引向人才市场。今天回首看，在那个计划经济的年代这么做是非常不容易的。1987年，我提出"变大学办社会"为"社会办大学"，大学要加强与社会的横向联系，要充分利用社会力量来共同办好学校。

刘：听说您较早主张发展民办教育、主张发展教育产业、建立教育市场？

杨：20世纪90年代初，针对我国高等教育体制不活、效率不高的状况，我开始关注中国发展民办大学的问题，提出新型的民办大学要突破旧模式、改变旧体制、转换旧机制，要探索社会主义初级阶段新的办学路子。我主张积极引进民间资本办学，大力发展民办教育，建议创建"国有民办公助"的新型高等教育模式。

刘：据说您的这些理念得到了很多地区及政府、教育界的认同，为建立普通高校独立学院提供了理论依据。

杨：当时，我公开撰文提出"上海办十几所民办大学不算多"，受到不少人的非议。后来，事实证明了我的想法是正确的。我国高等教育受困于计划经济体制，长期以来存在"等、靠、要"的问题。1993年，我提出"高等学校要走进市场才能走出困境"，高等学校要充分利用自身优势，主动面向社会需求，发展教育产业，建立教育市场。针对教育经费严重不足的问题，我提出了"大学校长不但要找市长，更要找市场"的观点。

刘：您总是能及时捕捉到高等教育发展中的重大方向性问题，既关注高等教育基本理论问题，又着眼于高等教育的现实问题。我注意到，您还点名批评过教育主管部门和一些知名高校，是吗？

杨：是的。我认为，教育主管部门有时不够公正，有些名牌大学有时不够自律。我有责任坦然地向社会发表自己的见解，比如我批评过教育部太偏袒直属高校，不关心地方高校；批评过教育部试行的高校自主招生，实际上是"掐尖"大战；批评过教育部认可并推行的高校实行按等级招生及设立平行志愿填报，造成的是"名校垄断高分者，高分者统统进名校"的状况；我也点名批评过北京大学在自主招生中"拒收偏才怪才"的四点理由，是用名校的牌子和自主招生的特权，抢夺优秀学生，干扰了中学正常教育秩序。

刘：您还批评过高校等级制、高校行政化，剖析了中国高等教育大众化存在的问题，在教育界和社会上引起了很大反响。

杨：我认为，高校等级制是应试教育的根源，取消高校等级制势在必行。一是应取消大学的行政等级，没有必要把高校划分为副部级、厅级、副厅级单位。全国高校只有类型、层次不同，不应有等级之别，每所高校都应是平等的。要改变把大学分成三六九等的做法，缩小分配上的差距。二是取消一本、二本、三本、大专的等级制高校招生方式，取消"平行志愿"制度，让学生填报自己喜爱的学校和专业，让优秀学生分流到各类高校深造，让各类高校面向社会享有招生自主权，减少招生录取工作中的行政干预。三是改变高等学校学术管理行政化的状况，提高教师在学校管理中的话语权。

我国高等教育从精英教育阶段跨越式地进入大众教育阶段，我们也应该转变教育理念、管理方式、体制机制等，不能停留在计划经济和精英教育阶段的模式。大众化教育阶段后的中国高等教育，有很多问题值得我们思考，比如中国需要这么多研究型大学吗？中国能办这么多公立大学吗？高校"去行政化"为何步履蹒跚？可否把大学校长任命制改为遴选制？高校能否把现行的"严进宽出"改为"宽进严出"？如何实施严格的"淘汰制"？

刘：您不仅提出了问题，而且提出了解决问题的建议。这也是您作研究、写文章的风格，不是泛泛而谈，而是建设性地"有破有立"。前两年，您对学前教育、基础教育、高等教育都作了深入剖析，尖锐指出中国教育存在"三过"现象，即学前教育"过早化"、基础教育"过度化"、高等教育"过量化"①，社会反响很大。您能简要谈谈吗？

杨：改革开放30多年来，我国教育事业取得了举世瞩目的成绩。但是，与中国经济大国地位相比，与建设自主创新型国家的战略目标相比，我们不难发现，我国的教育现状还存在不少问题。我把教育方面存在的问题概括为"三过"现象。中国的孩子从出生后不久，即从学前开始，就面临教育压力，进入小学、中学后这一情况更为严重。到了大学，学生的学习积极性下降，过量的大学教育影响了教育质量的提高。如果"三过"教育问题不能解决，中国的孩子就不能从繁重的课业压力中解放出来，素质教育就不可能真正落实，自主创新型的高等学校也难以建成。我借鉴了发达国家教育发展中的先进经验，从我国社会和教育的现实出发，不仅剖析了"三过"教育现象的现状，而且提出了如何解决的具体建议。

刘：您旗帜鲜明地指出"中国需要这么多研究型大学吗"，这是否属于"高等教育过量"问题之一？

杨：是的，高等教育过量主要指这样几个方面。一是招生数增长过快，二是研究生发展过快，三是研究型大学发展过快，四是公办高校发展过快。从中国的国情看，建立若干所研究型的一流大学，主要目的是培养高层次创新型人才，从事高水平原创性科学研究，这是必要的，也是可能的。但是，我国要办三四十所研究型大学，是不必要的，也是不可能的。我所说的"若干所"，最多十几所即可，大多数"985"高校还是应该立足于培养应用型人才，因为我国目前最缺的是高层次应用型人才。真正的高水平拔尖创新人才，是在工作实践中、在企业锻炼中成长起来的，而不是在学校课堂和书本里培养出来的。因此，要构建创业型大学，就必须走出校园，走向社会，走进企业。我国重点大学不能仅仅围绕学科专业进行高深知识的研究，而应参照国外创业型大学的模式，与社会紧密结合。如果将三分之二现有"985"大学及大多数"211"大学转变为创业型大学，努

---

① 杨德广：《对中国"三过"教育现状的剖析及对策探索》，载《上海师范大学学报（哲学社会科学版）》2010年第5期。

力构建创业教育体系，让大学生、研究生在教师的指导下，在创业的环境中，直接参与经济社会服务，担当起知识创新主体的角色，将有助于学生成长为高水平的拔尖创新人才。

刘：您除了直言高等教育发展中的问题，对学界的一些观点也勇于发表不同意见，而且很多都还是教育界的知名人物，这对一般学者来说是有所忌讳的。您是怎么想的？

杨：这些年，中国高等教育的发展很快、变化很大，在发展变化的过程中，人们对一些问题有不同的看法，这是很正常的。对一些失之偏颇的观点，我有责任说出我的真实想法。作为一名老教育工作者、高等教育研究者，我认为对一些问题的认识，如果仅从学理性的角度进行评判，而不结合我国高等教育的基础与实践，就会脱离实际，就不能真正地了解中国高等教育。

刘：我注意到您不仅从宏观角度对高等教育的问题直言不讳，对媒体上的不同观点也是直言不讳。比如著名学者杨东平教授曾发表过批评"教育产业化"和独立学院的文章，您撰文提出了不同观点。能谈谈您的看法吗？

杨：杨东平教授是我国的著名学者，发表过许多具有真知灼见的文章和著作。2011年，我在《新华文摘》第11期上看到杨东平教授的《关于高等教育的"中国模式"》一文，我认为这是一篇很有见解的文章。但我对其中的三个观点提出了不同的看法：一是文章对高校扩招持否定态度；二是文章将"独立学院"看作"假民办"，是"教育产业化"思潮的产物；三是文章太过强调"教育公平"，却对"效率优先"颇有微词①。多年来，这三个问题受到教育界乃至社会上许多专家、学者的关注，同时，也引发了不少争论。

如何看待我国20世纪末的高校扩招呢？学术界众说纷纭。有学者认为，高校扩招导致"高等学校出现了庞大的贫困生阶层，造成教育质量滑

---

① 杨德广：《如何评判我国高教发展改革中的几个问题——与杨东平教授商榷》，载《江苏高教》2011年第5期。

坡，大学生就业难等突出问题"①。杨东平教授所提出的几个问题，确实存在于一些地方和高校。但是，这些问题与高等教育改革所带来的贡献相比，是次要的。而且，对于这些问题，也要具体问题具体分析。一些民办学校收费高，可能导致"高等学校出现了庞大的贫困生阶层"的问题。但是，也应该看到，高校扩招使一些公办院校也增加了招生名额，这样可以满足更多学生求学的需求，使得一些家境贫困的学生也有了上大学的机会。从表面上看，扩招增加了贫困阶层学生上大学的数量，但实际上贫困生中能够上大学的学生更多了，这是好事。高校出现贫困阶层，比把一些贫困学生拒之高校门外要好。何况我国政府和高校一再承诺"对每一位贫困生，都确保他们不因贫困而辍学"，这也给贫困生求学提供了有力的保障。高校扩招后，可能有些高校的经费投入不足，软硬件条件没有及时跟上，出现了"教育质量滑坡"的问题。但是，这些问题是在发展过程中出现的，可以通过进一步发展来解决。对于高校扩招带来的"大学生就业难"问题，也应该辩证地看待。从表面上看，每年600万高校毕业生的确带来了巨大的就业压力。但是，这600万人是本就客观存在于社会之中的，如果没有高校扩招，可能只有300万高校毕业生进入社会，就业压力是会相对减轻的。但另外的300万高中毕业生也同样面临就业问题，也会给就业市场带来压力。而那些大学毕业生比高中毕业生在各方面素质上都有所提高，他们将更容易找到工作。

至于"独立学院是否假民办"问题，我认为把"独立学院"贬为"公办大学举办的假民办"，是不负责任的说法。我国独立学院有多种模式，这些独立学院虽然资产组合不同，但都是真民办而非假民办，其共同特点是非政府投资和举办的高校，主要办学经费不再依赖政府而是依靠受教育者及社会投资，这正是"中国特色"的民办高等学校②。独立学院是为国家、

---

① 杨东平：《关于高等教育的"中国模式"》，载《江苏高教》2011年第1期。
② 杨德广：《如何评判我国高教发展改革中的几个问题——与杨东平教授商榷》，载《江苏高教》2011年第5期。

为社会培养人才，最大的受益者是国家、社会和学生，而不是学校。不能因为个别地区的独立学院在办学中存在一些问题，而否定绝大多数办得好的独立学院。

刘：著名学者陈学飞教授等撰文否认高等教育要适应社会的发展，发文《理性的视角：走出高等教育"适应论"的历史误区》，您也立即发表了商榷文章。

杨：对，我关注了这个问题，并且表明了我的观点。2013年，我在《北京大学教育评论》上读到了展立新和陈学飞的文章《理性的视角：走出高等教育"适应论"的历史误区》。这篇文章否定了潘懋元关于高等教育"两个规律"的理论，否定了高等教育要适应社会政治、经济发展需求的"适应论"。同时，文章推崇和提倡所谓的"认知理性"，认为高等教育要摆脱"适应论"的思想束缚，必须"回归认知理性，建设完善的学术市场"，认为"高等教育本质上是发展认知理性的事业"，"高等教育追求的核心目标应该是认知理性的发展"[1]。我对这些观点不敢苟同，我认为，高等教育的"适应论"是经济社会变革和发展的必然，是高等教育生存和发展的必然，对推动经济社会和高等教育事业的发展起了重大作用，而不是"历史误区"。高等教育的"两个规律"理论是符合高等教育实际情况的。用哲学上的一个普通概念"认知理性"来否定和取代高等教育"适应论"和"两个规律"理论，甚至将其提高到高等教育的"本质"和"核心"的高度是不适当的[2]。

纵观世界高等学校职能的演变和发展、高等教育本身的特征、高等教育的发展历史以及我国的教育方针，可以清晰地看到高等教育的"适应性"是历史的必然。潘懋元教授提出的"两个规律"理论是正确的，不容

---

① 展立新、陈学飞：《理性的视角：走出高等教育"适应论"的历史误区》，载《北京大学教育评论》2013年第11期。
② 杨德广：《高等教育"适应论"是历史的误区吗——与展立新、陈学飞商榷》，载《北京大学教育评论》2013年第3期。

否定。关于外部规律，是指"教育的外部关系规律是指教育与经济、政治、文化的关系"，即"教育必须与社会发展相适应"。关于内部规律，潘懋元说："教育系统区别于其他社会系统的特点是对人的培养，而社会主义教育就其目的来说，是培养全面发展的人。"

我认为，潘懋元的"两个规律"理论教育"适应论"是符合客观现实的，从实践论的角度，强调了教育要适应社会政治、经济、科技文化的发展并为其服务，在理论和实践上对我国高等教育的发展、社会的发展起到了积极的推动和引领作用。所谓的"认知理性"对于从理性分工的角度审视教育，寻求真理，建立和健全国内学术市场有积极的意义，尤其对"985"重点大学的建设有指导作用，但它属于理性的认识论、思维方式的范畴，不是高等教育的"核心"和"本质"，不能超越和取代"两个规律论"和教育"适应论"[①]。

刘： 教风直接关系教育质量，您从教师队伍的问题入手，提出了教师在教学上的三个"投入不足"的问题。您认为如何才能形成良好的教风？

杨： 我国高校教风从整体上看是比较好的，大多数教师在教育教学方面是尽职尽责的。但我们也要看到，不少高校在教风建设上参差不齐，尚存在许多值得关注、必须解决的问题。如在教书育人方面，有些教师片面地认为教师是教书的，育人是政工干部的事，只顾埋头授课，忽视了教书育人的职责；有些教师教学态度不够端正，如备课不认真，教学内容枯燥乏味，教学方法单一，引不起学生的学习兴趣；有些教师没有把主要精力放到教学上，而是过于关注自己的科研项目，把教学当成了副业。

高校教风的好坏，取决于教师的三个投入——时间的投入、情感的投入、精力的投入[②]。首先，教师要有足够的时间投入。时间是个常数，但

---

① 杨德广：《高等教育"适应论"是历史的误区吗——与展立新、陈学飞商榷》，载《北京大学教育评论》2013年第3期。

② 杨德广：《建设良好教风取决于教师的"三个投入"》，载《高校教育管理》2014年第6期。

如何利用时间，把时间用到哪里去？效果是大不一样的。教师对时间分配的行为就是教育投资的行为。教师必须有充足的时间备课，才能上好每节课。其次，教师要有深厚的情感投入。教师要以深厚的情感爱每一个学生，才能做好育人工作。第三，教师要有充沛的精力投入。教师的充沛精力来自对教育的情感、健康的身体和愉快的心情。当然，学校也要为教师的"三个投入"创造良好的环境。学校领导和职能部门在教风建设上也必须做到时间投入、情感投入、精力投入。

刘：杨老师，您现在"退而不休"，依然非常活跃，您的教育慈善活动在社会上也有很大的影响力。您最近在忙什么？

杨：我现在除了带研究生，做一些教学研究方面的工作，还在做教育慈善活动。70岁时，我将自己多年来积余的书稿费以及卖掉一套房子的房款，共300万元，用于捐助我所就读过的小学、中学和大学三所母校的贫困生、优秀生。有人问我为什么这样做，华东师大一位85岁高龄的老教授做了最好的诠释。他对我说："我看了你的事迹报道，你做得好，你是活明白了！""活明白了"，这四个字太确切了。大多数人见到我除了夸奖、赞扬外，还很关心地问我为什么不把钱留给子女，为什么自己不出去旅游，为什么不买套好房子住，为什么不吃得好一点、穿得好一点。我往往无言以对，很难说清楚。而这句"活明白了"，是最好的回答。

回顾自己70多年的人生历程，我认为，自己是从不明白到明白，再到活明白。我的童年和少年时代是在苦难中度过的，原来自己也是贫困生，也受到过资助。我明白自己的钱来源于社会，来源于他人的劳动成果，我应该回报社会和人民。让我感动的是，我的举动带来了他人的效仿和追随。我的研究生们也纷纷表示要参加慈善助学事业。我希望有生之年，至少能资助3000名贫困生和优秀生，以实现退休后能继续做一个有益于社会和人民的人的夙愿。

（原载《苏州大学学报（教育科学版）》2016年第3期，有改动）

第五节　改革大学毕业生分配制度刍议

新中国成立以来，我国高等学校毕业生分配工作取得了很大成绩，为社会主义事业建设、为各地区和各条战线输送了大批人才。然而，随着我国经济建设形势的迅速发展和经济体制改革，这项工作在许多方面已不适应新形势，必须进行改革。

一、改革毕业生分配工作的目的和指导思想

改革的潮流冲击着各行各业，改革的重点已从农村转向城市。随着经济建设的飞速发展，无论是城市还是农村，无论是全民所有制企业单位，还是集体企事业单位、个体户，都需要有才干、有能力、有专业知识的人才。充分发挥各类人才的作用，调动他们的积极性，是改革成败的关键。改革贵在用人，因为改革是靠人去实施和实现的。人事制度改革是其他改革的基础和前提，不搞好人事制度改革必然要延误经济体制改革进程。大学毕业生分配制度的改革是人事制度改革的一个重要组成部分，必须与我国农村经济改革、城市经济改革相适应，为经济改革和各方面的改革输送人才，起促进作用。毕业生分配制度改革的主要目的和指导思想有六点。

第一，改革要有利于择优分配、优才优用、合理使用。我国大学毕业生数量很少，而需求量很大，这就要把有限的毕业生分到最需要的地方和岗位上去，做到择优分配、优才优用、专业对口。

第二，要保证国家重点项目的单位、人才短缺的单位和地区分到毕业生。我国"四化"建设发展很快，需要毕业生的部门、单位很多，但不能平均分配力量，应优先考虑重点部门的需要。这些部门是"四化"建设的枢纽，对我国经济发展起着关键性、决定性的作用，必须有一定数量的专门人才。我们国家坚持以计划经济为主导，有些重点项目和条件比较艰苦的边远地区对人才的需要，一方面需要靠计划来保证，另一方面要靠政策引导人才流向这些地方。没有切实可行的政策，是难以完成计划的。

第三，要有助于扩大学校和用人单位的自主权。学校对专业性质、毕业生情况最了解，用人单位对需要什么样的毕业生最清楚，在分配过程中，应让供需双方互相见面、互通情况、互相结合，给他们较大的自主权。努力做到给学校较大的分配权，给用人单位较大的挑选权。

第四，要有利于打破学生的"铁饭碗"思想。对大学生不宜采取完全"包下来"的政策，在分配工作中不能采取平均主义的做法，而要采取"奖勤罚懒""奖优罚劣"的做法。对那些平时学习努力、成绩优良的学生择优而用，让那些不求上进的学生没有空子可钻。

第五，要有助于促使学校培养更多更好的人才，促进教育事业的发展和教学质量的提高。如果采取不包分配、择优录用的办法，学校就必须在提高教学质量上下功夫，否则会有一部分毕业生因质量不高而找不到就业岗位。这对学校是个很大的压力，但这种压力可以转化为办学的动力。

第六，要有助于用人单位更加爱惜人才，合理使用人才。要改变过去那种无偿地、轻易地得到毕业生而又不能合理使用毕业生的状况；要改变一次分配定终身的做法；要促进人才合理流动。对用人单位，尤其对那些不重视知识分子的单位，不能用国家"统包统配"的办法连年给他们输送大学毕业生。搞好大学毕业生的分配工作不是高等学校一家的事，涉及许多部门，是个系统工程。因此，要搞好改革，必须各方面共同努力，相互合作。

二、如何改革毕业生分配工作

要克服目前我国毕业生分配工作中存在的弊端，适应"四化"建设的需要，就要进行大的改革。这项改革不能只靠教育部门或人事部门去做，各部门都有责任。

第一，实行择优分配、优才优用的原则。毕业生中有优、良、中、差之别，分配时应体现出层次差别，做到优才优用、择优分配。首先，把优秀学生安排到最能发挥他们专长的岗位上，或在计划内让他们选择志愿。1984年，上海工业大学根据每个学生德智体的情况评出总分，按分择优分配（直接分到使用单位），优才得到了优用。其次，实行推荐录用制和考核制。改变过去由学校确定派遣名单，用人单位被动地接收毕业生的状况。学校根据学生德智体情况及用人单位的需要，按层次推荐录用，对各方面表现不佳的学生不予推荐。用人单位可以直接到学校提出要人条件，然后由学生报名，学校推荐，用人单位进行考核（如口试、终试、调查、座谈等），合格者方可录用。1984年，上海部分高校对分配到大学当教师的毕业生进行了考核，确保了师资质量。再次，实行浮动工资制。改变目前不论学生好差，毕业后工资待遇一样的状况。重点大学的毕业生、优秀毕业生的工资待遇应适当提高；勉强及格、表现较差的学生的工资待遇应适当降低。这样有助于促进学生德智体全面发展，激发学生的学习积极性。

第二，实行国家计划分配和学校自行分配相结合的分配方式。大学毕业生应纳入国家分配计划，但不必全部纳入国家分配计划。毕业生分配可分为三个部分：一是国家指令性计划，主要保证国家和省市重点项目、重点单位对人才的需要；二是国家指导性计划，由主管部门提出分配去向，以保证各部门、各系统对毕业生的需求保持适当的比例，以免差距过大；三是留有一定比例的机动名额，由学校自行分配。实行指导性计划和留有机动名额的好处：一是可以把优秀学生安排到适当的岗位，对一些勉强毕业的学生也可安排到适当的岗位，或不予分配，弥补了计划的不足；二是有些急需用人的单位可以直接向学校要人；三是学校可以向提供生产实习基地、建立联合体以及进行教育投资的单位，分配给他们一部分急需的毕业生，这样有助于教学、科研的开展，有助于教育事业的发展。机动名额中应包括扣减的录取研究生数和学生自然减员数。因此，对录取研究生比例较大的重点大学应适当增加机动名额的比例。

第三，实行供需见面。学校与用人单位直接联系，相互了解。一是指令性计划下达后实行供需见面，学校可以根据用人单位的需要选派适当的毕业生，用人单位可以根据专业性质、学生特长安排他们适当的工作。若双方发现计划不当，可以向主管部门提出修改意见。1983年和1984年，上海都召开了学校与用人单位的供需见面会，会上经过了解和协商，对原分配和调配计划修改了10%的内容，使计划臻于合理。二是指导性计划下达后实行供需见面，学校可以根据分到有关部门毕业生的比例数，通过协商直接落实到适当的具体单位，再报主管部门审批。三是对于机动部分的毕业生，实行供需见面，由学校制订分配计划，直接进行分配。上海交大、上海科大、上海中医学院等学校，近两年来在分配工作中与用人单位直接挂钩，改变了过去完全靠指令性分配的局面，学校和用人单位有了较大的发言权、自主权，基本做到优才优用，专业对口。打开分配渠道后，一些重点单位和短缺人才的单位便能得到毕业生；一些所谓"长线"专业，原来由于渠道不通，毕业生分配不出去，实行供需见面后都得到了很好的安排，有的还供不应求；通过供需见面，学校了解到社会对毕业生专业和毕业生质量规格的要求，有助于学校制订合理的招生计划及改进培养工作。

第四，实行收费制。用人单位不能无偿地得到大学毕业生，凡接收一名毕业生应支付一定的培养费，支付培养费可采取多种方式：一是用人单位可以与学校签订委托培养的合同，学校每年给用人单位一定数量的合格毕业生，用人单位向学校提供一定的教育经费或基建、设备费；二是用人单位根据不同的学校、专业，按学生每年的平均培养经费进行支付；三是机关、学校等无经济收入的单位一般不支付培养费，由国家统一分配；四是用人单位支付的培养费，直接交给学校或教育部门，主要用于发展教育事业。实行收费制的好处：一是用人单位在申请毕业生时将更加慎重，对人才会更加爱惜，妥善安排，合理使用；二是促使学校提高教育质量，培养合格人才，如果学校不能如数分配给用人单位合格的毕业生，应退还培养经费；三是可以鼓励和调动各用人单位向教育投资，大大促进教育事业的发展，改变完全靠国家下拨教育经费的状况。

第五，要采取鼓励毕业生到边远地区、农村等地工作的政策。近几年来，在毕业生分配工作中矛盾最大的是学生不愿意到边远地区和农村等艰苦地方去工作，其中包括一些国家重点建设项目地区，尽管这些地方很需要人才。学生不愿意去的原因，一是怕生活条件和工作条件差，二是工资待遇比较低，三是一次分配定终身，一辈子回不了城市。我国现在的分配政策使得留在城市工作的反而工资高、待遇好。长期以来，学校是靠思想政治工作动员一部分学生到边疆和农村去的。有些人自觉地服从了组织分配，有些人被迫地服从了组织分配，也有些人坚决不服从组织分配。上海各高校每年有六七百名上海籍大学生分到外省市，上千名学生分到郊县、农场工作，因此，思想教育工作和动员工作很艰巨，完全靠政治思想工作的威力是不够的，应该把思想教育的威力与政策的吸引力结合起来。即在以思想教育为主的前提下，采取相应的政策措施，如实行聘任制、合同制、待遇优惠制等。边远地区、农村等地可以到有关高校招聘毕业生，双方签订合同，确定工作年限及工资待遇（一般应高于国家工资标准），城市学生户口不动，合同期满后可以继续留用，也可以另找工作或回到家庭所在地分配工作。近几年来，对到西藏、青海等地去工作的毕业生实行八年轮换制，受到许多学生的欢迎。上海每年都有一些毕业生自愿报名去那里工作。这种做法可以推广到更多的边远地区和农村，待遇还可以再优厚些，这样可以动员和吸引大批毕业生到祖国最需要的地方去工作。

（原载《高教战线》1984年第10期，有改动）

第六节　挖掘教育资源，发展教育产业

　　商品经济、市场经济大潮猛烈冲击着计划经济体制下师生的思想观念、生活方式。在巨大的变化和震荡中，平静的大学校园无法平静了，从教师到学生，从干部到职工，都在谈论经商、创收、办厂。层层搞创收，人人搞创收，其根本目的是增加经济收入，改善教职工待遇和办学条件。这一切，与我国高校教育经费严重不足有关。近年来，尽管国家下达的教育经费增幅不小，但由于原来的基数不高，加上物价上涨因素，相当一部分学校仍入不敷出，连年教育经费赤字，需要靠创收来弥补。另外，教师的实际收入与社会其他行业相比，差距较大，也需要靠创收来弥补。因而学校办公司、搞创收是可以理解的。这是解决教育经费拮据问题的途径之一，但这绝不是最好的办法。

　　要解决教育经费不足的问题，改善教师待遇和办学条件，首先要靠国家和各地政府大力增加教育投入，切实把教育放在优先发展的地位。但由于国家财力有限，短期内增加教育经费的力度不会太大。摆脱这一困境的根本出路何在？我认为，可以走"挖掘教育资源，开发教育产业"的路子。

　　我国许多省市的教育资源极为丰富，但没有被充分发掘出来。以上海市为例，普通高校为49所，在校学生13.7万人，而教职工有6.9万人，与学生比为1∶2，其中专任教师有2.38万人，与学生比约为1∶5.8。虽然效益不高，但潜力很大。如果将师生比提高到1∶10，可精简约1万名教师去另办大学。这样，在校教师的工资即可增加一倍。目前主要的困难是校舍不足，有多余的教师却没有教室和宿舍，无法扩大招生。

再看成人高等教育。整体上效益更低，潜力更大。上海有职工高校49所，在校生共1.45万人，教职工8679人，教师3631人，教职工与学生比约为1：1.6，师生比约为1：4，比普通高校的比例还要低。管理干部学院和教育学院的情况同样如此。成人高等学校是高等教育的重要组成部分，对在职人员培训和学历教育发挥了很大的作用。但这些成人高校都隶属某一业务局、公司，是计划经济下行政指令的产物，存在不少弊端，一是生源不足，有些专业因考生太少而无法开设；二是教师力量分散，新教师补充不上；三是效益不高，有的学校仅有76名学生，而教职工有120多人。

我国成人高校有着丰富的教育资源，每所学校都有一大块土地，有教学大楼和教学仪器设备，有一支教职工队伍。如何挖掘成人高校的教育资源，可采取多种措施：一是走联合办学的道路，即按系统、类别将若干所成人高校联合成一所规模较大、科类较齐全的学校，扩大招生范围，发挥综合优势。二是将一部分成人高校合并到普通高校中去，连成一体，这样可以充分利用成人高校的校舍优势及普通高校的师资优势，双方取长补短，发挥互补叠加效应。三是将一部分成人高校改为民办大学，根据社会需要设置专业，招收学生，办学经费主要靠学杂费，国家适当补贴。四是改变部门所有制的办学体制，成人高校无论走联合道路、合并道路还是改为民办大学，必须与原来的主管局、公司脱钩，成为相对独立的办学实体。学校有办学自主权，可以为各部门、各系统服务。只有拓宽服务范围，才能拓宽经费来源的渠道。

发展教育产业是挖掘教育资源的另一条重要途径。高等教育是不是一种产业，目前尚有争议。在计划经济体制下，高等教育难以显示出产业的功能，因为一切都纳入国家计划。而在市场经济体制下，高等教育必然随之成为产业。教育产业的产品，包括知识、人才、信息和科技成果等。既然教育是一种产业，也就存在教育市场。

有些人不同意教育市场之说，这正是长期以来受计划经济影响太深的结果。计划经济与市场经济的主要区别在于资源分配的方式，是由政府控制为主还是由市场调节为主。资源包括人力资源、物力资源、财力资源。高等学校有创造人力资源、物力资源的功能，过去靠国家统包统配，不存在通过市场调节来进行配置。然而在当前发展经济和完善市场的状况下，必须通过市场调节建立和发展教育市场，才能使教育产业走向市场，适应市场经济的需要，这是学校与社会的重要沟通渠道。

市场具有开放性和选择性的特点，任何部门、任何人都可以到市场上去选择自己需要的商品。市场是商品价值规律的体现之地，也是商品的竞争之地。教育市场包括知识市场、人才市场、信息市场、科技市场等。当高等学校内的知识、人才、信息、科技成果进入市场后，社会各方面可以根据自己的需求到教育市场上去选择，从根本上改变了高等学校部门所有制，改变了一所学校只为一个部门、一个地区服务的狭隘观念，这样便能充分发挥高等学校的教育资源，大大提高办学效益，推动教育事业的发展。

教育市场建立后，教育成果得到社会的广泛承认和回报，是社会"尊重知识、尊重人才"的真正体现，有助于激励广大教师更安心地从事教育事业，热爱教育事业。教育市场建立后，学校要接受社会的选择、社会的监督，这有助于教育面向社会、面向市场，有助于提高教育质量。建立教育市场后，教育的部分成果转化为商品，有偿转让出去，从而增加了教育经费，改变了单一依靠国家投资的状况，这是高等学校摆脱经费困境的重要途径。

在我国经济体制从计划经济向市场经济转轨的过程中，教育市场的建立是一个逐步完善的过程，应把握好以下几点：第一，要坚持教育为社会主义建设服务的思想，根据社会的需求发展教育产业，建立教育市场。第二，要坚持党的教育方针，按教育规律办学，把教育质量放在第一位。第三，要防止教育商品化的倾向。教育的产品是多方面的，教育的功能也是多方面的，并非所有的教育产品和教育功能都是商品，都属于教育市场范畴。教育还具有一定的政治功能，教育在传播社会精神文明方面的功能并非商品，教育有为社会义务服务的功能，随着社会的发展、教育经费的增加，教育为社会义务服务的功能还将不断增强。第四，发展教育产业，建立教育市场，不等于层层搞创收，人人搞经营，学校必须"以育人为中心"，把主要精力放在教育上，确保水平高的骨干教师在教学、科研的第一线，这样才能保证教育市场的质量。第五，学校的知识、人才、信息、科技等产业，需随着整个社会市场经济的发展而发展，国家要在宏观上进行直接和间接调控，以确保国家对知识、人才、信息、科技成果的需要。

（原载《高教研究》1994年第1期，有改动）

第三章

高教研究要有育人为本、立德树人的"有为"

第一节　以学习为中心开展思想政治工作

学生的主要任务应当是学习，学生的思想政治觉悟必须体现在为掌握建设祖国的本领而发愤学习上。因此，思想政治工作，必须做到学习领域中去，才能真正为培养人才服务。

一、切实转变作风，深入教学第一线了解情况，掌握思想政治工作的基本功

学校团干部要把思想政治工作做到学生学习中去，取得在学习领域开展思想政治工作的主动权。我们要求团干部走出会议室、办公楼，深入课堂、实验室、图书馆、寝室，到学习第一线去。起初，有的团干部走马观花地转一圈，觉得无事可做。我们总结了经验教训，提出要经常地、有目的地深入到同学中间去，参加学习活动，和同学交知心朋友。这样就能深入了解学生的思想情况，找到大量思想教育内容。生物系团总支书记在听课时，多次发现有名学生很不专心，其学习成绩明显下降。通过谈心，了解到这个学生发现有人给学校写信诬告他，于是背上了沉重的思想包袱。团总支书记查明了情况，经党总支同意，当着那个学生的面把信烧掉，使他甩掉了思想包袱，学习成绩显著提高。有一个团干部亲自动手和学生一起做实验，发现有些成绩不错的同学满不在乎，马马虎虎。他抓住这些事例进行反骄破满的教育，对学生帮助很大。

要认真学习专业知识，取得在学习领域中开展思想政治工作的发言权。很多学生的思想问题是在学习中暴露出来的。专职团干部只有懂得业务，才能和学生有共同语言，才能及时地发现学生学习中的问题，帮助学生搞好学习。地理系团总支书记听到一些同学反映上数学课很吃力，缺乏学习信心。他多次到课堂听课，发现了教学上的薄弱环节，于是一面和教师交换意见，改进教学方法，一面鼓励学生增强克服困难的信心，掌握学习方法。他的做法受到了师生的欢迎。不少团干部开始认识到政工干部学习业务的重要性，要发扬优良传统，既懂政治又懂业务。他们纷纷和同学一起听课，参加兴趣小组的活动，认真自学，努力掌握有关的专业知识，力争早日摘掉外行的帽子。

二、根据学生在各学习阶段的不同特点，扎扎实实做好深入细致的思想政治工作

不同的学生，在不同的年级和学习阶段，反映出来的问题是不同的。团的思想政治工作只有根据学生的不同特点，精雕细琢地去做，才能有效地解决错综复杂的思想问题，把广大同学的学习积极性充分调动起来。

因材施教，根据不同的学生，用一把钥匙开一把锁。现在的学生有几个显著的特点：一是年龄差距大；二是文化水平差距大；三是经历差异大。在学习中反映出的问题往往各不相同。团的思想政治工作如果停留在一般号召上，就会空费时间，流于形式，收不到效果。有些年龄大的学生，因为被家务拖累，对学习要求不高，满足于掌握课本知识。团组织就要帮助他们安排好家务，教育他们胸怀大志，尽可能学得更多、更深一些。有些年龄小的同学刚进校时，感到课程深，自己基础差，因而望书生畏，团组织就要帮助他们树立信心，教育他们努力攻关。

因事制宜，针对学习差和成绩下降的不同原因，对症下药。对基础不好或接受能力差的同学，团组织应鼓励他们增强学习信心，并配合教研组做好基础课的课外辅导工作。有些同学由于家庭、恋爱等问题，造成思想

波动，影响学习，团组织应及时帮助他们妥善处理问题。

因时制宜，抓住不同时期带有规律性的问题，把工作做在前头。就一个学期来说，开学时，由于功课较浅，有些同学满不在乎，学习抓得不紧，团组织就应教育他们防止产生松懈情绪，并多推荐一些课外书籍；期中测验时，有些同学为了应付一门功课，顾此失彼，团组织就应教育他们要安排好各门课程的复习时间，防止打被动仗；期末考试时，有些学生猜题目，探教师口风，团组织就应教育他们端正考试态度，系统地掌握专业知识。

三、开展各种学习活动，帮助学生学好专业知识

学校共青团要协助党和行政部门完成教学任务，还应当通过自己的工作，使学生牢固地掌握文化科学知识。我们围绕教学内容，积极开展各种学习活动，帮助同学提高学习兴趣，巩固课堂知识，扩大知识领域，培养独立工作能力。

开展学习竞赛活动。1979年，校团委和学生会举行了英、日、俄三个语种的学习竞赛，报名的人十分踊跃，连校外实习的同学也积极参加。有的系团总支还预先进行了选拔赛。竞赛结束时，给30多名优胜者颁发了奖状和奖品。这项活动深受同学欢迎。

组织课外兴趣小组，开展学术活动。目前，全校有近百个课外兴趣小组。历史系学生组织了3个课外学习小组，在教师的指导下，他们广泛地阅读与自己专业有关的中外学术资料，开展学术讨论，写出了40多篇学术论文。有个小组撰写的《日本史学界对中国农民战争史的研究》一文，在全国高校"农民战争史问题讨论会"上被选用。数学系一年级在上学期成立的3个数学兴趣小组，积极开展了有效的学术活动，学生迅速提高了学习成绩。这学期，小组的大多数人已被破格培养，分别选修了二年级和研究生的部分课程。课外学习小组促进了学生学得更深入，增强了学生独立思考的能力。

交流学习经验，在学习方法上给予指导。化学系二年级三班有部分同学数学成绩很差，直接影响到专业课的学习。班级团支部组织了8位数学学

习好的同学介绍其学习方法，帮助其他同学学习如何掌握好预习、听课、复习、作业这几个环节，并进行课外辅导，使原来成绩不理想的同学的成绩得到了迅速提高，全班在期中考试中取得了良好的成绩。

围绕课堂教学开展各种学习活动，是学校团组织在新形势下开展思想政治工作的一项重要内容。

四、帮助学生明确学习目的，端正学习态度，提高学习自觉性

学生在学习上反映出来的各种思想问题，根本在于学习目的和学习态度。我们采取积极引导的方针，而不是动辄纠偏的办法，帮助学生树立明确的学习目的，端正学习态度，以高涨的政治热情刻苦顽强地学习。这是学校团组织引导学生搞好学习的一项主要工作。

中文系一个班的少数同学，把上大学当作摆脱原工作单位的跳板，学习纪律松弛。党团组织针对这种情况，多次召开班会，结合新时期总任务，开展"青年要不要有革命理想"的讨论。同学们认识到，为早日实现"四个现代化"，要敢于插上理想的翅膀。伟大的目标产生伟大的毅力，全班出现了自觉学习、刻苦钻研的浓厚氛围。

生物系有一部分新生觉得这个专业不吃香，所以安不下心来学习，有的甚至提出要转系、转校。年级党团支部不是泛泛地讲大话、空话，而是请老教授用生动具体的事例，说明生物学是一门具有广阔领域的学科，它在实现"四个现代化"中具有重要的地位和作用。在分子生物学的基础上形成的遗传工程，是当代世界尖端科研项目之一。团支部还组织专业思想牢固的同学，谈自己是怎样爱上这个专业的体会。经过这些教育活动，同学们对生物专业有了明确的认识，并产生了浓厚的兴趣。

外文系毕业班实习回校后，有的同学说，凭现在的水平，当一名中学教师够用了，因而在学习上放松了要求。年级党团支部分析了这种自满思想，开展生动活泼的教育活动。举办故事会，讲革命导师和中外著名科学家是怎样刻苦学习的，学习周恩来同志青年时代为中华民族的崛起而发愤

学习的精神；还组织学生到青年宫参观"落后就要挨打"的展览，沉痛的历史教训激励着同学们赶超世界先进水平的决心，增强了大家为实现"四个现代化"而学习的光荣感、责任感、紧迫感。每个人都制订了毕业前的学习计划，形成了争分夺秒学习的良好风气。

学校领域是思想政治工作的一个广阔舞台，有大量的工作等待着我们去做。团干部可以充分发挥自己的聪明才智，借这个舞台，导演出一幕幕生动活泼的话剧来。

（原载《中国青年》1979年第1期，有改动）

第二节　大学生思想教育中"变"与"不变"的矛盾

存在决定意识是唯物主义的基本观点。思想政治教育属于意识形态领域范畴是由社会存在决定的，是随着社会的发展变化而变化的。思想政治教育要取得良好的效果，必须与社会客观实际相符，与社会发展规律相符。这就要求我们必须深入了解和研究当前社会的实际情况，了解发生了哪些变化，发展的规律和趋势又如何。只有把这些问题弄清楚，才能比较清醒地、自觉地、科学地进行思想教育。

目前，不少高等学校的大学生思想教育工作无法适应当前社会形势的发展和要求，尽管花了一定的精力和时间，但往往成效不大。根本原因何在？我认为，主要是没有认真研究和分析新的形势给大学生思想教育带来了什么变化，更没有努力去适应这些变化。也就是说，社会发生了很大的变化，而我们的思想和工作没有随之变化。于是，产生了"变"与"不变"的矛盾。那么，客观现实给大学生思想教育工作带来了哪些变化呢？我认为主要有四个方面的变化。

一是时代的形势变了。党的十一届三中全会以后，我国进入了全面开创社会主义现代化建设的新时期。改革开放、迎接新技术革命的挑战，犹如汇集在一起的浪潮，激荡着神州大地，振奋着10亿人民的心弦，对中国社会产生了巨大的影响。这一形势是新中国成立以来最好的形势，是全党、全国人民一心一意进行经济建设的形势。学校的思想政治教育，既要适应新形势的发展变化，又要为新形势服务。

二是思想政治工作的任务变了。随着形势的变化，思想政治工作的任务也变了。党的十二届三中全会通过的《中共中央关于经济体制改革的决定》（以下简称《决定》）明确指出："社会主义的根本任务就是发展社会生产力，就是要使社会财富越来越多地涌现出来，不断地满足人民日益增长的物质和文化需要。"《决定》还指出，在新形势下，思想政治工作"必须坚定地贯彻执行为实现党的总任务、总目标服务，密切结合经济建设和经济体制改革的实际来进行的指导方针"。思想政治工作的直接任务是做人的工作，是提高人们的思想觉悟，提高人们对世界的认识和改造的能力，帮助他们克服各种消极因素，激励他们发奋前进。高等学校大学生思想政治工作的根本任务，就是培养和造就大批适应改革开放，能迎接新技术革命挑战的、具有创造精神的人才。另外，我们还要看到，随着对外开放，信息量的增大，也会带来一些"病菌"和污染。思想政治教育的一个重要任务就是提高学生抵制腐朽的资产阶级思想侵蚀的能力、抵抗精神污染的能力，使他们在将来的国际交往中能立于不败之地。

三是对大学生的要求变了。当前，面临改革开放、新技术革命的挑战，要完成社会主义新时期的总任务、总目标，集中到一点就是积极培养和大胆起用各种专门人才。没有真才实学的人，没有创造精神的人，是不可能挑起"四化"建设重担的。因此，新形势对大学生提出了更高、更严的要求。高等学校培养出来的学生必须适应"面向现代化、面向世界、面向未来"的要求，成为有良好思想品德、知识面宽、能力强、体魄健壮的人才。党的十二届三中全会提出要培养五种人才，这也是对大学生提出的具体要求，即"造就出大批能够卓有成效地组织和指挥企业生产和经营的厂长（经理）；能够有力地加强企业的技术管理，推动技术进步的总工程师；能够切实加强企业经营，提高经济效益的总经济师；能够严格维护财经纪律、精打细算、开辟财源的总会计师；能够坚持正确的政治方向，团结企业广大职工的党委书记，形成一支包括这些人才在内的、门类齐全、成龙配套的社会主义经济管理干部和技术干部的宏大队伍"。我们要把大学生培养成"智能型""开发型""创造型""经营型""竞争型"的人才。

四是思想政治工作的对象的情况变了。20世纪80年代的大学生与20世纪五六十年代的大学生相比，已发生很大的变化。80年代的大学生生活在信息世界，知识面广，对外国的情况了解得多，耳闻目睹资本主义国家经济发展迅速，于是很自然地将资本主义国家与中国相比较。而五六十年代的大学生，他们出生于旧社会，现在生活上有了保障，很容易把新中国与旧中国对比，产生一种满足感、自豪感。80年代的大学生生活在安定团结的社会环境里，这为他们求知、成才创造了良好的条件，多数学生学习认真，努力攀登科学文化高峰。但是也有不少学生身处和平环境，缺乏时代的紧迫感、责任感，缺乏学习的动力。

辩证唯物主义告诉我们，世界上一切事物都是不断变化的。恩格斯说过："所谓社会主义社会，不是一种一成不变的东西，而应当和其他任何社会制度一样，把它看成是经常变化和改革的社会。"以上四方面的变化，完全符合事物发展的客观规律。高等学校思想政治工作必须努力适应这种变化。然而不少学校在实际工作中并没有做到这一点，普遍存在四个没有变，或者说基本上没有变。

一是有些旧的传统观念没有变。现在有些同志不重视思想政治工作，认为思想政治教育是为阶级斗争、突出政治服务的，这种错误的观念没有改变。有些同志一讲到资本主义就与社会制度差异等联系在一起，一讲到对外开放，就认为一定要加强管理，要筑起防范的高墙。好学生的标准是什么？有的同志认为听话、分数高、艰苦朴素、遵守规章制度就是好学生；敢于思索、敢于提问题、穿着打扮时髦的则不是好学生。有的同志认为，学校培养学生的主要任务是传授知识，培养能力和创造精神是到工作岗位以后的事情。有的同志认为，学校里政工干部是管理学生的政治思想，业务课教师是管学生的学习；德育是管思想，智育是管业务，把政工干部和教师两支队伍截然分家。这些旧的传统观念，束缚了人们的思想。

二是思想政治工作的方法没有变。不少学校在思想政治教育中仍然是老一套的方法。如开会教育法，即习惯于开大会、作大报告、读报纸文件。有些同志总结和汇报工作时，都要讲召开了几次会，传达过几次文件，至于开会的效果如何，则很少过问。灌输式教育法，即我讲你听，只是把学生当作教育的对象，不管学生爱不爱听，都要灌输。这些带有强迫性的灌输，许多学生是反感的。统一教育法，学校对学生的思想教育往往是制定统一计划，强调集中教育、集体活动。形式单调，方法简单，忽视学生的个性和兴趣爱好。平面教育法，把学生放在一个水平面上、一个层次上进行教育，由于学生个性、素质、基础、环境影响、特长的不同，他们在思想教育中的接受能力、接受方式也不同，这是企图用一把钥匙去开万把锁，是不可能奏效的。堵塞教育法，为了防止学生出问题，学校里采取"高筑墙""堵漏洞"的办法，殊不知在信息社会里，越堵塞信息，越会使学生产生好奇心、向心力以及强烈不满情绪，从而形成一种逆反心理。

三是思想政治教育的内容没有变。高等学校从20世纪50年代到现在的政治课内容，一直是党史、政治经济学、哲学三门课，内容没有发生变化。近年来开设的思想品德课以爱国主义、人生观教育为主要内容，形势与任务教育课以学习中央文件、时事政治为主，这些都是必要的。但没有区别不同类型学校、不同专业和不同层次学生的不同特点、要求，缺乏针对性，不少内容与中学重复。我曾经在一次学生座谈会上问他们，最反感的思想教育是什么，学生回答说，我懂的东西教师反复讲，我不懂的东西却不讲；教育者不讲自己的观点和看法，只是照本宣科，读读文件；说教式的大报告，以教训学生的口吻，不平等、不信任地对待学生。这三条批评是很有代表性的，反映了高等学校思想政治教育中普遍存在的问题。在新形势下，随着社会政治、经济文化的发展、变化，大学生的思想十分活跃，心理活动十分丰富，必然反映出许许多多的问题，但政工干部、政治课教师往往采取回避态度，学生感到失望，感到在思想教育上不满足。也就是说，在思想教育内容方面，学生既感到"吃不了"，又感到"吃不饱"，原因在于，他们不要吃的硬灌给他们，想吃的东西却吃不到。

四是思想政治工作队伍没有变。长期以来，学校对学生的思想教育主要依靠少数政工干部，这一状况目前仍未改变。广大教师的作用没有充分发挥出来，政工队伍主要靠政治辅导员。而大部分政治辅导员都是刚毕业的大学生，他们有一定的专业知识，但相当一部分人缺乏政工干部必备的素质和知识结构，工作能力不适应工作的要求。由于管理体制方面的问题，凡是学生的事情都推给政治辅导员去做，不少人成了办事员、检查员、"消防队员"，没有多少时间去做学生的思想教育工作。尽管工作还是积极努力的，也是有成效的，但是用他们自己的话说："我不是自愿的，而是服从组织安排，奉命工作。"我们曾经听取了一部分学生对政治辅导员的意见，归纳起来有四条：一是有不少人缺乏做政治辅导员的光荣感、责任感；二是缺乏较高的马克思列宁主义理论水平，缺乏教育学、心理学、社会学等方面的知识；三是平时真正深入学生中了解情况的不多；四是"政治辅导员"这一名称不确切，学生从心理上对这一称呼有反感。这些意见可能有片面之处，但不少政治辅导员认为，学生提的意见有道理。显然，这支队伍目前是不适合做信息量大、知识面宽、善于思索的当代大学生的思想政治工作的。

　　"变"与"不变"的矛盾，是客观存在的，但有些同志没有认真地去寻找这些"变"与"不变"的原因，没有努力去适应新形势的变化、发展和要求，反而埋怨形势变化大，学生思想太复杂。因此，思想政治工作存在不适应性，即不适应新形势的要求，也不适应当代大学生的特点。解决这一矛盾的办法就是"应变"。正如列宁所说的，"在认识论上和在科学的一切其他领域一样，我们应该辩证地思考，也就是说，不要认为我们的认识是一成不变的，而要去分析怎样从不知到知，怎样从不完全的不确切的知识到比较完全比较确切的知识"。就目前大学生思想政治工作而言，主要应改变旧的传统观念，改变教育的方法和内容，改变队伍的结构。做好应变的前提是要深入了解新形势的特点和对大学生的要求，要深入了解当代大学生的特点和不同层次学生的需求，要深入了解当前思想政治工作的状况和对政工干部的要求。怎样做好应变，就是要变一变上面讲的四个"不变"。

　　一是要改变旧的传统观念，树立为"四化"育才的思想。其一，高等学校是为"四化"培养各类专门人才的主要阵地，育好才需要多方面的工作，如教学、科研、后勤等，而思想政治工作是"生命线"，起统帅作用、方向作用、保证作用，从而增强做思想政治工作的光荣感和责任感。其二，要改变思想政治工作就是抓人的缺点、消除消极因素，做好观念转化的工作。思想政治工作主要目的是激励人们认识世界和改造世界的热情和责任感，激发学生奋发学习，沿着德智体方向前进。其三，在好学生的标准上，应以能否适应"三个面向"的需要，适应改革开放的需要为标准。其四，要改变学生思想教育工作只是政工干部的事的观点，教师应树立对学生德智体全面负责的观念。其五，要改变认为培养和发展智能是智育范畴而不是德育的任务的观念，思想教育应贯穿到学习领域中去，与智育紧密结合起来，为造就"智能型""创造型"学生服务。

　　二是要改变思想政治工作的方法。对大学生的思想教育工作离不开前文所讲的开会、灌输以及管理，但必须注意从学生实际出发，考虑教育的实际效果，而不能采用一个模式、一个方案、一刀切的方法。列宁说过，"马克思主义最本质的东西，马克思主义的活的灵魂是具体地分析具体情况"。因此，对大学生的思想教育应采取多种教育方法：一是教育的方法。我们不仅不要限制，而且要主动引导学生去接触资本主义的东西；不要只了解资本主义的表面现象，而要深入了解其本质，然后将其与我国社会主义作比较。我们是笃信马克思列宁主义和社会主义的，只要引导得法，在对比中，学生就能提高识别能力、抵制能力、适应能力。二是讨论的方法。大学生善于思考、善于提出问题，这是关心政治、积极进取的表现。我们不要对他们泼冷水，压制他们的积极性，也不要急于表态或回答他们的问题。即使对一些错误观点，也不能简单地批评指责，而要组织学生进行专题讨论，引导他们自己去学习马列著作、报刊文章，收集资料，寻找答案，相信大部分问题能够通过讨论解决。政工干部和教师以平等的身份参加讨论，并进行必要的小结和讲解。三是实践教育的方法。大学生有较强的自我意识和独立思考的能力。因此，必须引导他们到社会实践中去调查、考察，参加勤工俭学劳动，为社会服务，让他们在与社会接触的过程中深入了解社会，接受教育。大学生通过实践活动，还可以增强求知成才的欲望，激发上进心，改变单纯依靠学校力量教育学生的状况，变学校教育为学校、社会、家庭结合的教育，变平面教育为立体教育，在学生步入社会后，可以增强对社会的责任感、紧迫感，可以锻炼和培养动手能力、独立工作能力、管理能力。四是教育与管理相结合的方法。各种形式的思想教育是不可缺少的，但还必须与科学的管理方法结合起来，学校不能把学生管得过紧、过严，但不等于不要管。学校应有正常的教学秩序以及维持教学秩序的必要的规章制度，这种管理应建立在有利于开发学生的智能，激励学生奋发努力，促进学生德智体全面发展的前提下。

三是思想政治教育内容要有科学性、知识性、针对性。政治理论课是不可缺少的，但大学与中学应有区别，各种不同类型的学校也应有区别，除了必修的课程外，还可开设一些选修课，包括马列原著等，以满足不同专业、不同层次学生学习的需要。政治理论课既要有系统的科学理论，又要联系社会现实和学生的思想实际。形势任务教育和共产主义思想品德课的内容应具有较大的灵活性和很强的针对性，不能成为纯理论课，应着重回答学生最关心的问题、普遍存在的问题。为了适应新形势的发展，思想政治教育应增加关于改革开放的内容，增加关于"三个面向"的新知识、新动态，要介绍我国"四化"建设的进程、光明前景及存在的问题，要介绍资本主义国家的政治、经济、文化情况，以增加学生头脑中的信息量，提高他们的思想水平和认识能力。思想政治教育的内容，不仅取之于课本和教师，还要注意从社会的有关方面去吸取，从学生中去吸取。

四是思想政治工作队伍的源泉是广大教师。高等学校学生思想政治工作的主要力量是广大教师，包括政治理论课、思想品德课和专业课教师。每一位任课教师都应担负起对学生进行思想教育的任务。学校要把教书育人作为对教师的基本要求和考核内容。教师做学生的思想工作要渗透到教学领域中去，要以身作则、为人师表。目前，许多学校在每个班级设一名班主任，还有的学校给七至十名学生配备一名导师，这是发挥教师作用、加强学生思想政治工作的切实保证。高等学校需不需要专职政工干部，目前看法还不一致。我认为，必须有少量的专职干部专门从事思想政治工作，进行这方面的研究。专职政工干部不宜叫政治辅导员，因为这个称呼名不符实，可以叫辅导员或指导员。对政工干部和班主任要加强培养，提高他们的素质和能力，增强他们的责任感和理论修养，拓宽其知识面。有条件的学校还可以为低年级班级配备研究生、高年级优秀学生做班主任。这样，建立一支以教师为主体、政工干部为骨干、专职与兼职相结合的学生思想政治工作队伍是做好学生思想教育工作的根本保证。

（原载《教育研究》1985年第3期，有改动）

第三节　新形势下德育的理念和对策

一、学校德育面临的形势和挑战

（一）国际政治格局的变化对学校德育的挑战

从1840年到1949年，是中国人民英勇奋斗、反抗外国侵略者的历史。新中国成立后的50多年，中国人民站起来了，但我们不能忘记历史。所以，学校德育必须从政治的高度，从我国社会主义国家利益的高度，对学生加强思想政治教育，加强爱国主义、社会主义教育，使其认清只有把我国建设成强大的社会主义现代化国家，才能抵御敌对势力的干扰和破坏，才能使中华民族屹立于世界民族之林。当青年学生有了这股激情和"内需"时，就会产生奋发向上的驱动力。

（二）经济全球化对学校德育的挑战

经济全球化是指资本、科技、人才等生产要素，按照市场法则在全球范围内自由流动与组合，使世界经济变成一个整体，并促使跨国公司在国际贸易中的作用日益增强。经济全球化是不可逆转的历史潮流。在现代社会，每一个国家的经济发展都离不开世界经济这个大市场，都不可能游离于世界之外，因此必须加入全球化的行列。经济全球化给世界经济带来了繁荣和发展的机遇，加强了各国之间在经济、文化、教育等方面的交往，但同时也带来了挑战。而当代青年学生往往只看到世界经济繁荣的一面，没有看到其中深层次的问题和潜伏的危机。这一严峻的事实告诉我们，学校必须加强德育，加强对学生全面素质的培养，只有这样，才能应对经济全球化的挑战。培养学生树立国际化、全球化的观念，要掌握一定的国际政治、经济、文化等方面的知识，具有国际交往能力。各类学校要努力培养一大批政治强、业务精的高素质、高水平的人才。在经济全球化的过程中，成千上万家中外合资企业、外商独资企业如雨后春笋般在我国各地兴起，对我国经济发展起到了积极的推动作用。他们需要我国提供大量的各类人才和劳动力，但这些企业对人才的素质要求很高，各类学校要努力培养适应外资企业需要的外语好、能力强、工作认真、品行端正并且有爱国主义精神的人才。只有加强德育，让广大学生认识到全面提高自身素质的极端重要性，才能实现这一目标。

（三）现代高科技的发展对学校德育的挑战

自20世纪60年代以来，以信息技术为标志的第三次科技革命迅猛发展，为各国之间的政治交往、经济活动、文化活动等提供了极大的方便，大大缩短了世界各国在时间和空间上的距离。高新技术的发展全面推动了社会的发展，但也导致了激烈的竞争，扩大了各国在经济、科技上的差距。我国在第三次技术革命中必须奋起直追，这一历史任务落在当代青年学生肩上。要把我国建设得更加强大，要全面建成小康社会和实现现代化，必须依靠现代科学技术，这就是学校德育工作面临的紧迫任务。要通过德育激发学生的爱国主义精神，促进他们刻苦学习，在高新技术革命中不畏艰难、勇往直前。高新科技的发展，推动了全球信息网络的迅速发展，这有助于世界经济、科技、文化的发展，也有助于各国文化的交流。但网络上传播的信息是各色各样的，鱼龙混杂，这也是学校德育工作所面临的紧迫任务，即做好网络管理和教育工作，以保护广大青少年学生，引导广大青少年学生健康成长。

西方国家在现代科学技术方面占据优势，他们利用现代通信技术和互联网，向全世界宣传资本主义的文化和价值观。面临强大的西方思潮的攻势，我们必须加大思想政治教育的力度，提高其有效性。学校德育要努力提高青年学生的马克思列宁主义理论修养，增强他们在各种思潮中的识别能力、分析能力、选择能力，努力提高青年学生的内在素质，唯其如此，青年学生才能在高科技时代坚定不移地沿着社会主义方向前进。

（四）物质生活不断丰富对学校德育的挑战

自改革开放以来，我国社会主义建设事业蓬勃发展，市场经济日益繁荣，人民生活水平不断提高，这是社会主义优越性的体现，是人民群众艰苦奋斗的结果。当代青少年学生享受着丰富的物质生活，为完成繁重的学习任务奠定了良好的基础，这也使他们看到了社会主义的光明前景，增强了对党的领导和社会主义的信念。但是，如果放松了德育工作，物质生活丰富了也会带来消极的因素。如上所述，当今的青年学生中有相当一部分人胸无大志，学习动力不足，生活上的优越感、太平无忧感占主导地位。现代社会物质生活的极大丰富，琳琅满目的商品市场，灯红酒绿的大千世界，对青年学生有很大的诱惑力；在社会转型过程中出现的一些不正之风，对青年学生产生了消极的、阴暗的影响。由此可见，物质条件好了，生活水平提高了，不会自然地带来思想境界的提高、道德水平的提高。相反，对学校德育提出了新的挑战。物质文明的发展必须有精神文明的支撑，这一切对大学德育提出了新的课题、新的要求。学校要教育学生认识到物质文明与精神文明的关系，物质文明是靠艰苦奋斗取得的，是靠精神文明维护和推进的。要使学生认识到，中国仍然是发展中国家，必须进一步发扬艰苦奋斗的精神，必须用现代科学知识去改变国家面貌。要使学生认识到，丰富的物质生活是人们奋斗的目标，但不是人生的终极目的。人生的目的是不断推动社会的发展，是全心全意为社会、为人民服务。

（五）青年学生的现状对学校德育的挑战

目前，有一部分学生缺乏求知成才的内在需要，表现为追求目标模糊、生活目的模糊、心目中的榜样模糊。不少学生还对德育采取轻视甚至对立的态度，导致学校的德育工作效果不太理想。有些学校的领导和教师抱着无能为力、无所作为的思想，放松了对学生的德育工作，听之任之，放任自流，只顾传授知识上好课，对学生没有高要求。

心理学告诉我们，"需要"是人的行为的直接动力。学生学习动力不足，是因为没有产生对学习的"需要"。我们不能用智育的方法来进行德育，因为智育和德育有很大的区别。智育主要是认知问题，而德育主要是情感问题。在德育过程中，受教育者要有内在需要的驱动力。内在需要越强烈，则对德育内容的接受度越高；德育内容越贴近受教育者的内在需要，就越能产生教育者与受教育者之间的共鸣。因此，学校德育不能停留在一般的知识传授上，不能停留在方法、形式上的改革，更不能只讲趣味性、娱乐性，而必须注重激发学生内在的需求和驱动力，并矫正其错误的需求和动机。学校的德育工作，就是要激发学生对学习的需要和追求，对远大理想、目标的需要和追求，要让学生认识到为什么必须努力学习、努力成才。

由于青年学生对所处的形势和环境认识不清，身处太平盛世，心中无忧无虑，没有危机感和紧迫感。这就需要对他们加强形势和任务的教育。因此，德育工作者要把学生带到"崇山峻岭"之上，从国家的高度、世界的高度看问题，使他们认清当前的形势和面临的挑战，这是德育的一项重要内容。通过德育让学生了解中国发展的灿烂前景，认识到社会的发展、变化与个人的前途、利益息息相关，认识到要靠一代代人艰苦努力、顽强奋斗才能获得美好的前程。当大学生理性地认识到自己的责任，把实现社会主义现代化作为自己的需求时，必定会焕发努力学习、努力攀登的青春活力。学校德育就是要呼唤学生的觉醒，激励他们把推进社会发展作为己任，把国家利益和人民利益作为第一需求，以高度的主人翁责任感努力学习、勇攀高峰，满腔热情地投身到21世纪社会主义现代化建设的大业中去。

二、新形势下树立新的德育理念

学校德育工作必须从现实出发，要顺应社会的发展和青少年学生的变化，既要从理性的高度开展德育，又要区别对待，按不同层次开展德育。

（一）德育的理性化

德育、智育、体育是学校的基本职能，三者相辅相成，相互促进。德育主要教学生如何做人，智育主要教学生认知，体育主要教学生强身健体。当代青少年学生都是有一定科学文化知识、有理性思维能力的人。在德育中应让他们明礼、知礼。"不学礼，无以立"，当今的礼即理。德育的首要任务是让学生掌握科学的、真理性的道德知识，让学生懂得大道理，让"大道理管小道理"。让他们站在世界的高度、国家的高度认识到自己的使命和责任，自觉地肩负起国家重任。20世纪三四十年代的青年学生看到在"三座大山"统治下的中国人民陷入苦难的深渊时，激起了巨大的爱国热情，投笔从戎，冒着生命危险奔向前方。20世纪五六十年代的青年看到国外敌对势力对我国搞经济封锁、军事侵略时，激起了奋发图强、艰苦奋斗的激情，纷纷到农村去，到边疆去，到祖国最艰苦的地方去。2003年，全国有4万多名大学生为了开发祖国大西北，到西部地区工作。他们是有觉悟、有理性的优秀青年。学生有了思想觉悟、理论修养，就会有正确的选择、明确的方向、坚实而持久的行动。一个人的行为如果不是建立在理性的思维上，则不可能持久，因为理论是行动的先导。各级学校应开设系统的政治理论课，讲授马克思主义的基本原理，尤其要把邓小平理论和"三个代表"重要思想引进课堂。学校德育不能就事论事地灌输现成的理论，而应着力于提高学生的理论修养，提高学生的道德鉴别力、判断力、选择力，使他们在纷繁复杂、五光十色的社会现象中能理性地判断和处理各种道德问题，从而正确地面对人生。

（二）德育的人本化

德育是指育人的工作，包括思想政治教育、品德教育和心理健康教育。德育工作的人本化主要体现在关注人、爱护人、帮助人、教育人，以及促进人的全面发展上。德育要教给学生理论知识、做人的道理，要帮助学生克服前进道路上的思想障碍、心理障碍。既敢于表扬和鼓励先进，又敢于和着力于批评错误和落后，促使学生健康成长。德育工作的人本化还体现在关注学生的现实生活中。人的生活基础即道德基础，德育应扎根于学生的生活实践中，德育工作者要了解学生的生活，关心学生的生活，帮助他们正确地对待生活，帮助他们克服生活中遇到的困难。学生的生活包括物质生活、精神生活、课余生活、家庭生活、人际关系等。德育工作只有深入学生生活，做到德育工作生活化，才能贴近学生。德育工作要高度关注受教育者个体的心理状况、热点问题和遇到的现实问题，并帮助他们解决，包括矫正他们的缺点和弱点。只有当学生从内心感受到德育工作是在关爱他时，德育工作才能受到学生的拥护和欢迎，学生才能产生对教育者的亲近感，从而取得良好的德育效果。德育的人本化还要体现在人的个性化上。人的个性、爱好、专特长以及学习基础、智力、素质等是各不相同的，在德育中必须因人而异，因材施教，不能指望每次教育、每次活动对每个学生都有效果。德育有正效应、负效应、零效应。同样的教育，在有些学生身上反映出正效应，而在另一些学生身上则反映出零效应甚至负效应，因为每个人的基础和接受度是不同的。因此，德育的人本化就是要对不同的人采取不同的教育内容和教育方法，关注和促进每一个学生素质的全面发展。

（三）德育的开放化

德育工作不能局限于校园内、课堂上，而要走出校园、走出课堂。人是社会的人，人的思想道德是在社会化的过程中形成的。尤其在改革开放、市场化的进程中，对学生思想道德的形成、发展起着重要的作用。在当今开放化的社会里，学生除了受学校教育的影响，还受来自各方面的思想文化的影响。因此，学校德育必须开放化。让开放化的学生到开放化的社会中去经受锻炼、接受教育。一是要鼓励学生走向开放的社会。德育不是为了禁锢学生的思想，而是要让学生在现实生活中感受和体验改革开放、市场经济给社会经济发展带来的好处，发现和寻找先进模范人物和社会主义的闪光点。学校和教师要引导学生汲取社会上主流的、光明的、积极的因素，充分利用社会上鲜活的教材教育学生，让学生在价值观念多元化、道德观念多元化的社会中寻找到主旋律，增强其抵制各种错误观念和腐朽思想的能力。二是鼓励学生积极参与实践活动。让学生在参与真实的社会实践中认识社会的真正面貌。人的思想品德的形成和提高有赖于社会实践，德育的本质是实践。学生只有在实践中才能巩固德育的理论，感受到道德的重要性，从而更加严于律己。三是德育工作的多样化。德育不能仅停留在课堂教育上，一味灌输，这样往往达不到预期的效果，甚至会让学生产生逆反心理。因此，德育要开放化、多样化。要把组织学生参观访问、参加社会实践、开展志愿者活动和文明修身活动等多种形式结合起来。

（四）德育的层次化

道德标准是有层次的，对不同层次的人应有不同的道德要求。因此，德育工作要对不同层次的人进行不同的教育。青少年学生受到的家庭影响、社会影响不同，受教育程度不同，内在需求与价值追求不同，对道德的判断标准不同，所能接受的道德教育、道德活动也不同。因此，德育工作必须具有层次性。德育的效果取决于受教育者的接受度，而接受度又取决于受教育者的需求。受教育者内在需求越强烈，则其对德育的接受度就越高。但各层次学生需求的目标和内容是不同的，德育工作必须从不同层次学生的需求出发，进行有针对性的教育活动。比如有些学生积极要求入党，有远大的理想和志向，而德育工作仅仅停留在一般的文明礼貌、爱护公物上，不能满足他们的需要；相反，有些学生缺乏远大理想和志向，平时松松垮垮，而德育工作对他们进行理想教育，他们很难接受。总之，受教育者的内在需求和价值追求是有层次的，德育的层次化是德育工作必须遵循的一个原则，但绝不是说德育工作只是迁就后进层次的学生，一味地去适应后进学生的需求，也不是让每个人停留在原有层次上不求进取。相反，德育的层次化是为了提高德育的有效性，促进不同层次的学生在原有层次上不断提高。我们平时讲的爱国主义、集体主义、社会主义就是三个不同的层次，每个学生可以培养爱国主义思想品德，并逐步提升到集体主义思想品德，最终形成社会主义、共产主义思想品德。德育工作要通过理论教育、形势教育、先进模范人物教育等，不断提升学生的思想境界和需求度，使他们认识到当代青年的历史使命和社会责任，克服个人主义、享乐主义、拜金主义的需求观。

（选自《现代教育理念专论》，人民教育出版社2004年版，有改动）

第四节　大学生学习动力不足的原因剖析及其对策研究

高等学校的毕业生能否成为合格人才，对我国社会主义现代化建设起着举足轻重的作用。然而，相当一部分大学生学习动力不足，已成为学校各级领导和广大教师十分关注的问题，也引起家长与社会的担心和忧虑。本节就部分大学生学习动力不足的原因作出剖析，并就如何解决这一问题提出一些粗浅的看法。

大学生中学习动力不足、学习热情不高的原因是由多方面因素造成的，应做具体分析。

一是缺乏社会责任感。有些学生上大学的目的并不正确，他们不是为了掌握真才实学来适应社会需要，而只是关注个人的前途，认为只要毕业就可以实现自己的愿望了，因而不可能有持续的、强大的学习动力。部分学生缺乏社会责任感，除思想觉悟方面的问题，还有个人素质方面的问题。很多大学生较少接触社会实践，缺乏对社会的了解，看不到社会对知识、对人才的需求，看不到知识对社会发展的作用。

二是太平无忧感。有些学生考上大学后，紧绷的弦松弛了，认为再也不必为前途担心，产生了"太平无忧"的思想。新中国成立以来，我国的教育制度对大学生采取了包吃、包住、包医疗、包毕业、包分配的政策，没有竞争和压力，导致一部分学生不关注自己有多大本领和未来能否胜任新的工作，不愿意花大力气去学习、去拼搏。

三是信息饥饿感。现代科学技术的迅猛发展，导致信息膨胀、知识激增，报刊上宣传的"知识爆炸""现在学的知识五年以后就要过时"等观点，多有偏颇之处。原意是告诫人们要培养和提高汲取知识的能力，要注意知识更新。而有些大学生片面地理解为"现在没有必要学得太好，反正五年后又要重新学习"，因而不重视课本知识的学习，更在意专业以外的信息获取，存在一种片面的"信息饥饿感"。

四是能力至上感。有一部分学生不能正确理解知识与能力的关系，认为在现代社会里，主要靠能力取胜，没有能力，就打不开局面，就处理不好人际关系，将来就找不到好的工作。所以，有些学生热衷于搞社交活动，发展交际能力，把跳舞、下围棋、打网球、弹吉他等当作"必修课"，把学习排在次要地位。

五是学非所爱感。据调查，大学生中有不少学生对本专业的学习缺乏兴趣，所学非所爱。有些学生报考大学时，填报志愿是以被录取为目的，或是所学专业由家长、亲友、老师选定。一部分人进校后经过一段时间的学习，爱上了本专业，但也有一部分人始终激发不起对本专业的学习欲望。

六是前途莫测感。我国对大学毕业生的就业实行计划分配，学生直到毕业前夕才知道自己要干什么工作。不少学生担心将来工作后出现用非所学的状况，他们感到前途莫测，对专业学习的积极性不高，动力也不足。

七是学而无用感。由于我国还处在社会主义初级阶段，在分配制度、物价体系上还不健全，因此，不少知识分子的收入还不如文化水平很低的个体户。这种不尽合理的状况对一些大学生的心理冲击很大。因而，有部分学生出现了只重学历不重学问的心理。

八是教学陈旧感。有一部分学生学习热情不高、学习动力不足，是由教学方法陈旧导致的。有些教师上课时仍然是照本宣科，要求学生死记硬背，陈旧的知识与现代社会的发展差距甚远。有的学生说："这样的教材和教学方法不如自己去看书。"另外，还有些教师对学生要求不严，课堂纪律松弛，对作业、考试的要求较低，课后很少与学生接触，导致一部分学生学习态度松懈。

综上所述，一部分大学生学习动力不足，既有主观和客观因素，也有学校和社会因素，既有思想和教育的问题，又有学风和教风的问题。要解决这些问题，必须采取多方面的措施和对策才能奏效。

第一，给学生以动力源。有些学生学习动力不足，是由于缺乏激励其学习积极性的"源泉"。这种源泉就是较高的思想觉悟和正确的人生观。思想觉悟低的人，缺乏社会责任感的人，学习动力是不可能持久的。有些学生说："我上中学时目标很明确，就是考大学，所以学习很努力，进了大学后就不知道下一个目标是什么了。"从学生进校直到毕业，学校应自始至终对他们进行社会责任感和人生观的教育，使他们认识到我国要大力发展经济，人才奇缺，大学生应承担重任；认识到世界新技术革命给中国带来的机会和挑战；认识到在竞争激烈的时代里优胜劣汰的严峻形势；认识到现代化建设对现代化人才的智能、素质的要求。高等学校也应该加强德育教师（政工干部）队伍建设，对学生进行思想政治教育。在加强思想教育的同时，抽出时间让学生到社会上进行参观、调查、访问，使他们在社会实践中摆正自己的位置，增强时代的紧迫感和社会责任感。

第二，教育学生正确认识知识与能力的关系。消除因"知识激增"而带来的求知欲下降的障碍。面临"知识激增"挑战的对策之一就是学好基础知识，对策之二是培养和发展学习能力。有些学生将知识与能力割裂开来，这种忽视知识学习的做法是十分有害的。应该让学生知道，掌握知识是能力的基础，在学习知识的过程中，包含能力的培养和提高，尤其是发展自学能力、记忆能力、分析理解能力、解题能力、写作能力等。在知识学习的过程中，学生还应有发展能力的主体意识和明确的目标。在此基础上再发展其他能力，如动手能力、研究能力、组织管理能力等。

第三，让学生早日进入专业"角色"。要激发学生对专业学习的兴趣和热情，应尽早地让他们了解本专业与社会发展的关系及光明前景。这需从以下几方面入手：一是让大学一年级学生（或在入学前）到对口的工厂、单位去劳动、工作半年左右，有了一些感性知识后再进校学习；二是从一年级起，每年让学生有两三周的时间到对口部门去实习、调查；三是实行预分配制，将学生提前一至两年分到用人单位，根据实际工作需要，由学校与用人单位共同开设专业技术课，学生要结合生产、工作实际选择毕业设计（论文）课题，早日进入专业"角色"，早日看到未来的工作岗位，看到所学知识的重要性和必要性；四是建立教学实践基地，一所大学应与若干个工厂、用人单位挂钩，建立长期的互利互助的协作关系，作为学校的教学实践基地。学校应聘请这些单位里既有专业知识又有丰富实践经验的专家、领导担任兼职教师，请他们结合实际进行讲课，这样有助于提高学生的学习兴趣。

第四，改革管理体制，实行奖优汰劣。解决大学生学习动力不足的问题，光靠思想教育还不够，行政上须有一套管理制度加以保证，才能收到实效。应逐步改变对大学生"包下来"的做法，积极改革现行的不利于调动学生积极性的管理体制。一要改变一次高考定终身、一次落榜定终身的做法，大学生入学后实行中期选拔，合格者升入高年级，不合格者需再进行一年专业技术教育，以激励校内学生开展竞争，打破太平无忧的"超稳定"状态。二要实行收费制，大学生每学期应缴付一定的学杂费，一等奖学金获得者可免缴学费，二等奖学金获得者免缴一半学费，住宿生也应酌情缴纳住宿费，主要用于改善住宿条件。对留级生要收取重复教育的费用，不应由国家重复投资，其收费标准与自费生相同。三要招收插班生，允许专科学校学生、成人高校学生、自学成才者报考插班生，补充被淘汰学生的空额，以激励社会各方面的有志青年奋发学习，并推动在校学生努力向上，积极进取。四要改变毕业生分配办法，实行考核制、招聘制、试用制，不合格者可以不聘、解聘、辞退。毕业生工资待遇应有所差别，没有获得学位者应降低工资，优秀毕业生应适当提高工资。

第五，加强校风校纪建设，建立良好的学风。学风泛指学习风气，包括学习目的、学习态度、学习纪律和学习方法等。目前一部分学生学习动力不足，反映出学风上存在的问题。要建立良好的学风，首先应从校风校纪抓起，即建立良好的教学秩序、良好的校园环境、严格的组织纪律、科学的规章制度，给学生一定的压力和约束力，防止出现松散懒的现象。其次，要树立良好的教风。教风包括教师的治学态度、教学方法、教学作风、教育理念等内容。好的教风是形成良好学风的重要基础，教师要从严治学，为人师表，不断改进教学方法，更新教学内容，提高教学质量，激发学生对专业学习的兴趣和热情。

（原载《社会科学》1988年第3期，有改动）

第五节　思想政治教育工作要做到点子上

青年学生，正处于世界观、人生观的形成时期，尤其是处于各种思潮交融的社会主义初级阶段，他们的心理机能、思想观念、道德行为等，时常呈现波动状态。因此，当代大学生常常面临着真理与谬误、光明与黑暗、正气与邪气、激昂与消沉、奋进与彷徨之间的交锋。要做好学生思想教育工作，必须有的放矢、对症下药，锣鼓敲在点子上才敲得响，帮人帮在心坎上才会有效果。

一是兴奋点。就是每个学生个体对某一事物强烈关注、向往的心理倾向。如有的学生关注求知，把大量时间用于扩大知识面；有的学生为了报考研究生，认真备考，积极寻找合适的学校和导师；有些学生喜爱书画，喜爱集邮，喜爱武侠小说，而不惜花去大量时间甚至达到着迷的程度；有些学生爱好音乐、体育，对音乐会、文艺节目、体育比赛、体育新闻显露出浓厚的兴趣。大学生的兴奋点有时间性、阶段性、游离性的特点。许多学生的兴奋点往往是建立在个人特长的发挥或对崇高目标的追求上，是积极健康的。但也有些学生的兴奋点，如过度的玩乐等，是消极的，是会影响学习和身心健康的。

二是热点。即学生群体中产生的对某一件事物的关注点和向往的倾向性。热点往往是学生个体中兴奋点的发展和蔓延。当集体中有一个或几个学生对某一事物产生浓厚的兴趣和热烈的追求时，若引起更多学生的共鸣、响应、参与，便形成热点。另外，由于外界环境、社会因素的激励和刺激，也会在学生中形成热点。热点既是学生最强烈的内在心理需要，又是引起学生心理和思想激荡的媒介。如大学生中的"沙龙热""勤工助学热""跳舞热""西方思潮热""港台小说热"，以及"党章学习小组热""振兴大西北热""开发海南岛热"等，都在许多学校形成过热点。一方面青年学生思维敏捷，接受新事物能力强，当一个热点形成后，在群体中会产生强烈的"传热性"，从而吸引大批学生加入；另一方面热点也具有很强的"散热性"，热点会很快冷却下来或转移到另一个热点上。

三是拐点。青年学生在成长过程中也会遇到拐点，即从正转变为反、从反转变为正的扭转点。如从中学到大学就是一个拐点，有些学生进大学后对自己的要求更高了，变得更好了；而有些学生进入大学后认为"大功告成"，从而放松了对自己的要求。又如学期结束到假期也是一个拐点，有些学生利用假期开展社会调查，或到各地旅游，不仅扩大了知识面，而且丰富了假期生活，收获很大；而有些学生虚度时光，玩乐无度。学生从低年级进入高年级，从高年级进入毕业班，都会在思想、心理、行为等各方面产生较大的变化。

四是弱点。主要指学生在素质方面或先天方面的缺陷和不足。如性格外向的学生普遍比较急躁，性格内向的学生比较沉闷；重点大学的学生普遍自尊心过强，一般大学的学生容易自卑。又如由于一部分地区和中学为了片面追求升学率，放松了对学生的思想教育工作，致使大学生中有不少人在思想觉悟、理论水平、道德修养等方面都存在不足，这些都是弱点。

五是缺点。缺点不同于弱点，一般是指一个人在政治、思想、品德、修养等方面存在的问题和不足。主要是由个人的主观因素造成，或者说由于客观环境的影响，通过个体主观因素的作用而造成的。如商品经济的发展，促进了人们的效益观点、时间观点、竞争观点等，但有些学生由于缺乏正确的思想指导，放松了对自己的要求，产生了只顾追求个人物质利益，不愿艰苦奋斗，不关心集体和他人的思想观点。另外，在少数学生中存在不同程度的"六十分万岁"的学习观、及时行乐的人生观、先私后公的利益观、重利轻义的道德观、不劳而获的幸福观、江湖义气的友谊观、唯我有利的价值观等。这些明显的缺点严重影响了学生个体和群体的进步。

六是闪光点。是指学生中产生的共产主义、社会主义、集体主义思想和行为的火花。如有的学生倡议开展一次美化校园的义务劳动，利用假日走向社会开展"为您服务"；有的学生默默无闻地为他人、为集体做好事；有的学生拾金不昧、助人为乐等。虽然不是什么惊天动地的大事，却闪耀着炽烈光芒。

以上六点是学生内在的思想心理特点及其行为，在每个学生身上都有所反映，但各人的侧重点及表现程度不尽相同。教育工作者要全面地了解学生、关心学生，准确地、有的放矢地做好学生的思想教育工作。具体说来，要注意抓住以下七个要点。

第一，重点。提高学生思想教育的效果，首先要抓住重点，对一定时期内教育的内容和任务，可确定一至两个重点。重点的确定要从学校的中心任务和学生实际情况出发，从形势发展的培养目标的需要出发。如一段时间内着重对学生进行人生观的教育，一段时间内着重进行校风、学风教育，一段时间内着重学习中央有关文件精神。总之，重点教育的内容不宜太多，以便集中精力、集中时间，抓住主要问题，解决主要矛盾。重点教育的内容要有目标、有计划、有时间保证。一个班级的思想教育工作，除了按整体的教育要求外，还要注意抓住教育对象中的重点。一是学生中的骨干、学生干部，这些学生在集体中起举足轻重的作用，是班集体中的核心，是教师和学生之间的纽带。做好这部分学生的思想教育工作，有助于形成和巩固良好的班风和学风。二是在同学中有一定影响和活动能力的学生，这些学生往往是非群体组织的"领袖"，做好他们的思想教育工作，对带动其他学生的前进，促进班集体进步有重要的作用。三是在集体中起消极作用的学生，做好他们的工作，促进他们的转变，对其他同学有很大的激励作用。

第二，难点。这是学生思想上、理论上、认识上的疑难问题，即所谓的"尖端"问题。教育工作者对学生存在的疑难问题要认真分析、研究并努力帮助解决，不能采取简单的"顶回去"、批评甚至压制的态度。应该看到，学生敢于提出问题是积极思考、勇于探索的表现，应鼓励他们大胆思考问题。教育者对学生提出的疑难问题，应积极地通过各种途径和方法回答学生的问题。如通过政治理论课、思想品德课、形势任务课、报告会、讲座、民主对话以及社会调查、个别谈心等方式，及时解决学生中的一些重大疑难问题，提高思想教育工作中的有效性、权威性，才能密切与学生之间的感情，促进学生健康成长。

第三，焦点。学校里对学生进行思想政治教育有多种力量，如思想政治工作干部、行政管理人员、政治理论课教师、思想品德课教师、业务课教师。有多种途径，如教学活动中的思想教育、实践活动中的思想教育、党团组织的思想教育和日常思想教育工作等。这些力量和途径如一道道光束照射在学生的身上，形成一个焦点，拧成一股绳，即围绕培养目标和思想教育的重点，齐抓共管，各司其职。为了形成思想教育工作的焦点，学校主管部门应制订学生思想教育工作的规划和计划，明确各个时期和阶段的工作。只有当思想教育工作形成焦点后，才能产生聚光作用，产生高温、高能效力。焦点的另一含义是指问题的关键所在、要害之处，教育者要善于发现和抓住学生中的问题焦点。

第四，转折点。在一定时期、一定条件下，学生的思想、心理和行为会发生较大的变化和转折。教育者要善于抓住这些转折点，作为思想政治工作的契机。如大学一年级就是从中学生活到大学生活的转折点，有些学生做了好事受到表扬，参加一次社会实践活动或听了一次触及思想的深刻报告等，都可能会成为激励他们奋发努力的转折点。应善于抓住这一转折点，做好巩固工作。也有些学生因遇到挫折、没有处理好人际关系而受到消极因素的影响，成为他们情绪消沉、走下坡路的转折点，教育者应及时抓住这些转折点做好防范工作。

第五，相融点。这是教育者与被教育者之间的感情结合点，即教育者要以自己深厚的感情激发被教育者的情感。青年人情感丰富，情绪波动较大，在教育中不能采取简单粗暴的方法，而应了解、分析他们的情感及来源，然后去亲近他们、关心他们、教育他们。只有热爱学生，才能使他们深切感受到教育者的真诚，才能激发受教育者的情感，这也是产生相融点的基础和前提。从关心学生的生活和迫切需要解决的问题着手，是产生相融点的切入口。人的情绪往往与生活上的需求紧密联系在一起，如果教育者满腔热情地帮助学生解决了一些生活中的后顾之忧，便会受到学生的欢迎。教育者只有提高了学生的思想觉悟、成才自觉性，学生才能自觉地、主动地接受教育，就容易与教育者之间产生相融点，有了相融点，教育者与被教育者之间才能感情相通，从而产生良好的教育效果。

第六，限制点。要对学生政治思想、品德行为作出一定的限制，提出最基本的要求，规定一个边界线，凡是越过边界线的，就意味着违反了学校的最基本要求，应批评教育，甚至给予必要的处分。对大学生的限制点，应高于一般社会青年，因为大学生具有较高的政治思想觉悟、较高的道德情操，要达到更高的培养目标要求。不同学校、不同学科、不同专业可从道德需求出发，对学生规定不同的限制点。这些限制点可通过学生守则和各项规章制度体现出来。这样做有三点好处，一是便于学生对照检查，让学生逐步养成良好的习惯；二是便于把教育与管理结合起来，依靠规章制度，给学生一定的约束力；三是可以提高教育工作的效果，使学生必须接受教育，接受管理。

第七，制高点。这是对学生在政治思想、品德行为、业务学习等方面提出一定高度的要求，使每个学生都有努力的方向和奋斗的目标。制高点的确定可有以下方法：首先，对不同层次的学生要有不同的制高点。对学生中的党员、团干部以及积极上进、各方面表现较好的学生，应确定较高的制高点，而对其他学生的制高点不宜过高，若制高点过高而实现不了，会使这部分学生丧失信心。其次，要按爱国主义、社会主义、共产主义三个层次对不同层次的学生提出不同的要求。必须注意培养一批青年马克思主义者和共产主义战士，以他们的先进思想、模范行为来带动各层次的学生共同前进。再次，对各类学生提出的制高点应逐步提高，循序渐进。如从低年级到高年级，可逐年提高要求，对基础较差的学生也要逐步提高要求。对学生确定制高点的好处是有助于因材施教，培养拔尖学生；有助于不同层次的学生共同进步；有助于表扬先进，鞭策后进。

（原载《学校思想教育》1990年第5期，有改动）

第六节　以市场经济为载体开展思想政治教育工作

德育是学校教育的重要组成部分。新中国成立以来，习惯性地把德育称为思想政治教育，确切地说，后者是前者的一部分。对高等学校来说，思想政治教育是德育的主体部分。思想政治教育的主要目的理应是调动学生学习和成才的积极性，帮助青年学生克服前进道路上的障碍和困难。思想政治教育的目的及功能与其载体紧密联系在一起，因为思想政治教育总是附着于一个载体，以便"运载"思想政治教育沿着一定的目标、目的、内容来开展。

在现代社会里，思想政治教育的载体是什么？我认为是多方面的。如以党的基本路线为载体，以"一个中心、两个基本点"为内容对学生进行教育；以社会实践为载体，组织学生开展社会调查、参观、访问活动，感受改革开放的成就；以文化为载体，即弘扬中华优秀传统文化，吸收外国现代文明的成果；以管理为载体，即建立科学的、民主的、规范的制度，在管理中育人。当前，尤其要以社会主义市场经济为载体，对青年学生进行思想政治教育。

从计划经济向市场经济转变，是一场革命性的变革。如果说，在计划经济条件下，对学生的要求是听话、服从；那么，在市场经济条件下，对学生的要求是开拓、进取，以适应社会市场。如果说，在计划经济条件下，对学生的教育主要依照上面统一规定的模式；那么，在市场经济条件下，对学生的教育和要求，则需要更多依照社会和市场的需求。我们应该看到，市场经济条件下对人的素质要求更高，市场经济条件下各种思潮的出现，对人们思想上的冲击更大。我们应该以市场经济为载体，认真研究和分析市场经济的特点及青年学生的思想及心态，努力做好思想政治教育工作。

第一，市场经济的非指令性。在市场经济体制下，资源的配置不是靠政府指令而是靠市场调节。也就是说，社会人力、物力、财力的安排，是通过市场手段进行调节的。在市场经济条件下，上级的指令、框架少了，对人们的思想、行为的限制也少了，社会的包容性也增强了。

事物总是一分为二的。一方面，改革开放推动了我国生产力的发展、商品经济的发展、市场经济的发展，引进了国外的先进技术和科学管理经验；另一方面，在"新鲜空气"进来的同时，也进来了一些"病菌"，即商品经济、市场经济中的消极因素，资本主义国家中的一些腐朽的东西。因此，必须加强对学生的思想教育工作，不断提高青年学生的思想道德水平和心理素质，教育青年学生要有较强的识别能力、高度的自觉性，以便抵御各种消极因素、错误思潮的侵袭。这样才能在市场经济大潮中站稳脚跟，乘风前进。

第二，市场经济的竞争性。市场经济是生产力高度发展、商品经济高度发达的必然产物。在市场经济体制下，商品可以在市场中公平竞争，实现优胜劣汰。竞争性带来了很多机遇，但在竞争过程中也会出现各种挑战，谁能抓住机遇，迎接挑战，谁就能在竞争中取胜。这就要求人们必须有敏锐的头脑和勇于进取、敢于挑战的精神。商品是靠人生产的，青年学生将来进入社会后也要从事商品生产。这就要求学校培养出来的学生必须具有对工作高度负责的精神，具有扎实的科学文化知识和技能，这样他们生产出来的产品才有竞争力。

市场竞争是平等的、公正的，绝不能投机取巧。这就要求青年学生从小要培养诚实劳动、艰苦奋斗的精神。竞争意识的大小、竞争力的强弱，取决于主体内在的能动性。学校教育应培养学生具有这种能动精神，让他们认识到市场经济中竞争的意义和价值，在竞争中应具备的优良品质和心理素质，创造各种条件，让他们参与校内外的有益的、健康的竞赛活动，以提高他们的竞争能力及心理承受能力，发现他们在竞争中的弱点并帮助他们克服。

第三，市场经济的选择性。由于商品丰富了，人们可以在市场上自由地选择，而不是靠政府统一调拨。同样，由于文化教育事业的发展，人事体制的改革，人才资源比过去丰富了，并建立了人才交流市场。用人单位可以通过招聘、考核而选用各自所需要的人才，不再依靠政府统分统配。社会主义市场经济建立后，各企事业单位成了有法人地位的独立实体，实行了经济承包，具有人事方面的自主权，大学毕业生将进入人才劳务市场，实行供需见面、双向选择、考核录用的新就业制度。各用人部门根据自身的需要来挑选毕业生，而不是按学校培养出来的模式接收毕业生。

因此，高等学校加强德育工作，努力培养学生德智体全面发展，是市场经济发展的要求。大学生只有加强自身思想道德修养，树立建设社会主义的强烈事业心和责任感，树立全心全意为人民服务的思想，才能被用人单位聘用。今后，随着劳动人事制度的深入改革，人才市场的不断完善，人才流动、岗位更换会越来越普遍，社会对人才的选择也会越来越多元化。

第四，市场经济的协调性。在市场经济下，主要靠市场调节协调各方面的关系，靠各部门主动到市场上求生存、求发展。如一个工厂的原材料，主要靠自己到市场上去采购，生产什么样的产品以及产量多少，是根据市场的需求决定。产品生产出来后，由工厂到市场上销售。因而，部门之间、人与人之间交往多了，这就要求干部以及科技人员、营销人员，甚至一般职工，都要有交际能力、公关能力，学会如何与各种人相处。

尤其是担负领导责任的干部，除了要有较强的领导能力和丰富的知识外，还必须具备领导的基本素质，即领导者的高尚品质、人格魅力。心理学家研究发现，一个企业的领导者应具备10项品德：使命感、责任感、信赖感、积极性、忠诚老实、进取心、忍耐心、公平、热情、勇气。这些都是非权力性因素，但往往比权力性因素更有作用，影响力更大。只有将非权力性因素与权力性因素紧密结合在一起，才能真正具有领导的权威性、有效性。

当代大学生中会有相当一部分人将来要成为科技人员、管理人员。因此，应让他们在校期间便意识到自己将来所肩负的重要责任，要善于团结人，既有原则性，又有灵活性，宽以待人，严于律己；既要能够与志同道合者相处与合作，又要勇于与自己性格不合、观点不一致的人交往；既要学会做领导工作，又要学会做一个被领导者。学校要努力培养学生的协调能力、合作精神，增强学生的相融性，这样才能使学生适应纷繁复杂的市场经济所带来的复杂的人际关系。

第五，市场经济的制约性。市场经济虽然不像计划经济那样具有鲜明的指令性、强制性，但也不是随心所欲的。一方面，政府的宏观调控是不可缺少的；另一方面，市场经济要纳入法治轨道。党的十四大报告中强调，要高度重视法治建设，加强立法工作，特别是抓紧制定与完善保障改革开放、加强宏观经济管理、规范微观经济行为的法律法规，这是建立社会主义市场经济体制的迫切要求。在市场经济体制下，政府的职能主要是通过法治进行管理，把市场经济行为纳入法治轨道，国家及各个部门制定必要的法规，使人们有章可循，有法可依。市场经济的本质是用法律的形式来规范和调整经济关系。这就要求人们有高度的法治观念，养成知法、守法、执法的习惯，自觉地维护社会和市场经济正常、健康运转。因此，学校应加强对青年学生的法治观念教育，做好管理工作。有人主张"行政权力不能过多地介入德育"，这是有道理的，但是必要的管理和行政权力是不可缺少的。这种行政权力主要指制定规章制度，学校应通过必要的规章制度加强管理工作。有人认为，学生对管理有"逆反心理"，越管越反感。我认为，对此应做具体分析，学校为维护正常的教育、教学秩序而制定的学生守则及有关规章、条例，每个学生都必须自觉遵守和维护，如果因此而有"逆反心理"，这就是一种不健康的心理，不能任其发展。学校有责任教育学生养成遵纪守法的良好习惯，学生走向社会后才能自觉地遵守国家的法律、工作单位的规定。社会越发展，管理越规范，公民的文明程度就越高，自觉接受法治、自我约束的能力就越强。高等学校是为国家培养高层次人才的重要基地，将来要担负国家重任的大学生必须有高度的法治观念，自觉地遵纪守法，才能确保我国市场经济的顺利发展。

第六，市场经济的服务性。市场经济是一种服务经济，商品在市场上的流通、交换等行为，实际上也是一种互相服务的行为。尽管各方都有自己的利益，都想在市场经济的活动中谋取一定的利润，但从社会意义上说，双方都是通过为对方服务而获取利润的。因此，在激烈竞争的压力下，在企业自身利益的驱动下，员工必须有很强的服务意识、良好的服务态度，如举止文明、主动热情、微笑服务等。在现代社会里，越是商品经济发达的国家，竞争越激烈，其服务水平、服务质量也越高。

学校要从市场经济的特点出发，培养学生全心全意为人民服务的思想。以前，对学生进行"为人民服务"的教育，是作为一种奉献精神，一种"毫不利己，专门利人"的共产主义精神，这种教育和要求无疑是必要的，但只有一部分学生能自觉地接受这种教育。我们应该看到，也有一些学生从个人角度、个人价值、个人利益出发考虑问题，缺乏"为人民服务"的意识。因而，我们要用社会主义市场经济的特点教育学生，让他们感受和认识到，树立服务观念、增强服务意识，养成"为人民服务"的良好品德，是在市场经济体制下必须具备的素质。任何一个人要在市场经济中得以生存和发展，都离不开"服务"二字，努力为社会服务，为他人服务，才能更好地实现个人价值，满足个人利益。

总之，随着社会主义市场经济的不断发展，随着改革开放和现代化建设的不断推进，社会对人们的思想道德素质的要求将越来越高。因而，对学校的思想教育工作、德育工作的要求也更高了，绝不能削弱和淡化。我们要遵照党的十四大报告提出的"坚持两手抓，两手都要硬，把社会主义精神文明建设提高到新水平"的要求，在全国各族人民特别是青少年中，进一步加强党的基本路线教育，爱国主义、集体主义和社会主义思想教育，中国近代史、现代史教育和国情教育，增强民族自尊、自信和自强精神，抵御资本主义和封建主义腐朽思想的侵蚀，树立正确的理想、信念和价值观。

（原载《思想理论教育》1993年专辑，有改动）

第四章

高教研究要有拓宽视野、向多领域延伸的"有为"

第一节　关于我国发展民办高等教育的思考与建设

一、我国发展民办教育的必要性和法律依据

随着我国人民物质生活水平的提高，人们对文化生活有了更高、更多的追求。比如子女升学问题，广大家长不仅希望自己的子女能进学校读书，而且希望进好学校读书，初中毕业后能进普通高中读书，高中毕业后能进入大学学习。在职人员也迫切希望有继续学习的机会。渴望读书、渴望升学，成为当前社会最为关注的热点之一。

如果说当前商品市场由于货源充足，供大于求，系买方市场的话，那么，教育市场则是供不应求，属于卖方市场的。然而，我国的教育市场尚待充分开发和利用，尤其在高等教育方面，若仅依靠国家投资办教育，没有民间的、社会的教育大市场，则远远不能满足广大人民群众对教育的需求。

我国在校大学生人数仅占同龄人口的6%左右，这影响了劳动者素质的提高。因此，要培养大批高素质的人才，必须大力发展高等教育事业，努力提高在校大学生的比例。这就要扩大招生人数，如从目前每年招收100万名大学生，增加到每年招收250万名大学生，仅依靠国家的财力是不可能达到这一目标的。这就需要改变单一的国家投资、办学的体制，要把国家投资、社会力量集资和受教育者投资结合起来，大力发展民办高等教育，兴办民办大学、私立大学。

在我国，发展民办教育是有法可依的。1982年修订的《中华人民共和国宪法》规定："国家鼓励集体经济组织、国家企业事业组织和其他社会力

量，依照法律规定举办各种教育事业。"但由于计划经济的束缚和传统思想观念的影响，民办教育的发展十分缓慢。1992年党的十四大报告提出，要"鼓励多渠道、多形式社会集资办学和民间办学。改变国家包办教育的做法"。1993年，中共中央、国务院印发《中国教育改革和发展纲要》，国家对社会团体和公民个人依法办学，采取"积极鼓励、大力支持、正确引导、加强管理"的方针，这成为我国发展民办教育的16字指导方针。

二、我国发展民办教育的巨大潜力和动力

目前，我国的国力还不能对非义务的高中阶段和大学阶段增加更多的教育经费，否则会削减对普及九年义务教育的经费投入，这就为民办大学的发展带来了机遇。未来的社会将是知识化社会，未来的经济将是知识经济，人们渴望学习，愿意用智力投资来换取更多的知识。因此，兴办民办大学将会有充足的生源和资金。改革开放和市场经济的发展，导致社会的经济结构、产业结构，以及人的思想观念和生活方式更加多元化，也使得社会和个人对教育的选择更加多元化。发展民办教育，有助于形成多元的教育结构，满足社会和人民群众对教育多元选择的需要；有助于构建适应社会主义市场经济需要的新的教育模式、教育机制、教育结构；有助于在竞争中推动公办学校的改革，打破教育国有公办一统天下的局面。

再从目前的实际情况看，我国发展民办教育也有很大的潜力和动力。在经济发达地区、沿海地区，民办教育发展很快。1996年年底，广东有民办学校1077所，其中幼儿园1018所，民办小学32所，民办中学38所，在校学生约11万人。许多学校用"教育储备金"的办学模式，吸纳社会资金30多亿元。每位家长付15万～30万元，学生毕业时全部退还。广东省发展民办教育后，满足了人民群众，尤其是富裕农民对教育的需求。截至1996年年底，浙江省温州市有民办中小学40所，在校生约1.5万人，1996年全市社会力量办学的集资额逾4亿元。可以预见，随着东部、中部及西部地区经济的发展，我国民办教育的发展将会获得更大的推动力。

三、发展民办教育必须转变思想观念

虽然民办教育在我国有了一定的发展，但总体来说，步子还是缓慢的。我国的民办教育要迈开大步，加快发展速度，一是要转变观念，提高认识，改变单一的"依靠国家办教育"的观念。过去受计划经济体制的影响，认为办教育完全是国家行为，学校全部由国家投资，所有学校都是国有公办。其实，教育是全社会的事业，应依靠全社会的力量。我国地域辽阔，人口众多，完全依靠国家来办教育是不现实的，也不可能繁荣教育事业，满足人民群众的需要。

二是改变"公办学校姓社，私立学校姓资"的观念。有人认为，私立学校姓私、姓资，把投资体制、投资渠道的差异，当作学校性质的差异，这是片面的。民办学校、私立学校只要依法办学，坚持社会主义办学方向，坚持国家的教育方针，培养为社会主义建设、为人民服务的人才，就是姓社。近些年来，我国民办学校、私立学校为国家培养了大批人才，他们在社会主义建设的各个岗位上努力工作，发挥了很大作用。

三是改变"民办、私立学校容易失控"的观念。有人认为，民办学校、私立学校容易失控，不如公办学校好管理。这种担心是可以理解的，但国家已有明确的法规，有关部门会依法进行管理。我们应该相信，绝大多数的办学者和教师是能依法办学的，是能自觉坚持社会主义办学方向的。

四是改变片面的"公平性"观念。教育的公平性主要体现在人人享有受教育的权利上。民办学校和私立学校由于投资渠道不同，入学者必须承担相应的办学经费，家长通过劳动所得的一部分报酬用于支持教育，当然应享有受教育的权利。经济拮据的学生可以选读公办学校。如大部分的高中、大学是国家办的，收费比较低，家庭经济困难的学生可以报考这些学校，它们对每个人来说是平等的。实际上，家庭经济困难的学生入学后，同公办学校的学生一样可享受到贷学金、困难补助，学习优秀的学生还可获得奖学金。

四、我国发展民办高等教育的若干建议

如何使我国的民办教育，尤其是民办高等教育摆脱困境，有较大的发展？出路之一是改制。高等学校的办学体制可实行办学主体多元化，即以国有公办为主体，多种办学体制共同发展。大致可分为四种体制：一是国有公办大学。即主要由国家投资、政府主办的大学，有公立大学，省、自治区、直辖市立大学，以重点大学、特殊专业的大学为主。经费来源以国家为主渠道，占办学经费的三分之二，其余三分之一学费由社会资助、个人捐助等。学费标准视不同专业而定，但要低于民办、私立大学的学费标准。二是国有民办大学。即把一部分原属国有公办的大学，改制为国有民办大学，学校成立理事会，在国家宏观调控下改制为民办。经费来源主要靠学生学费、社会集资、个人捐助等。政府适当拨款给予支持，占学校总经费的三分之一。从我国国情出发，可先将大部分专科学校（师范等特殊专业除外）、成人高校及三分之一普通高校改制为国有民办大学，学费标准按实际培养费的三分之二收取，这也是我国创办民办大学的主要途径。三是公有民办大学。即由集体企事业单位、社会团体、民间组织联合投资创办的大学，属集体所有，但以民办的形式运行。办学维持费主要依靠学费收入及社会集资等途径，原投资单位每年给一定的维持费，国家给予适当补贴。四是民有民办大学。即由社会团体、民间组织、个人或私营企业筹集资金创办的大学，也称为民办公助学校。主要经费来源依靠学费、社会集资等，国家给予少量补贴。

我国发展民办大学，其优越性有以下四点：一是可以调动各方面力量来发展高等教育，尤其是吸收受教育者和社会各方面的资金，以使国家有较多的教育经费投向国有公办大学、需要重点确保的大学，以及投向基础教育，普及九年义务教育。二是有助于建立多种办学体制，改变单一的国家办学、政府统一管理的体制，形成竞争机制，推动教育事业的发展和教育质量的提高。三是民办大学、私立大学的灵活、多样性，

有助于为社会培养各种不同类型、不同层次的人才，满足社会各方面的需要。四是由于调动了多方面办学的积极性，扩大了高等学校的数量和招生规模，有助于广大人民群众有更多的受教育机会，有更多选择各种学校的机会。

在我国，要形成一个完善的、具有一定规模的民办高等教育体系，会是一个较长期的发展过程。为促进民办高等教育健康、有序地发展，需要做好以下几方面的工作：一是要建立和健全有关民办教育的法律法规和实施细则，把民办教育纳入法制的轨道，尤其对申办条件、审批手续、教育内容和质量的评估，举办者、管理者和办学者的职责、权限，受教育者的权利等，都要做到有章可循，有法可依。二是民办学校、私立学校应享有较大的办学自主权，政府不要过多地干预，但在教育方针、培养目标方面，必须遵循党和国家制定的教育方针和教育目标，遵守国家法律，要接受政府、社会和受教育者的监督，并建立评估指标，对质量低劣的学校、严重违纪违法的学校，及时给予严肃处理。三是各地对民办大学、私立大学应统筹规划，要有特色，不能一哄而上，不要一个模式。四是国家和社会各方面要积极支持，大力扶助民办学校、私立学校。建议国家及各省、自治区、直辖市成立民办教育拨款委员会，视各校的作用、特点、质量等，给予一定的经费补助，让民办学校在竞争中求生存、求发展。

（原载《高等教育研究》1998年第4期，有改动）

第二节　关于高职院校特征的几点思考

我国的五类教育，即学前教育、基础教育（普通中小学教育）、高等教育、职业教育和成人教育。职业教育包括中等职业教育和高等职业教育，职业教育注重提升受教育者个体的职业素质，具有鲜明的职业针对性，主要以职业知识、职业技能和职业态度为教育内容。截至2007年，我国已有中等职业学校约1.4万所，招生800万人，在校生2200万人。今后每年将招生830万～850万人，与普通高中招生数持平。全国高等职业院校总数为1000多所，全日制在校生800多万人。[①]职业教育主要为各行各业培养第一线的技能型、管理型人才，在我国经济社会和教育事业发展中占据重要地位。

一、职业教育的发展历史

职业教育是社会发展的产物，也是教育发展的产物，在工业革命以后快速发展起来。它最初产生于人们对生产、生活的需要，是人类赖以传递谋生技能的一种教育形式。中国古代儒学占主导地位，加上生产力落后，职业教育地位不高。鸦片战争后，西方的机器、先进的生产设备传到中国，杀伤力极大的洋枪、洋炮也传到了中国，中国人开始积极提倡职业教

---

① 周济：《周济在示范性高职院校建设视频会议上的讲话》，载《中国教育报》
2006年11月14日。

育。当时有三种派别，一是以龚自珍、林则徐、魏源等为代表的新兴地主阶级，批判空洞无用的传统封建儒学教育，主张改革教育，学习西方技艺、先进的科学技术，发展现代工业，尤其要学习西方军事技术，发展军事工业。二是以曾国藩、李鸿章、左宗棠和张之洞等为代表的洋务派，开展了"自强""求富"的洋务运动，坚持"中学为体，西学为用"，在上海、天津、湖北、福建等地兴办了一批外语学校、工业技术学校。三是以康有为、梁启超、严复和谭嗣同等为代表的维新派，在19世纪后半叶，兴起了资产阶级改良主义的政治运动，即维新运动，提出开办实业学堂，如开设了农业学堂、茶务学堂、蚕桑书院和医学堂等。20世纪初提出废除科举后，以慈禧太后为首的保守派实行"新政"，建立了新的教育制度，在各省新办了一些新式学堂。在1902年颁布的《钦定学堂章程》和1903年颁布的《奏定学堂章程》中，都有开办实业教育的规定，我国历史上开始从法律层面明确要开展职业教育。

二、高职教育的本质特征

中等职业教育是从初中毕业生中招收学生，主要培养应用型、技能型的技术工人和生产一线的操作工。高等职业教育则是从高中毕业生（包括中职毕业生）中招收学生，主要培养应用型、技能型的高级技术人才。高职教育的本质是以就业为导向、以市场需求为目标，培养面向生产、建设、服务和管理第一线的技术、管理、维护、营销服务的高级应用型人才。高等职业教育不以理论教育为主，不强调知识的系统性，而以能力为本位，以培养适应未来工作需要的必备能力为主。

职业教育必须围绕职业来实施教育，关注劳动力市场的变化和需求，并根据劳动力市场的需要调整培养目标，改进课程以及采取其他应对策略。职业教育要注重提升学生的职业素质，帮助学生获得职业资格或提高职业能力。所谓职业素质是指从事一份职业或工作所应具备的素质，是与职业或工作直接相关的。职业能力是职业素质的核心内容。我们通常讲的职业技术教育，只是职业教育的一部分，而职业教育则包含了技术教育、职业教育和职业培训三个方面的内容。

三、高职教育的重心是加强实践教学

加强高职教育是实现高职教育培养目标的重要途径，高职教育课程改革的走向就是加强实践教学。当前，我国高职教育的主要缺陷是职业性、专业性不鲜明。我国高职课程"两张皮"的现象比较严重，即理论课与实践课分离。学科本位观仍主导高职课程体系，实践教学观没有真正得以确立。我国高等职业教育应以实践活动为导向，构建理论课与实践课的整合模式，这是我国高职课程改革的方向。目前我国高职院校的状况是在传统学科导向的基础上，简单地增加实践课的学时，如不少教材是以普通本科高校使用的教材为版本，加一些实训课以改头换面，并没有解决"两张皮"的问题。为改变这一状况，应构建实践导向的课程结构，其内容有六项。

一是课程目标。学科导向是让学生掌握系统的学科知识，而实践导向应着眼于整体能力的提升，解决学生如何"做"的问题。

二是课程门类划分。实践导向应打破原有学科知识的逻辑体系，按企业实际工作中完成一个完整工作任务来划分课程，根据不同的工作内容、组织方式、劳动工具及具体工作的要求来划分课程。

三是课程结构。实践导向课程结构的展开始于实践过程，即学生首先要对所学专业的内容和工作环境有感性认识，获得与工作岗位和工作过程相关的实践知识，然后再学习专业理论。

四是课程内容。实践导向应以实践知识为主，而非以系统掌握学科知识为主。但这并不意味着理论知识可有可无，而是应从实践上升到理论，在实践中加深对理论的认识，让理论知识服务于实践知识，但要凸显实践知识的核心地位。

五是教学方式和课程实施。实践导向的关键在于把工作过程转化为学习过程，确立工学结合的学习观。根据完成工作任务的需要确定知识并组

织教学，强调学生通过参与、体验职业行动获得有关工作过程的知识，掌握融合于各项实践行动中的整体性知识。

六是教育实践。实践导向的课程评价以解决实际问题的能力为主，而不是以书面评价为主。因此，要把实践导向视为职业教育课程的核心，把实践的理念渗透到课程的各个环节，这是实践导向课程开发的关键。

四、职业教育课程的分类

职业教育课程分为普通文化课和专业课两大类。其中普通文化课的功能有两个：一是人文素养教育（政治理论、法律、做人教育等）；二是为专业知识学习奠定基础，如物理学中的力学是汽车维修的基础，几何学是艺术设计的基础。

实践导向职业教育的课程目标，着眼于学生的整体性发展，包括知识、技能、能力、态度及人文精神等多方面素质的统一，而非单项能力的叠加。

开展实践教学的基本思路是要以职业岗位所需要的某方面的职业教育能力要求为主线，以工作过程为导向，以实训为主要教学环节，将职业技能和能力培养所涉及的学科知识、技术理论、劳动过程知识、操作技术有机结合，作为一个整体，按计划有步骤地分段进行，旨在使学生形成关于工作任务的整体认识，培养学生深刻理解和灵活运用知识解决现实问题的能力。综合实践课程可以从"见习"到"模仿"，再到"独立实践"。

五、高职院校学生特点决定课程顺序

高职院校是大众化教育的产物，不少人对上大学在思想上准备不足，或不准备上大学，是高等教育大众化的潮流把这部分学生卷入了大学之门。有些学生不愿学，对理论课的学习积极性不高，学习能力也不强。学生厌学，学得很苦；教师厌教，教得很累。这就有必要研究高职院校学生的特点，从而实现因材施教。高职教育的课程内容主要是在技能方面，是生产某种物品或提供某种服务所需要的知识，不仅包括用于理解技术过程

的技术理论知识，而且包括直接用于控制技术过程的技术实践知识。因此，技术理论知识必须与具体的实践活动相结合，以相关实践经验作为技术理论学习的基础。我们不能只责怪学生学习动力不足、学习热情不高，还要看到不少职业学校课程开设顺序不当，影响了学生的学习效果。高职院校专业课的学习应该先实践后理论，课程展开顺序应根据专业培养目标和学习者的特点来确定。高职院校不能按学科体系的逻辑顺序来排课。高职学生通过实践活动接触和感知事物后，对实践活动有了初步的感性认识，便会增强进一步学习的欲望，从"知其然"到"知其所以然"。实践活动为理论知识的学习奠定了基础，这时再进行理论学习效果会更好。

六、高职院校课程安排顺序

职业教育应遵循从"实践"到"理论"的原则，开展与学生的专业学习密切相关的实践活动，并以此作为课程安排的切入点。高职院校普通文化课与专业课并行展开，对专业课而言，实践课先行，其间根据需要穿插专业理论课。

当前，高职教育课程内容存在"二元分离"现象，即知识与技能分离、理论与实践分离、技术理论知识与技术实践知识分离、专业课教学与实践课教学分离。这些都是"学科导向课程"的后果，高职院校应构建"项目导向课程"。项目导向课程是指职业教学课程内容应当以工作项目为中心，来组织技术理论知识和技术实践知识的课程内容，即根据完成一项任务（一个完整的工作程序）的需要来组织，便于学生通过对项目的学习，掌握工作中的相关知识结构。

实践课教学是高职教育的特色和培养高技能人才的重要途径。那么，实践教学是一种教学活动，还是一种教学方法，或是一种教学理念？不同的学者有不同的看法。笔者认为，应把实践教学当作一种教学理念来对待，这样研究视野将更宽广，研究内容将更丰富，教育理念先行是建构实践教学体系的重要前提和坚实基础。

七、高职院校要克服实践教学的误区

高职院校实践教学的误区包括以下三个方面：一是忽视技术理论知识的学习。误认为只要实践即可，不必学习理论知识。我们应该看到，高职院校不同于技工学校，更不是职业培训班，必要的理论知识还是要学的。二是认为实践教学就是简单的动作技能训练。我们应该看到，实践教学培养的是学生在不同情境下解决问题的技能及其综合职业能力。三是认为实践教学只是加强实验、实训。我们应该认识到，课堂教学也可以有实践教学，实践教学并非实习指导教师的专利，理论课教师也应该搞实践教学。

实践教学的真正意义不是排挤理论知识，否定理论知识的价值，而是实现理论知识与实践知识的整合，发展学生创造性、智慧性技能，达到"你中有我、我中有你"的理论与实践交融的境界，发挥理论知识对实践知识的促进作用。

（原载《浙江树人大学学报（人文社会科学版）》2009年第4期，有改动）

第三节　中小学课业负担重的源头及破解对策

我曾收到一所公办初级中学校长发来的信息，反映了中学生课业负担重的问题。他说："今天的教育把学业成绩看得太重，孩子们普遍缺觉、缺乏锻炼，近视率不断攀升。学生学业难度高，一般智力的孩子根据现有课

时很难完成。目前，资优生花大量时间学习训练（学校和教学机构），普通孩子就要花更长时间，这就是目前义务教育尤其是初中教育的现状。"其实我一直在调研和思考中小学生课业负担重的问题，收到这一信息后，进一步促使我将这一课题继续下去。一个课题报告、一篇文章，难以扭转这一积重难返的局面，但把自己的调研成果和真实想法反映出来，供有关部门和同仁参考，是一名教育工作者的责任，也是应尽的义务。

一、课业负担重伤害了学生身心健康

我国大中城市中小学生课业负担过重的问题，在时间上已延续了数十年，且愈演愈烈；在空间上已涉及全国各省、自治区、直辖市，且范围越来越广；在关注度上从家长、媒体到专家，从政府主管部门到中央领导，层次越来越高。文章百千万，文件堆成山，但至今不见成效。小学生的作业经常要做到晚上10点以后，中学生的作业则要做到晚上11点以后。学生睡眠严重不足，导致不少学生在早自习和上课时打瞌睡，听课效率不高，课后需要花更多时间复习，只好"挑灯夜战"，如此周而复始，恶性循环。到了双休日，本该好好休息一下，但课程又被安排得满满的。为了提高学习成绩，家长带着孩子奔波于各类补习班、兴趣小组，孩子累，家长也累。

这种现象导致的后果是严重的。从眼前看，伤害了广大中小学生的身心健康，小胖墩多了，近视眼多了，体质下降了。从长远看，许多被逼迫、被催化的高分学生进入大学后，由于学习动力不足，挂科现象严重。因为大学生是要靠自己学习、自觉学习的，没有逼迫、催化的环境，不少学生不会学习了。没有创新思维能力，严重影响了人才的培养。因此，为了人才的健康成长，减轻中小学生课业负担刻不容缓。

二、课业负担重的源头在哪里

中小学生课业负担重的源头在哪里？只有抓住这个主要矛盾，问题才能迎刃而解。许多媒体连同教育主管部门把中小学生作业负担重的源头一

致指向校外培训机构，认为是校外培训机构在怂恿、欺骗孩子的家长。于是教育主管部门接连下文，要求集中力量下重拳全面整治校外培训机构，并查处、取缔了一批违规违法的校外培训机构。这固然是必要的，也能产生一些效果。因为的确有一些违规的培训机构严重干扰了正常的教学秩序，增加了学生的负担。但是，把中小学生课业负担重的主要责任推给校外培训机构是不客观的、不公正的，是在为真正的责任方推卸责任。

有位家长告诉我，他的孩子在一所公办小学读书，学习成绩一直位列全班前三名。后来到一所著名的民办中学参加了摸底考试，竟没有达到该校平均分数线，原因是不少内容根本没有学过。家长只好把她送到培训班补课。有人调侃说，"现在是民办中小学在引领公办中小学"，看来不无道理。有些重点学校、名牌学校，即人们通常说的"超级学校"，在教学上存在严重的"双超"现象，即超教学大纲、超考试大纲，教学内容和考试内容都超出了教材内容。家长为了让孩子考出高分，不惜牺牲孩子的休息时间和健康，送孩子到培训机构去学习，以适应和应对学校的"双超"教育。

有人认为，正是由于培训机构的存在，所以家长才会把孩子送去，由于培训机构安排了高难度的学习内容，还布置作业，导致学生负担加重。殊不知，所有的培训机构都是瞄准学校教育、学生需求而开设培训项目。培训机构是学校教育的延伸，是学校教育的补充，是为了满足学生、家长的需求，乃至学校的需求而应运而生的。是因为学校教育的超前或不足，才有培训机构的设置。一些优质的名牌学校，即"超级学校"提升了课业难度，导致家长、学生乃至公办学校跟着他们奔跑。培训机构只是教育市场的产物，对标教育市场。

由此可见，学生课业负担重是由这些"超级学校"造成的。"超级学校"为什么会在教学中出现"双超"现象？一是这些"超级学校"为了拉开与普通学校的差距，任意"双超"，导致其他学校也跟着"双超"；二是这些"超级学校"为了选拔尖子学生，在模拟考试、入学考试时，所考内容的难度超出了教材的标准;三是有了超前学习的学生,导致学生入学后学习水平参差不齐,有些进过培训班的学生已经掌握了高年级的课程内容,于是教师加快了教学进度,超大纲、超教材教学。家长大呼孩子不进培训班就"输在起跑线上"了,于是纷纷让孩子提前进培训班学习。由于中小学存在教学超大纲、超教材现象,于是教育培训市场上的各种培训机构瞄准"双超"内容,开办很有针对性的培训项目。因此,学生课业负担重的主要责任不在培训机构而在学校。

有人说,现在的家长望子成龙心切,非要把孩子送去培训班。把课业负担重的主要责任推给家长。据了解,家长把孩子送到培训机构主要有三方面原因。

第一,有些学校教育资源不足,教学质量不高,不少教师课堂教学不够认真,或教学不得法,不适应学生的需求。于是,家长把孩子送到培训班以弥补学校教学中的不足。由此可见,其根源在学校而不是在家长身上。如果学校教学质量高,教师对学生因材施教,家长就不会花钱把孩子送到培训班了。据了解,有些培训机构聘任的都是高水平的教师,不少是在职的优秀教师,他们在培训班辅导学生时认真、负责、仔细、耐心,甚至是"一对一"辅导。辅导几个月后,学生的考试成绩明显提高。如果我们的学校教育也能这样,各类"补课性"的培训班就没有必要存在了。

第二,不少中小学把音乐、体育、美术等所谓的"副课"让出来上语文、数学、外语等所谓的"主课",挤占了学生体育和美育的时间,学生的兴趣爱好和专特长得不到发展。许多家长很重视孩子的素质拓展,但学校里满足不了,于是只好利用节假日到培训机构去补音乐、体育、美术等相关课程。如果学校里的"副课"不被"主课"挤占,而且还有各种满足学生需求的课外活动项目,家长在课余时间送孩子去补绘画、舞蹈、乐器等课程的需求就会减少。那些号称"素质拓展"的培训机构就不会那么多了,甚至会自然消失。没有教育市场的需求,就不会有为教育市场服务的教育机构。

第三，不少家长的确存在望子成龙、急于求成的心态，这是由社会因素造成的。在现今知识经济社会中，如果上不了好的中学、好的大学，将来就很难找到好的工作。因此家长千方百计地把孩子送到培训班，争取让孩子考上好大学。导致这一心态和状况的根源是教育资源的不充足、不均衡。

三、"剧场效应"的责任人是谁

一个班只要有一两个学生去培训班补习，其他家长就会唯恐孩子"输在起跑线上"，于是一个个跟着进培训班，导致"剧场效应"。

"剧场效应"是指一开始大家都坐在剧场里看戏，后来有个别观众为了看得更清楚站了起来，于是别人也跟着站起来，大家都很累，但谁也不愿坐下来，甚至还有人站到椅子上看，导致竞争愈来愈激烈。"剧场效应"反映在学校教育上，就是"超前教育""拔高教育"。原本小学教育、中学教育都是在同一平台上，在统一的教学大纲和教材下开展教学活动，大家都"坐在课堂"里，相安无事。后来有些家长让孩子"超前"学习，有些学校突破教学大纲实施"超前教育""拔高教育"。于是其他家长也送孩子去培训班接受"超前教育"，其他学校也紧跟着实施"超前教育""拔高教育"。为了让学生获得高分，各校通过延长上课时间、布置大量作业、恶性补课等手段，展开了激烈竞争。显然，那些"超级学校"处于领先地位，其毕业生考上名牌学校、重点学校的人数就多。而大多数普通小学和初中，远不如那些"超级学校"。为了追赶"超级学校"，家长只好把孩子送到各种培训机构。

那么，真正的责任方是谁？也就是说，中小学生课业负担重的源头在哪里？"剧场效应"的主要责任人，表面上看是首先站起来的观众，而实际上是剧场的管理人员。"超前教育"的主要责任人，表面上看是少数"超级学校"，而实际上是政府管理不当、监管不力。政府在管理上，把所有学校放在一个平台上，统一教材、统一考试、统一升学标准。一般学校与"超级学校"差距较大，形成不公平竞争，一般学校"赤了脚"也跟不上超级学校的步伐。

政府主管部门在评估、督导学校教学质量时主要关注学生的课业成绩，关注学校的排名、各门课程的排名和学生升入名校的比例。而对学校里的"双超"问题，对学生课业负担重的现象如何解决却措施不力，这正是因为政府主管部门不仅对学生课业负担重的问题关注力度不够，而且对学业成绩排名的关注挥之不去，因此助长了学校"双超"不减反增。学校对教师的"双超"则表现为以学生的考分高低来判断教师教学水平的优劣。这给教师造成巨大压力，使他们没有心思、没有精力去抓素质拓展，而是想方设法在提高学生考分上下功夫。为了提高考试分数，提升排名，教师把压力转嫁到学生身上，占用休息时间教学，大量布置作业。有些地区的教育主管部门对教师布置作业的状况、学生负担重的状况都没有列入学校的评估、督学范畴。前几年，在"奥数"成绩可以作为升学筹码时，社会上"奥数"培训班风生水起，后来教育主管部门下令取消"奥数"加分后，举办奥数班的机构逐渐销声匿迹。由此可见，只要政府加大监控力度，就能管控"双超"。

四、如何解决中小学生课业负担重的难题

综上所述，当今小学生、中学生课业负担过重的源头在学校，主要责任在政府主管部门，破解这一难题必须由此着手。

（一）更新教育观念，破除"唯分数论"

当前小学生、中学生课业负担重的根源在于追求考试高分。因此，减轻学生课业负担，必须破除对分数的迷信和崇拜。分数是对学生学习状况的记录，对了解学生学业情况、促进学生学习有积极作用。从小学到中学再到大学，分数的价值是递增的，而从大学到中学再到小学，分数的价值是递减的。在小学和初中阶段，主要是培养孩子健康的身体和良好的行为习惯，不宜过度关注学习成绩、考试分数，应淡化分数的作用，更不能拿考试分数作为衡量一个学生的标准。"唯分数论"将把处于长身体阶段的学

生引入歧途，阻碍学生全面发展，伤害学生的身心健康，还会导致学生产生厌学情绪。

学生的学习动机、学习态度、学习能力以及学生的身心健康，比知识和分数都重要得多。决定孩子未来能否成长或成才的因素有两个，一是健康的身体，二是良好的品德。如果没有良好的品行基础和健康基础，就没有今后再发展的动力，分数再高也是徒劳。儿童和少年时代必须打好这两方面的基础，将来才能茁壮成长。义务教育阶段的小学生和初中生，年龄在6岁至15岁之间，正处于生理和心理发展的关键期，应着力于道德品质、行为习惯、身心健康方面的培养。人的成长和教育发展必须遵循一定的规律，违背了规律，必将一事无成。其中一个最重要的规律就是循序渐进，不能一蹴而就，不能拔苗助长。参天大树总是从小树苗开始培育起来的，要扎根大地、打好根基，根深才能叶茂。农作物总是于春季播种，经过春、夏、秋一二百天的培育才能成熟。儿童和少年时代正是打基础的阶段，应着重在身心健康和品德修养上下功夫，而不是在知识灌输上下功夫。

一个人的体力、精力和时间都是有限的。儿童少年的身体和心理发育还不完全成熟，应引导他们养成良好的行为习惯，多参加各种活动，锻炼身体，要让他们在运动场上、课外活动中、与社会接触中增强体质和提升素质。对于小学生，应让他们在"玩中学"、在"学中玩"，一半时间用于学习知识，一半时间用于拓展素质，多组织一些有教育意义的体育活动、文化活动、信息交流活动以及劳动或公益活动。对于初中生来说，要扩大知识面，但应有三分之一的时间参加课外活动。淡化甚至取消小学阶段的考试分数，才能消除他们对分数的追求和崇拜。只有不以考分来衡量学生，才能减轻学生的课业负担。

（二）因材施教，分类管理

义务教育是根据法律规定，适龄儿童和青少年必须接受的国民教育。其特点是学生人数最多，年龄跨度最大，智力和非智力因素的差距也最大。我国现有小学16万余所，在校学生1亿多人；初级中学5万余所，在校学生4000多万人。这么多学校和学生放在同一个平台上，使用同一教材、同一要求、同一考评标准，是不客观、不公平、不科学的。人的智商和智力是有差距的，有1%~3%属于"超常"儿童（少年）；人的非智力因素也是有差距的，意志力强、肯吃苦的"超常"儿童（少年）也是极少数。

这些"超常"学生进入"超级学校"，引起了其他一般学校及家长和学生的追赶，但由于智力、体力等方面的差距，大部分学生追赶不上。家长只得拖着孩子去各种学习培训班或强化班。"超级学校"的"超前教育"搅乱了所有学校的正常教学秩序，影响了所有家长的正常心态。如何解决这一难题，既要面向大多数小学和中学，大多数小学生和中学生，又要照顾到那些少数的"超常"学生的发展。如果把这些"超常"学生与普通学生放在一起学习，一个是"吃不饱"，一个是"受不了"。所以，要遵循因材施教的教育原则。要"因材施教"，就应根据学生的不同情况，将他们分别送到不同的学校去培养。这就需要创办各种类型的学校，如英才学校、精英学校，以及各种特色学校，包括体育类、艺术类、科技类、外语类、国学类等学校。因此，建议将义务教育阶段的学校划分为四类。

第一类是"超常"学校，包括英才学校、精英学校等，主要招收智力超常，有刻苦学习和钻研精神的学生。有人不赞成实施"超常教育"，认为这是搞特殊化，不公平，会形成教育的等级制，这种看法是片面的。如果将智力超常的学生与其他学生放在一起培养，可能会埋没他们的才华，建议各大中城市办若干所精英学校，将现有的条件较好的学校改建为英才学校，吸引"超常"学生到英才学校学习，从而满足"超常"学生和有专特长学生的需要，满足社会有关部门、单位对特殊人才的需求。这类学校可以是公办的，更多的应由对特殊人才有需求的部门、单位举办，也可以由个人、民营企业举办。政府主管部门负责制定相关的政策和管理条例，把控好学校设置条件和教育质量，制定"超常"学校及特色学校的质量标准及学生升入高一级学校的方案。

第二类是特色学校，即为各类专特长学生、为用人部门培养特殊需要的人才而创建的学校，主要招收对某一方面有强烈兴趣爱好、有专特长的学生，包括体育、艺术、科技类的特色人才。他们从小就崭露头角，必须及早培养，放在专门的特色学校给予特殊培养和训练。社会上有些部门需要各种各样的特色人才、特殊人才，也需要各种各样的特色学校来培养他们。这些特殊人才的成长有特定的年限，如果放在普通学校跟其他学生一起培养，则很难成为有专特长的拔尖人才。英才学校和特色学校是为少数智力"超常"、专特长"超常"的学生创建的学校。这里有专门的教师、设备、方法来培育"超常"学生，其必要性和优点有以下三点：一是及早发现和培养"尖子"学生，为培养一批拔尖创新人才奠定基础；二是把这些学生放在英才学校单独培养，可避免与一般学校的学生在同一平台竞争；三是分类管理后，政府主管部门可以对不同类型的学校制定不同的培养目标、管理制度和考核办法。

第三类是普通学校，是面向绝大多数学生的国民小学、国民中学，主要招收学校附近的适龄学生，经批准的少数重点学校可以跨区招生。这类学校要占所有学校的90%以上。

第四类是特殊学校，包括为智障学生、残疾学生、问题学生等设立的特殊学校。

对第一、二类学校，要制定学生思想品德和文化课学习标准及考评办法，其余应放手让学校自行管理，让学校拥有充分的办学自主权。建议教育主管部门设立相应的"超常"教育司或英才教育司。把英才教育、特殊人才培养、拔尖创新人才培养纳入教育规划中，落实到学校教育中。如果把普通学校与培养"超常"学生的"超常"学校分开管理，包括招生制度、教学内容、考评指标都分开，就不会出现普通学校追赶超级学校、民办学校引领公办学校的现象。

（三）严格标准，强化监管

一是严格把中小学教学内容限制在教学大纲和教材之内，每门课的教学不得超过大纲和教材的范围。教师教学时必须按大纲和教案设定的进度，按教材知识点循序渐进地进行教学，必须立足大多数学生，不能因为班级里有一些超前学习的学生，就任意加快教学进度，加大教材难度。要把好每一次测验、考试关。测验考试的内容必须在大纲和教材范围之内，教师只要认真地教好书，学生只要认真地听好课、做好作业，就能考出好成绩。这样，社会上的培训班自然会减少。"超常"学生的选拔和培养并非由英才学校所垄断，普通学校也可以在同一年级中办1至2个"尖子班""提高班"，把学习成绩优异的学生集中到这些班里，像英才学校那样可以超大纲、超教材教学，这种班级的学生不是固定的，而是流动的。采取"优上劣下"的制度，激励优秀学生继续前行，让跟不上的学生回归普通班学习，也可以激励普通班学生努力学习，争取进入"尖子班""提高班"，使学校真正形成因材施教、你追我赶的良好学习环境。

二是制定学生课业学习时间的标准。从教育规律和学生身心发展规律出发，各校从实际出发规定各年级、各门课的学习时间，包括每门课的课堂教学时间、课外作业时间，综合起来确定每个学生用于课业的时间。制定课业学习的标准，要立足于大多数学生的学力状况。从我国现状看，小学一、二年级的学生每天的课业学习时间为6个小时左右（其中课外作业占1个小时），小学高年级学生每天的课业学习时间为7个小时左右（其中课外作业占2个小时），初中学生每天的课业学习时间为8个小时左右（其中课外作业时间占3个小时）。小学生每天至少要有2个小时的课外活动时间，初中生每天至少要有一个半小时的课外活动时间。中小学都应适当安排一些劳动课，既有利于培养劳动习惯，又可以充实课余活动，调节脑力劳动。

三是加强监管和督导。政府主管部门对学校的评估，学校对教师的考核，都要把教学内容、考试内容是否"双超"，学生课业学习时间（包括课外作业时间）是否超标，作为刚性考核的重要内容之一。摸底考试、升学考试的内容都必须在教学大纲和考试大纲之内，任何学校不得超纲。

四是小学和中学要组织多种多样的课外兴趣小组活动。有文艺、体育、科技、人文等各方面的课程，让每个学生根据自己的兴趣爱好和专特长自愿报名参加，充分满足学生的需求。学校如果缺乏相关专长的教师，可以到校外聘请，也可以邀请有资质的培训机构到校内进行培训。

五是初中阶段严格实行就近入学制度，取消初中入学考试，包括变相的考试。那么，小学生的学习成绩、考试分数不可作为升学的依据，也不必再进行考试，必然会淡化学生和家长对考试分数的追求，从而没有必要花钱、花时间、花精力去培训班补课。

（原载《中国教育学刊》2019年第8期，有改动）

第四节　我国应着力"超常"儿童的选拔与培养

——兼论"钱学森之问"的破解

"钱学森之问"已成为国人高度关注的课题，许多有识之士一直在努力探索和破解这一难题。"钱学森之问"的核心内容是：为什么我们的学校总是培养不出杰出人才。这里包含两个方面的问题：一是学校如何选拔人才，二是学校如何培养人才。我们必须从源头上找问题，因为杰出人才不是突然冒出来的，而是经过选拔和长期培养出来的，这要从人的儿童时期就开始选拔和培养，尤其要着力于早期"超常"学生的选拔和培养。

一、何谓"超常"儿童

古今中外一直有"超常"教育，但对"超常"儿童的称呼不尽相同。

中国古代有"神童"一说，认为特别聪明和有才能的儿童是"天神"赐予的。外国则有"天才"之说，认为禀赋极高的人是先天遗传的，是"上天"赐予的，故称"天才"（gifted）。[①]1978年以后，中国学者首先提出"超常"儿童和"超常"教育的概念，认为儿童的非凡才能不完全是先天因素，而是先天因素和后天因素相互作用的结果。显然，这种冠以"超常"之名的提法要比"神童"和"天才"更科学。

那么，何谓"超常"儿童呢？综合国内外学界的不同观点，大致有四种：一种是智商论。即主要以智商高低来判断儿童是不是天才儿童，如美国心理学家特曼就认为，智商指数超过140的儿童就是天才儿童。二是创造论。如托伦斯认为，天才儿童具有很强的创造才能，但他们的智商测试并不见得很高，如果仅以智商为标准，70%具有创造才能的天才儿童将会被排斥在天才儿童的范畴之外。三是情商论。20世纪70年代，美国心理学家任朱利认为，要定义天才儿童就必须考虑他们的情商，即非智力因素。他认为，天才儿童有三方面特征：中等以上的智力；对任务的承诺，包括动机、兴趣、责任心和自信心以及坚毅性、吃苦耐劳精神等非智力因素；较高的创造性。四是综合论。1983年，坦纳鲍姆指出，天才是由一般能力、特殊能力、非智力因素、环境因素以及机遇因素等五种因素交互作用产生的。还有的心理学家指出"超常"儿童具备六要素，即一般智慧能力、特殊的学业能力、创造性思维能力、领导能力、视觉和表演艺术能力及心理动作能力。[②]

我国的心理学家提出的"超常"儿童，是指智能明显超过同龄常态儿童发展水平或具有某种特殊才能的儿童。"超常"儿童是针对常态儿童而言的，儿童或青少年群体中有常态（一般）、低常、超常三类，属于超常

---

① 苏雪云、杨广学：《"天才"与"专才"：英才教育基本概念辨析》，载《中国特殊教育》2009年第12期。

② 朱训明、谢天、周静：《浅谈超常儿童教育现状与建议》，载《知识经济》2010年第16期。

智商的儿童（占5%左右，天才占1%左右），被界定为"超常"儿童。[①]他们首先要有较高智商，属于同龄人的前5%左右。除此之外，还有不少"超常"儿童的智商并不最高，但在某一方面却有特殊才能，比如拥有很强的创造性思维和创造能力（如创造发明）。

综合国内外专家学者的意见，笔者将"超常"儿童概括为"三高"：高智商、高情商和高创造力。高智商，即思维力、记忆力、学习力、吸收力超过常人，智商分数在130分以上。高情商，是指有正确的价值观和奉献精神，有较强的人际交往能力、领导能力，心胸开阔，相容性强。高创造力，是指有目标追求，有进取精神、执着精神、吃苦精神，有好奇心。还有一些"超常"儿童，是指在某一方面有明显的专特长、强烈的兴趣爱好和超强的能力，而在智商方面不一定"超常"。那么，"超常"儿童是如何产生的？我认为，"超常"儿童的产生有两方面因素：一是遗传因素，在智商和身体素质方面，遗传基因有一定的作用；二是后天环境，一个人能不能成为"超常"，取决于后天的作用，包括教育、环境影响和个人的努力。

二、古今中外对"超常"儿童的培养

（一）我国"超常"儿童教育发展概况

在古代，"神童"即"超常"儿童，他们在其人生的某一时期、在科学技术的某个方面创造过辉煌的业绩。如汉朝张衡创制了世界上第一个测定地震的地动仪；南北朝数学家祖冲之首次将圆周率精确到小数点后第七位，创制了《大明历》；元朝著名的天文学家、数学家、水利工程专家郭守敬，他创制的授时历比罗马教皇颁布的格里历还早了300多年。据《中国古代神童小辞典》记载，早在西汉时期，就有对"神童"进行有目的、有计划地选拔和培养的记载。"超常"儿童出现率最高的是唐宋时期，有据可

---

① 朱训明、谢天、周静：《浅谈超常儿童教育现状与建议》，载《知识经济》2010年第16期。

查的唐朝"神童"有49名，宋朝有43名。①在当时，培养和推荐"神童"也成为社会风尚。同时，中国古代家庭也十分重视对"超常"儿童的培养。根据对中国古代172名"神童"家庭出身的调查，绝大多数出身于官宦门第或学士名流、书香门第，他们大都具备优异的遗传基因，更重要的是，他们大都拥有良好的家庭环境及其所带来的好的教育条件。②

新中国成立以后，我国经济社会快速发展，急需各类人才，当时的教育资源全部用于满足各行各业对人才的需求，对"超常"教育、英才教育则无暇顾及。我国各级学校没有对"超常"学生进行专门培养，从而影响了拔尖人才的成长，导致高校毕业生普遍存在"平而不尖"的状况，也导致我国科技领域缺乏高水平、高素质的领军人才和创新型拔尖人才。

1978年3月，邓小平在全国科技大会上提出"必须打破常规去发现、选拔杰出的人才"，打破了我国在"超常"儿童培养上的禁锢。也就是在这一年，中国科学技术大学创建了全国第一个少年班。1984年，天津实验学校建立了中国第一个"超常"儿童教育实验班。1985年，国家教委颁发了《同意北京大学等12所院校举办少年班》的通知。1985年，北京八中建立了第一个缩短学制的中学"超常"少儿实验班。此后，华中理工大学、天津津耀中学、上海实验学校、东北育才学校、北京育民小学等也开展了"超常"教育、英才教育实践。

值得一提的是，北京八中开办的"超常"教育实验班，目标是使"超常"儿童潜能得到最佳发展，使其成长为基础扎实、素质全面、具有创新精神的优秀高中毕业生。其办班理念是"以体育为基础，以德育为核心，以创新精神为重点，为培养在世界范围内具有竞争力的一流人才打基础"。③北京

---

① 吴杰玲：《借古鉴今，浅谈当今超常儿童创造力教育》，载《亚太教育》2016年第4期。

② 查子秀主编：《儿童超常发展之探秘——中国超常儿童心理发展和研究二十年论文集》，重庆出版社1998版。

③ 吴杰玲：《借古鉴今，浅谈当今超常儿童创造力教育》，载《亚太教育》2016年第4期。

八中注意与顶尖机构合作办好"超常"教育实验班，与中国科学院、北京市教科院等合作，形成了一套比较完善的"超常"儿童鉴别方法。"超常"班的招生对象为10岁左右且具有四五年级知识水平的"超常"儿童，入学后接受四年的弹性学制教育，读完小学五六年级加上中学六年的课程，即14岁左右完成高中阶段的全部课程。每年招一个班，共30人，14岁参加高考，高考成绩均超过北京市高考成绩最好的高中的录取线。①

20世纪90年代成立的中国"超常"儿童研究协作组，专门编制了两套工具书：一套是《鉴别超常儿童认知能力的测验》，一套是《鉴别超常儿童非智力个性心理特征问卷手册》，其中包括幼儿、小学、少年三个年龄段的测验，填补了我国在该领域的空白。

（二）国外"超常"儿童教育概况

1. 美国对"超常"儿童的培养

在19世纪末，美国开始出现针对资优学生的个别教育尝试。时任密苏里州圣路易斯学校的校长威廉姆哈里斯提出："为有天赋且学习能力强的学生提高教学进度，缩短教学课程。"自此开创了美国天才教育的先河。1901年，美国第一所天才儿童专门学校建立。1954年，美国国会颁布了《国家科学基金计划》，明确提出要加大力度支持天才教育事业的发展，并要求由联邦政府给地方拨款进行资助。

1957年，苏联第一颗人造卫星上天。美国惊呼为什么在航天领域落后了，认为根源在于教育落后，于是，在1958年颁布了《国防教育法案》，其中包括加强对天才学生的培养力度，重点培养在科学、数学和外国语言等方面有特殊才能的学生，由联邦政府为他们提供专项资金的条款。该法案提出："保证任何天才不因经济问题而失去享受高等教育的机会。"1965年，美国国会通过了在小学和中学实施《发展天才教育方案》。1968年，美国联邦政府成立了白宫资优及特殊才能特别委员会，对天才教育事业进

---

① 王俊成、何静：《开发人才中的"富矿"：北京八中31年超常教育探索及启示》，载《中小学管理》2016年第9期。

行监督和指导，并明确规定要加强对天才教育的研究工作。1969年，美国联邦法案规定，由美国教育委员会指导天才教育研究工作，并支持州政府发展天才教育方案，旨在切实加强天才教育。1972年，美国联邦教育部成立天才儿童教育局，专门负责天才儿童的选拔和教育工作。1973年，美国教育署设立天才教育处。1978年，联邦政府颁布《天才教育法案》，规定要给天才教育更多资金资助，责令成立州及地方教育机构与公立、私立学校形成合力，共同实施天才教育。1986年，《贾维茨英才学生教育法》规定，应加大力度教育与培养天才青少年，使之为国家和社会发展贡献更多力量。1987年，美国国会通过了有关天才教育的法案，重新组建了资优及特殊才能联合办公室。1990年，美国教育部牵头成立了美国国家英才研究中心，用以开展英才教育的理论与实践研究工作。

为切实开展好天才儿童教育，美国也很重视天才儿童教育师资的培养。早在1979年，美国就具备100多所高等院校培养天才儿童教育的师资力量，从而形成了一支具有培育天才儿童能力的专职教师队伍。2011年，美国还提出《授权教师给予天才和高能力学生帮助法》法案，不仅重视对天才儿童教育教师队伍的培养，而且赋予了他们一定的权力，不仅在经济上给予保障，而且还建立了天才儿童资料库。

美国对"超常"儿童和天才青少年的培养形式是多种多样的：一是设有特殊班级的英才学校。把"超常"儿童、天才青少年集中在一起学习、培养，有专科（单科）性质的（如数、理、艺术等），也有综合型的学校。二是普通学校内的"超常"教育。不把"超常"儿童专门放在一所学校里培养，而是要与其他学生放在一起，但可以让他们提早入学，并对他们加强个别辅导。如为他们建立可供自由选择的弹性课程，根据需要开设特殊科目，允许跳级，鼓励他们独立开展研究等。三是支持家庭型学校。学生在家上学，主要由家长（或外请教师）教学和自学。有些家长认为自己的孩子有特殊的才能、特别的兴趣爱好，而学校教育满足不了孩子的需求和发展，于是就让孩子在家中接受教育。

美国对拔尖创新人才的培养之所以比较成功，一是在思想观念上承认有"超常"儿童和天才青少年的存在，对其因材施教，给予特殊待遇；二是重视法治建设，以法律形式为培养拔尖创新人才提供政策保障和支持；三是加大资金投入，从国家到地方政府，从企业到基金会，都拨专款支持天才教育的研究和实施。

2. 英国对"超常"儿童的培养

英国将英才教育列入教育改革的重要组成部分。英国于1999年出台"追求卓越城市教育计划"（EIC计划），要求学校任命一名英才教育协调员，选拔5%~10%的在校生为英才学生，并设置不同的教学规定和教学计划。截至2004年，英国有40%的中学（约1300所）、15%的小学（约1800所）启动了EIC计划。2002年，英国创办了国家青年英才学院，为全国11岁至19岁的英才学生提供特殊课程服务，政府每年提供500万英镑支持此项工作。2008年，英国有78万名学生被鉴定为英才学生。为提高英才学校的教育质量，英国也十分重视英才教育中的师资培训，要求教师必须树立英才教育理念，并将其纳入教师专业标准。对英才学生的教育教学能力成为衡量优秀教师的重要指标。英国的"超常"教育还体现在公学这种学校教育模式上。英国的公学是实施"超常"教育、英才教育的私立学校，培养了许多有超强创新力的学生。这里有一流的生源、一流的办学条件和教学环境，还有一流的教师，学费昂贵，选拔严格。入学考试内容广泛、要求高、学术性强。

3. 新加坡对"超常"儿童的培养

新加坡于1984年实施天才教育计划，目标是培养英才儿童，使其充分发掘和实现自己的潜能，以更好地为国家和社会服务。截至2001年，新加坡已经有9所小学和7所中学成立了天才教育计划中心。新加坡教育部认为，英才儿童应具备六个条件：综合能力、特定的学术能力、创造性思维能力、领导能力、视觉艺术和表演艺术能力、心理活动能力。在新加坡，对英才儿童的选拔是从小学四年级开始的，从学生总人数中选出1%作为天才教育计划的入选对象。考试科目有英语、数学和综合能力测试。此外，为了更好地推行天才教育计划，新加坡国立大学附属数理中学还与一些世界一流大学建立了毕业证书认证机制。[①]

4. 新西兰对"超常"儿童的培养

新西兰对教育和人才培养也非常重视。1997年，成立了英才教育咨询小组。2000年，新西兰教育部印发了《英才学生，新西兰学校满足他们的要求》，用于为所有英才教育学校提供指导。2001年，新西兰教育部正式组建了英才教育工作小组。2002年，新西兰政府颁布了《英才学习者促进法案》，强调要保障所有英才儿童均能接受合适的教育。[②]

三、"超常"教育的重要意义和作用

智力"超常"儿童、能力"超强"儿童是客观存在的，如果能及时把他们选拔出来进行早期培养，必将有助于他们的苗壮成长。由于"超常"儿童的智力开发和培育具有时效性，如果错过拐点期就难以激发他们原有的强烈兴趣爱好和专特长。从过去到现在，社会上出现的一些体育天才、音乐天才、艺术天才、棋类天才或科学天才，他们绝大多数都是从少儿时期就被发掘出潜能并加以培训和引导。

现代社会经济发展了，人们物质生活改善了，资源丰富了，这些都为儿童早期的智力开发奠定了良好基础，提供了良好条件。如果我们能及早地把这些"超常"或"超强"儿童选拔出来，根据其兴趣爱好和专特长因材施教，他们就能在适合的环境里苗壮成长。反之，如果让这些"超常"儿童与其他普通儿童一起接受普通教育，把大量时间消耗在他们早已掌握或不是特长所在的教学内容上，他们可能没有足够的时间和精力去学习、

① 王佳、褚宏启：《新加坡英才教育的举措与启示》，载《比较教育研究》2013年第5期。
② 程黎、王寅枚：《新西兰英才教育的政策与实践》，载《比较教育研究》2013年第5期。

钻研自己的兴趣爱好，从而也就错失了最好的发展时机。

因此，笔者认为，我们的教育千万不能忽视对百分之几的"超常"和"超强"儿童的选拔和培养。美国教育的一个成功之处就是着力于对5%天才儿童的培养。有不少人认为，美国的基础教育质量不高，远不如其他发达国家。但是，美国5%的天才儿童教育是成功的。若就高等教育而言，美国的英才教育主要集中在二三十所顶尖大学。全国各行各业，包括政界、经济界、军界、科技界的杰出人物，绝大部分来自这二三十所顶尖大学。由此可见，英才教育、拔尖人才培养对美国的发展和强盛起着举足轻重的作用。正如一位学者所说，人才是分层次的。英才是高层次人才，居于金字塔的塔尖，是人才大军中一支"特种部队"，有卓越的创造能力，是人才资源中最有价值的部分，是衡量一个国家人力资源质量的关键要素。[1]再如，上文所述的英国私立学校公学是中学阶段的英才教育，学生人数仅占英国中学生总人数的1.4%，且分别获得了牛津大学和剑桥大学50%与55%的招生名额。20世纪60年代，英国外交官中的95%、将军中的87%、法官中的85%以及政府官员中的87%，都毕业于以英才教育著称的公学。可见，"超常"教育、英才教育在培养高端人才、尖子人才中起到了重要作用。

人类社会经历了从农业经济时代向工业经济时代，再向知识经济时代的过渡。如果说农业经济的发展主要依靠劳动力，工业经济的发展主要依靠资金，那么知识经济时代的发展主要依靠知识和高科技。当今社会已进入信息化时代、人工智能时代，引领和推动社会发展的动力主要靠各类拔尖创新人才、精英人才。在任何一个国家，都必须有一批精英人才，这是绝对不可缺少的。如果没有精英人才，这个国家不可能有高水平、高品质的快速发展。我国必须储备大批具有创新思维、创新能力的拔尖人才，才能在激烈的经济竞争、科技竞争中取胜。而大批拔尖创新人才的培养必须从小抓起，从"超常"儿童的选拔和培养抓起。如果不及时采取有力的培

---

① 褚宏启：《追求卓越：英才教育与国家发展——突破我国英才教育的认识误区与政策障碍》，载《教育研究》2012年第11期。

养措施，不让他们自主学习、自由活动，发展自己的兴趣和特长，就必将埋没他们的才智和潜能。

实施"超常"教育的最大作用，是及早将未来精英人才的苗子选拔出来，然后通过精心培育，把他们潜在的专特长以及聪明才智最大限度地发掘出来，从而使他们不断成长，成为拔尖创新人才，成为国家栋梁之材。我国目前最紧缺的就是世界一流的高科技和核心科技，为此，急需培养和造就能创新高科技的杰出人才。加大培育"超常"儿童和天才青少年的力度，正是培育有创新精神、有创造能力的高科技人才的基础工程。

四、我国"超常"教育存在的问题

我国在"超常"教育方面尚存在严重的不足和问题。在精英教育阶段，我国高等教育的毛入学率在1978年仅为1.56%，1998年仅为9.6%，直到2002年才达到15.03%。当时的大学生多数属于"超常"学生，但学校没有根据他们的兴趣爱好和专特长给予"超常"培养。因为各行各业人才奇缺，高校必须培养面向社会需求的专门人才，难以实施特殊的"超常"教育和英才教育。现在我国高等教育步入大众化后期，毛入学率在48%以上，每年招收700多万大学生，完全可以将1%～3%的"超常"学生选拔到英才学校或英才班、尖子班，给予特殊培养。但这项工作至今没有真正开展起来，究其原因是多方面的，主要是对"超常"教育的认识存在思想观念上的偏差。

一是受传统"均衡论"观念的负面影响。长期以来，社会上一直存在"不担心财富不多，只担心财富分配不均"的现象，反映在教育和人才培养方面，即不担心拔尖人才出不来，只担心招生、录取标准和规则不公平。招收偏才、怪才、"超常"人才时，由于他们的考试分数不一定是最高的，就会受到不少人的质疑、谴责、批评。在"教育公平"的声浪中，这些有望成为杰出人才的人，反而被扼杀在摇篮中，或被排斥在校门之外。

二是受"左"倾思想的影响。在不少人的头脑中，仍然认为培养拔尖人才、实施"超常"教育是在搞特殊化、搞特权，从而污染社会风气，滋生社会腐败现象。邓小平早就主张要办好重点学校，把最优秀的人才送去学习。①但反对办重点学校、反对优先录取优秀生的呼声阻碍了"超常"教育、英才教育的发展。

三是形而上学的观点贻误了"超常"教育。改革开放后，许多有识之士批评完全按分数录取的招生制度埋没了有专特长的人才，提出要实行自主招生制度，对专特长学生加分或降分录取。这些措施对选拔和培养"超常"学生和尖子学生发挥了积极作用，并取得一定实效，对挖掘学生潜能、激发学生专特长的发展也产生了良好的效果。但试行了一段时间后，由于少数地区和学校出现了一些问题，于是一些主管部门就取消了自主招生制度，取消了对专特长学生的加分政策，许多能够展示青少年学生才华、有助于早期发现人才的竞赛被取消了。实际上，这些问题是在改革过程中出现的，是局部的、个别的，完全可以通过完善规章制度、加强监管予以解决。殊不知，这种简单化的"一刀切"式的做法，很可能导致许多"超常"学生被排除在校门之外，也埋没了他们的聪明才智。

四是"三个一切"的观点阻碍了"超常"教育。近年来，在招生中把"稳定压倒一切、分数高于一切、公平主导一切"放在重要位置上，导致"超常"教育和天才教育不能实施、不敢实施。"超常"教育就是要选拔和培养尖子学生，这是一项繁杂的系统工程，对正常的教育制度、教育政策及教育秩序带来一定的冲击和影响，当然也会在社会舆论中产生不同的看法和争论，这都属于正常现象。当今的升学制度仍以"分数为本"，在教育主管部门下发的文件中，虽然有对学生的"素质"要求，但这是软指标，招生录取时依然是从高分到低分依次录取。然而有爱好、有专特长的"超常"学生往往考不过那些潜心读书的学霸和考试高手，"超常"学生得不到机会，因此只好在提高分数上下功夫，而不是在发展兴趣爱好和专特长上

① 邓小平：《邓小平文选》（第二卷），人民出版社1983年版，第37页。

188

下功夫。这就导致"超常"学生的优势逐渐退化，变成平常人。我们不能以所谓的"教育公平"为由违背人才成长的规律、违背教育发展的规律。如果我们的教育以及考试招生选拔制度不鼓励、不激励1%～3%的"超常"学生，而是用所谓的"公平的分数线"挡住他们前行的道路，实际上是在扼杀拔尖创新人才的成长，"钱学森之问"岂能破解？

五、我国如何实施"超常"教育

实施"超常"教育并非招生考试的问题，也并非教育部门的事情，而是一个需要从思想观念到教育制度、教育政策转变的问题，是一个国家从人才发展战略的制定到精细化实施方案的落实的问题。解决好这一问题，必须既有战略高度，又要齐抓共管，落到实处，力戒空谈。

（一）要树立实施"超常"教育的责任感和紧迫感，善待"超常"儿童和学生

我们要认识到当今世界各国之间的竞争日益激烈，表现在经济、国防、科技、文化等全方位的竞争，因此，要有一种紧迫感和危机感。我国要在未来四五十年赶上和超过发达国家，就必须培养拔尖创新人才，就必须从学前教育、小学教育抓起，着力实施"超常"教育，让尖子人才脱颖而出。

为此，要树立"超常"教育的责任感和使命感，从学前教育教师到各级教师，都要认识到"超常"教育的重要性，善于发现"超常"学生，及时选拔和推荐，实施"超常"教育。首先，各幼儿园、小学和中学要善待"超常"儿童和学生。若将他们适时地招收到适合他们学习和发展的学校，就如同禾苗获得了阳光、雨露，茁壮成长，将大有可为；若将他们与常人一样看待，固定在同一个班级，学习同样的课程，考同样的试卷，并以分数作为升学的唯一标准，那么，这些"超常"学生的兴趣爱好和专特长就会被磨灭，从而错过最好的成才时机。这就是钱学森说的"为什么我们的学校总是培养不出杰出人才"。对具备杰出人才素养和基础的"超常"学生，不着力挖掘和培养，如同对藏有金子的矿石不去开采，不去开采何以

出金子？不去选拔培养，何以出杰出人才？我们必须有培养杰出人才的紧迫感和责任感，才能重视"超常"学生，重视"超常"教育。

心理学研究成果告诉我们，13岁以前是"超常"儿童成长的关键时期，4岁、7岁和13岁是发展期的三个拐点，包括科技精英、国学大师、体育尖子、文艺尖子，概莫能外。我国有一支"珠心算部队"，肩负着特殊的国防使命，他们的平均年龄仅8岁，都是从"超常"儿童中选拔出来的，并以"超常"的方法强化培养，突破一般学校的招生、培养模式。"超常"儿童的成长是有时间节点的，必须抓住节点和拐点，针对他们的兴趣爱好和专特长，及时培养和训练，促使他们快速成长。

概而言之，我们国家不缺千里马，而缺识千里马的伯乐；中国不缺"超常"人才，而缺选拔、培养人才的机制；中国不缺金矿、银矿，而缺开发意识和能力。只有树立为国家培育杰出人才的高度责任感和紧迫感，才能高度重视"超常"教育工作。

（二）要转变思想观念，克服"三个问题"

一是"稳定"问题。实施"超常"教育可能会使人们产生不同的看法，给管理工作、教学工作带来一些麻烦，这是正常的。只要讲清这项工作对人才培养的重要意义，制定好完善的规章制度和操作程序，就不会影响教育教学的稳定。但有些人把工作中出现的一些问题小题大做，无端地与"维稳"挂钩，反对搞"超常"教育，这是顾此失彼的。我们不能以"维稳"为名妨碍"超常"教育的发展，不能把不属于"维稳"范畴的事，夸大其词上升到"维稳"的高度。目前的义务教育阶段，把"超常"儿童与普通学生放在一起培养，前者"吃不饱"，后者"受不了"，于是出现一批"超级"学校的"超前"教育，这样就影响了正常的教学秩序，反而会导致不稳定。从长远来看，如果不重视"超常"教育，国家培养不出大批拔尖创新人才，我国的科技发展就会处于滞后状态，我们的国家和社会能稳定吗？只有办好"超常"教育，培养出大批杰出人才，我国才能在国际竞争中立于不败之地，才能使我国真正稳定繁荣，长治久安。

二是"分数面前人人平等"问题。升学考试以考分为主要依据是正确的、必要的，但不能绝对化、简单化，否则就会把那些有特殊才能的学生排除在校门之外。"超常"儿童往往在某一方面表现出强烈的兴趣，出类拔萃，对这些特殊人才必须用特殊的方式加以培养，如果完全按分数录取，许多有望成才的"超常"儿童、英才青少年就会被剥夺获得合适教育的机会，将来就会成为"平而不尖"的人。以"分数面前人人平等"为理由耽误对拔尖创新人才的选拔和培养，是典型的"不患寡而患不均"的思维，是"以分为本"，而不是"以人为本"。进而言之，"人"不是由分数决定的，分数不能全面客观地体现出一个人的本质，分数仅仅反映的是人的智商的一部分。仅仅以分数的高低来评判人、选拔人，本身就是一种不公平的做法。

三是"公平"问题。有人认为，按考分录取是最公平的。这种貌似公平的做法实际上却是不公平的。究其原因：一是不同的学科专业、不同的行业对学生的素质、知识结构的要求是不尽相同的。以考分为本，完全按分数录取学生，对学科专业和用人单位是不公平的，因为有些毕业生不能满足用人单位的发展需求。二是对"超常"儿童少年来讲也是不公平的。他们平时把大量时间、精力花在发展自己的兴趣爱好和专特长上，比常人艰辛许多，如果他们把大量时间、精力用在课业上，完全可以考出高分。不善待"超常"学生，不因材施教，本身就是不公平的，对国家的发展也是非常不利的。这些"超常"学生中有奇才、怪才、天才，培养好了将来可以为社会、国家，甚至为全人类作出卓越贡献，现在因为所谓的"公平"，而不为他们提供适宜他们发展的气候、土壤，这不仅是"超常"学生个人的损失，也是国家和社会的损失。

（三）要制定"超常"儿童的选拔标准和操作办法，大力创建"超常"学校

为了确保能把那些"超常"儿童选拔出来，推荐到"超常"学校或英才学校，大中城市可设置专门的测试点，测试出"超常"学生的智商指数，凡达到标准的便可获得相关证书，方有资格报名"超常"学校或英才学校。

鼓励专门创建用来培育"超常"儿童的育英学校、英才学校、特色学校等，这类学校应以民办、私立学校为主。把现有的质量较好的民办小学和民办中学改为以培养"超常"学生为主的学校。一些公办学校在校内开设育英班、英才班或尖子生班。全国有2亿多小学生和中学生，其中智力"超常"学生有600多万，为此，要办上万所英才学校及英才班、尖子班，这样才能满足各方面的需要。

为了确保"超常"教育在招生、教学、管理、质量保障等方面能够正常运行，应在入学条件、选拔制度、办学规则、教学内容、培养目标、教师规范、学生守则等方面制定操作办法。同时，包括制定筛选制度、淘汰制度、退出机制，以确保有发展前途的"超常"儿童能进入这类学校和班级学习。

（四）要创设良好的外部环境，加大对"超常"儿童的培养力度

一是从政府层面设立专门从事"超常"教育管理的部门和机构。如可以在教育部设立英才教育司，在地方教育厅（局）设立英才教育处（科、室），专门管理"超常"儿童教育、英才学生教育、天才学生教育。要把"超常"教育列入教育发展规划和工作计划之中，制定"超常"教育的相关政策、法规、条例；审批"超常"学校或英才学校举办的条件；督促检查英才学校教育教学质量，确保"超常"儿童能及时得到适合的教育；组织交流"超常"教育的经验，推动其健康发展；帮助和扶持各类英才学校办出水平、办出特色、办出成效，培养出尖子人才，将他们输送到最适合的高等院校、科研院所深造。我国"超常"教育能否蓬勃健康地开展起来，政府的作用是至关重要的。政府主管部门要把"超常"教育作为分内工作、重要工作。尽管高校对拔尖创新人才的培养比较重视，但"超常"教育必须从学前教育、小学教育抓起，并延续下去。

二是在学校层面，各级学校都要善于发现"超常"儿童，要建立学习档案，及时选拔推荐他们到适合的学校和环境中学习和深造。为此，一方面学校要加强大脑开发、思维训练、能力发展，以及增加知识点、扩大知识面等智力因素的培育；另一方面也要对这类儿童和学生加强理想信念、品德品行、意志毅力、身心健康等非智力因素的培育，尤其要有艰苦奋斗的精神。

三是在社会层面，建议在中国教育学会及中国高教学会这些全国性学术组织下设立"超常"教育、英才教育、拔尖创新人才教育等类似专门性的研究会、联盟、协作会等研究机构，搭建互相交流、互相学习的平台。同时，鼓励和引导企业、基金会、社会贤达积极扶持、资助这些为国家培养拔尖创新人才的学校及相关机构。我国是高度集中管理、行政领导力很强的国家，这种体制有利于集中力量办大事、办实事，效率很高。我国教育行政管理部门的作用也很大，对增加教育投入、加快教育改革发展起了重要作用，如果能够着力于"超常"教育、英才教育，一定会取得好的效果。

"超常"教育是由教育规律和人的身心发展规律决定的。背离了规律，就是错失了发展"超常"人才的机会。据悉，新创建的杭州市天元公学，将实行从幼儿园、小学、中学"一条龙"的办学模式，作为"超常"教育、"适合每个人"教育的示范学校。探索实施个性化潜能教育实践，使不同禀赋、不同兴趣特长、不同素质潜力的学生都能成长成才。期盼这一新型的学校在新的教育理念的指导下，为我国"超常"教育、为杰出人才的选拔和培育注入新的元素，探索新的路子。建议每个省、自治区、直辖市都要创办"超常"学校，有条件的小学、中学都要办英才班、特色班。这样，我国大批精英人才将会如井喷一样涌现出来，"钱学森之问"也将迎刃而解。

（原载《教育发展研究》2019年第22期，有改动）

第五节　老年教育学的源流与学科建设理据

随着中国人民从站起来到富起来、强起来，人民生活水平提高了，人的寿命延长了，我国老龄人口呈快速上升趋势。1999年，60岁以上的人口为1.26亿，2012年为1.94亿，2020年已达到2.64亿。预计到2025年，我国老龄人口将达到3亿人，2050年将达到4.83亿人，平均每3个人中就有一位老人。[1]我国面临劳动力下降，第一次人口红利消失的尴尬境地，[2]因此不得不将老年人作为我国劳动人口的重要补充。据2010年第六次全国人口普查结果，全国60岁以上的老年人中，在业人口有5342万人，占老年人口的30%，[3]与第五次人口普查相比，增加了1051万人，增长率为25%[4]。按2020年我国老龄人口2.4亿计，其中60岁至69岁年龄段为1.5亿，健康老年人有1.35亿人，如果有一半人参加工作，则有6700多万人，这是一支庞大的劳动力大军。这对弥补劳动力不足，对社会发展、国家建设具有举足轻重的作用。在此背景和趋势下，笔者认为，老年教育学总有一天会成为教育学的一个分支。

---

① 杨德广：《老年人就业大军是第二次"人口红利"的主力》，载《终身教育》2020年第11期。

② 冯晓磊：《中国劳动年龄人口首次下降人口红利拐点已现》，https://business.sohu.com/20130128/n364858881.shtml，2013年1月28日。

③ 赖妙华：《何时方休——中国老年人就业的队列分析》，载《北京社会科学》2017年第3期。

④ 同上。

一、老年教育学滥觞

将老年教育学建成一门相对独立的学科，在教育界呼声很高，但至今没有得到教育主管部门的认可。要解决这个问题，需要一个长期的过程，应先从理论上深入研究和探索学科是什么。学科是按学问性质划分的门类或研究领域。学科是伴随科学的发展而发展的，当学科发展到一定阶段、一定程度以后，知识不断分化、组合，形成新的体系、新的学科。由此可见，学科是科学发展的必然结果，是经济社会发展推动科学发展导致知识分化、组合而形成的，老年教育学学科的形成也遵循这一基本规律。

（一）学科发展规律

古代中国，没有学科之说，只有专业，包括礼、乐、射、御、书、数，俗称"六艺"。外国的哲学、天文、医学、法学、神学等，可称作学科。15世纪以前，西方把数学、天文学、力学、物理学、化学等学科划归哲学学科范畴。16世纪到17世纪，现代自然科学迅速发展，有力地促进了学科的繁荣和分化，上述的数学等学科从哲学中分化出来，成为相对独立的二级学科，分别归属于理学、工学等学科门类。随着时间的推移和科学的发展，这些二级学科，如数学、物理又分化出不少新的学科。数学发展分化后产生了基础数学、应用数学、计算数学等分支。[①]20世纪50年代，计算机科学因不太成熟，刚进入高校时，只是作为数学科学下面的一个专业方向。

到了20世纪60年代，随着社会经济和科学技术的发展，计算机的功能和作用越来越大，于是，计算机专业从原来的数学学科独立出来，成立了计算机科学系，计算机科学开始向一个独立学科领域发展。比如美国于2000年颁布的学科目录中，将"计算机与信息科学"列为一个重要的学科群，并且该学科群下面还涵盖了11个一级学科和20多个专业方向。

---

① 杨德广：《高等教育学概论》，华东师范大学出版社2016年版。

再来看教育学科的发展，教育学科是我国大学14个学科门类中的一类。教育学科类下设有三个一级学科：教育学、体育学、心理学。作为一级学科的教育学，刚开始只有四个下属二级学科——教育学原理、课程与教学论、教育史、比较教育学。随着社会发展，高等教育学于1983年被国务院学位委员会列入教育学下属的二级学科。此外，近些年来又有一些新生教育类学科被列入教育学二级学科，如成人教育学、职业技术教育学、特殊教育学、教育技术学等。其他学科门类同样如此。由此可见，无论国内还是国外，学科门类并非一成不变，而是不断发展变化的。这是社会发展、科学发展、教育发展的必然结果。

（二）老年教育学发展

人类社会经历了农业经济时代、工业经济时代和知识经济时代。经济社会的发展推动了学科专业的发展，学科专业的发展又推动了社会经济的发展。中国从早期农业经济时代的"六艺"发展到1998年的11个学科大类、249种专业，[①]又发展到2021年的14个学科门类、750多个专业。[②]由此可见，学科不断发展变化是社会发展和科学发展的必然，也是历史发展的必然。我们可以预见，伴随着社会的发展，伴随着人口老龄化的加剧，老年教育学将被列为教育学下属的二级学科是大势所趋。

切勿因老年教育学尚未被认可为一门独立学科而放松对老年教育的研究和实践。相反，只有加强对老年教育的研究和实践，创办更多更好的老年学校、老年大学，才能加快建成老年教育学学科。

二、建立老年教育学学科的依据

（一）加强老年教育学学科理论的基础

老年教育学之所以尚未被列入教育学下属的二级学科，原因之一是老年

---

① 中华人民共和国教育部：《普通高等学校本科专业目录》（1998年颁布）。
② 中华人民共和国教育部：《关于公布2020年度普通高等学校本科专业备案和审批结果的通知》。

教育学尚不够成熟，没有引起全社会的高度重视。老年教育学是建立在老年教育实践基础上的，若基础不扎实，就会制约理论的发展。因此，要从实践中不断探索、研究、总结，上升到理论的高度，形成老年教育学的理论体系、学科体系。

当前紧迫的任务是提高对老年教育的认识，努力办好老年教育，这是建立老年教育学的前提和基础。我国有庞大的老年人口规模，约占总人口的18.7%。[①]目前，接受老年教育的仅为600多万人，占老年人口的2.2%。我国有普通高校2700多所，目前仅有120余所高校举办了老年大学，招收本校退休教职工及社会上的退休人员。

（二）老年教育学学科是社会发展的要求

我国对要不要建立老年教育学学科一直存在着不同的看法。有人认为，可以把老年教育划入成人教育、终身教育的范畴，没有必要独立设置为一门学科。实际上，这是不现实的，也是行不通的。

我国许多高校很早就成立了成人教育学院，后来又改名为继续教育学院或终身教育学院，立足于招收在职人员，培训在职人员，并没有招收非学历、非在职的老年人。开展老年教育、培养老年人才和从事老年工作的人才，应专门设立老年教育专业。开展老年教育，不仅是为了让老年人受教育，还要培养大批从事老年教育、老年工作的公务人员、管理人员、教师等。

因此，应该把老年教育学列入教育学下属的二级学科。如果没有学前教育学和特殊教育学，则不可能落实幼教和特教方面的人才培养。同样，必须建立老年教育学，才能适应老年教育发展的需要。老年教育学成为相对独立的学科是完全可行的、必要的，这是由老年教育的特殊性决定的。

毛泽东在《矛盾论》中说："科学研究的区分，就是根据科学对象所具有的特殊的矛盾性。因此，对某一现象的领域所特有的某一种矛盾的研

---

① 中华人民共和国国家卫生健康委员会：《2020年国家老龄事业发展公报》。

究，就构成某一门学科的对象。"①高等教育学之所以成为教育学下属的独立学科，就是由于高等教育学研究对象的特殊的矛盾性。高等教育学与普通教育学相比有很多方面的差异，包括教育对象不同、性质和任务不同等。②

（三）老年教育学学科的特殊性

老年教育有什么矛盾的特殊性呢？与成人教育相比，老年教育有以下差异性及特殊性。

一是成人教育主要对50岁以下的在职人员进行岗位培训及学历教育。而老年教育是对55岁以上的退休人员进行的非学历教育。

二是成人教育中的非学历教育是功利性的，以岗位培训为中心，必须达到规定的知识和技能要求才能颁发相应的证书。老年教育是非功利性的，不需要颁发证书。

三是成人教育是专业性的教育，有比较系统的知识体系。老年教育是课程教育，老年人可以根据个人需求和兴趣爱好选择相应的课程。

四是成人教育有考核、有作业、有实验、有毕业论文，达不到要求要补考、留级或取消学籍。然而，老年教育比较宽松自由，没有这些严格的要求。

五是老年学员年龄差异很大，同一课堂里从55多岁到80多岁的学员都有，相差30多岁，他们的性格、经历、学习需求、兴趣爱好、接受能力等都不同。多元化的学员结构要求教学方式具有多样化、灵活性和针对性。

老年教育对象的这些特殊的矛盾性，构成了老年教育学学科的研究对象，其他教育分支替代不了，因此，应建立独立的老年教育学学科。

三、老年教育学理论研究和实践

实践是理论的基础，理论是实践的指导。老年教育要更好地发展、高质量地发展，必须加强理论研究，用老年教育理论指导老年教育实践，逐

---

① 毛泽东：《毛泽东选集》（第一卷），人民出版社1991年版，第9页。
② 杨德广：《高等教育学概论》，华东师范大学出版社2016年版，第4—5页。

步将老年教育学作为学科专业纳入大学课堂，使其成为教育学下属的二级学科。可先在师范类院校设立老年教育学方向，待成熟后再建立老年教育学学科专业。老年教育学研究的重点和主要内容包括以下几个方面。

（一）加强老年教育学学科理论的研究

老年教育是一种实践活动，老年教育学是研究老年教育活动规律的科学，包括老年教育的功能任务、老年教育的意义目的、老年教育的内容原则、老年教育的模式方法、老年教育的质量保障、老年教育现代化、构建高质量老年教育体系、比较老年教育、老年教育学学科研究等。通过不断深化理论研究，指导老年教育实践的开展，逐步在我国形成一个比较完整的老年教育体系。

（二）加强老年学员身心特点的研究

与其他年龄段相比，老年人在身心等方面表现出较大的差异性。因此，在推进老年教育学学科建设的过程中，要深入研究老年教育的内容、课程设置、教学方法，要研究如何针对老年人的心理特点和心理优势实施老年教育教学活动。

（三）加强老年教育教师队伍建设的研究

要研究如何建立一支适应老年教育的教师队伍，要增强教师对老年教育重要意义的认识，深刻了解老年学员的身心特点和学习特点，要了解老年人在学习目的、学习需求、接受能力等方面与其他群体的区别，要慢节奏、多重复，要关注老年人的情绪，尊重老年人的人格，善于引导老年人去体验和感受所传授的知识。要研究如何建立一支老年教育的教师队伍，根据老年教育的复杂性、多样性、课程性等特点，建立一支知识结构多样、技能性强的教师队伍。

（四）加强老年教育教学工作的研究

在教学理念上要树立以老龄学员为中心的观念，根据老年人的需求和特点，立足于老年人全面素质的提升，开展教育教学活动。教学内容包括休闲娱乐、健康保健、知识技能、生命科学及文化素养等，体现多样性、灵活性、个性化和延续性。把教师讲授与学员互教互学相结合，课堂教学与实践活动相结合。老年教育以课程教学为核心，要研究课程设置的原则和内容，研究老年教育教学的形式和方法。

（五）加强老年教育实践的研究

我国目前已有包括老年学校、老年大学在内的各级各类老年教育机构11万多所。其中有不少办学条件较好、规模较大的学校，可选择若干所设置老年教育学、老年管理学等学科专业，作为颁发文凭的老年大学，以培养将来从事老年服务、老年教育的人才。令人欣慰的是，2021年11月18日，中共中央、国务院印发的《关于加强新时代老龄工作的意见》中明确指出，将老年教育纳入终身教育体系，有条件的学校要开展老年教育，有条件的高校、职业学校要开放老年教育相关专业和课程，要加强学科专业建设和课程建设，加强学科专业建设与人才培养，依托国家开放大学筹建国家老年大学。高校举办的老年大学要面向社会开放办学。这是第一次以中央文件的形式提出"加强学科专业建设""筹建国家老年大学"，为我国老年教育的发展指明了方向，也给老年教育学的学科建设奠定了政策基础。

四、结语

结合以上的论述，笔者认为，无论是从历史发展的必然性、学科发展的规律性，还是从实践活动的累积性和国家政策的导向性来看，我国老年教育学学科在新时代的历史定位中都呈现出条件的成熟性、创建的急迫性等特征。并且，随着我国人口老龄化政策的优化、教育现代化的深入推进以及终身教育体系的不断构建，老年教育也必然备受重视。我们可以预见，老年教育的春天即将到来，建立老年教育学科并将其纳入高等学校教育学学科门类必将实现。

（原载《宁波大学学报（教育科学版）》2022年第2期，有改动）

第六节　拔尖创新人才培养的成效、缺失和建议

当今世界，各国竞争的实质是人才的竞争，尤其是尖端人才的竞争。我国要加快建成社会主义现代化强国，就必须大力培养拔尖创新人才。自2009年教育部实施"六卓越一拔尖计划"以来，我国高校在培养拔尖创新人才方面做了大量工作，积累了不少经验，取得了一定成效，但与现实需求相比，还存在诸多不足，需进一步探索如何做好拔尖创新人才的选拔和培养工作。

一、拔尖创新人才培养的重要性和紧迫性

党的十八大以来，以习近平同志为核心的党中央高度重视人才培养工作。2016年5月30日，习近平总书记在全国科技创新大会、两院院士大会、中国科协第九次全国代表大会的讲话中深刻指出，"要努力造就一大批能够把握世界科技大势、研判科技发展方向的战略科技人才，培养一大批善于凝聚力量、统筹协调的科技领军人才，培养一大批勇于创新、善于创新的企业家和高技能人才"，"培养造就一大批青年科技人才"，"科技大师、领军人才、拔尖人才""要大兴识才爱才敬才之风"。[①]2021年9月27日，习近平总书记在中央人才工作会议上发表《深入实施新时代人才强国战略，加快

---

① 习近平：《在全国科技创新大会、两院院士大会、中国科协第九次全国代表大会上的讲话》，载《科技管理研究》2016年第12期。

建设世界重要人才中心和创新高地》的重要讲话，全面、系统、深刻地论述了人才的培养和使用等方面问题。[①]习近平总书记的讲话一是论述了人才的重要作用。"创新是第一动力，人才是第一资源""综合国力竞争，说到底是人才竞争""我国已进入第二个百年奋斗目标，进入了新征程。现在比历史上任何时期都更加渴求人才"。二是论述了人才自主培养的重要性。"千秋基业，人才为本……当今全世界人才竞争首先是人才培养竞争，必须主要靠自己培养"。一个国家要发展，必须自主创新。中国的发展和强大，不可能依赖其他国家。"高校特别是双一流大学。要发挥培养基础研究人才主力军作用"。三是特别强调"要做好拔尖人才的培养"，包括战略科学家、高端人才、顶尖人才。"顶尖人才具有不可替代性""造就一流科技领军人才和创新团队，培养具有国际竞争力的青年科学人才后备军，在关键核心技术领域，拥有一大批战略科技人才、一流科技领军人才和创新团队。要培养造就一批善于思考和研究中国问题的人才"。习近平总书记的人才观是我们做好拔尖创新人才选拔和培养工作的强大思想武器。

我们要认识到培养拔尖人才的重要性和紧迫性，让全社会认识到我国当前所面临的严峻挑战。要认识到面对世界百年未有之大变局，实现第二个百年奋斗目标和中华民族伟大复兴，要建设强大的国家，就必须培养一批顶尖人才，因为他们"具有不可替代性"。然而从现状看，我国在培养拔尖创新人才方面认识不足，还没有形成全社会的共识。比如有些高校教师认为搞好教学和科研即可，缺乏培养拔尖创新人才的意识。一些从事基础教育的领导和教师认为，培养拔尖创新人才是高等学校的事。培养拔尖创新人才必须依靠企业协同培养，而许多企业是"缺人而不育人"，采取"拿来主义"，缺乏培养拔尖创新人才的紧迫感和责任心。

由于没有形成全社会的共识，社会上关于培养拔尖创新人才的杂音很多。前几年，经济比较发达的大中城市创建了一些英才学校（小学和初

---

① 习近平：《深入实施新时代人才强国战略，加快建设世界重要人才中心和创新高地》，载《求是》2021年第24期。

中），主要招收优质学生、"超常"学生、有特长的学生，这本可以为我国拔尖创新人才的培养奠定了坚实基础。但社会上刮起了"这是贵族学校""特权人学校"的批评之风，认为这是"不公平、不平等的教育"，强烈呼吁要"教育公平、教育平等"，这显然是思想认识上的误区，导致这些学校停办、停招。其根本原因是思想认识不到位，没有认识到培养拔尖人才是为了国家的利益，是为了应对国际人才的竞争。培养拔尖创新人才必须有坚强的意志力，有吃苦耐劳的精神。所以，应区别于其他学生给予特殊培养。因此，教育部门乃至全社会都要认真学习和践行习近平总书记的人才观，深刻认识培养拔尖创新人才的重要性和紧迫性。

二、拔尖创新人才计划的实施和成效

自教育部实施"六卓越—拔尖计划"以来，一些重点高校创造了各种培养拔尖创新人才的模式和方法。综合起来有以下几个方面。

一是成立英才学院，专门培养尖子学生，依靠基地培养尖子人才，建立培养尖子人才的实验区。二是实行三段式培养尖子人才，第一阶段实行不分专业的大类教育（通识教育），第二阶段实行专业教育，第三阶段实行综合性多元培养。三是设置交叉复合类、就业创业类专业，由学生自行选择。注重学科交叉，鼓励学生跨系选课，制定个性化培养方案，实行弹性学制。四是与相关的科研院所、实验中心、企业或国外高校合作办学，联合培养拔尖创新人才。如东南大学在卓越计划中成立了48个校企合作工程实验教育中心，开设了100多门校企合作课程，实行双导师制，学校及合作方各派一名导师指导学生学习。五是实施教师主导的科创计划，学生与导师双向选择。学生参加教师的科研课题，及早进入相关研究领域。把课堂延伸到科研院所，让学生走进高端科学实验室，直接接触先进设备、前沿科技，提高科学素质和科研能力。六是改革实验课教学方法，教师不设定内容，由学生自己设计，自由分组开展实验。吸收尖子学生进入国家级科技创新平台，在科技攻关第一线培养拔尖创新学生的科研

能力和创新能力。

这些培育英才的学院（书院）的共同特点是起点高、要求高、目标高，对尖子学生的成长有极大的激励作用。北京大学元培学院提出了"加强基础，淡化专业，因材施教，分流培养"的16字方针，确立了为国家和民族培养具有国际视野、在各行业起引领作用、具有创新精神和实践能力的高素质人才的培养目标。浙江大学竺可桢学院提出要培养有突出创新能力、立志献身基础学科研究和教育事业的拔尖人才。中国人民大学吴玉章学院提出，要培养一大批个性品质一流、知识结构一流、设计能力一流、创新素质一流的拔尖创新人才。武汉大学弘毅学堂提出，要培养有潜力跻身国际一流学科、跻身国际一流科学家队伍的基础学科领军人才和拔尖创新人才。南京大学匡亚明学院把培养目标从培养能力强、素质高的专业人才，调整为培养各行各业的未来领军人才和拔尖创新人才，并实施"四个融通"，即学科建设与本科教育融通、通识教育与个性化培养融通、拓宽基础与强化实践融通、学会学习与学会做人融通。[①]由此可见，自实施"六卓越—拔尖计划"以来，相关高校在拔尖创新人才培养方面取得了丰硕成果。据教育部高教司统计，近10年来，我国建设了80个拔尖学生培养基地，培养学生9800余人，已毕业5500余人。其中，98%的毕业生继续攻读研究生，48%的毕业生进入世界排名前50名的大学深造。学生累计在SCI期刊发表论文2029篇，获得各类奖项5788项。这些学生正在成为一流大学或学科的优秀种子人才，展现出未来科学领军人才的潜质。如浙江大学竺可桢学院历届学生在读期间，科研与学术成果卓著，2000级和2001级学生在校期间累计发表论文200多篇，有些论文在IEEES上发表。2003年至2005年在数学建模竞赛上获得国际特等奖的有3人，获得国际一等奖的有9人，获得国际二等奖的有27人。学生读研率达80%以上，其中出国读研率在20%以上。[②]南京大学匡

---

① 殷朝晖：《我国高校拔尖创新人才培养"试验区"建设研究》，载《江苏高教》2011年第4期。

② 崔海涛：《江苏高校拔尖创新人才培养的现状及发展对策》，载《学术论坛》2013年第10期。

亚明学院自成立以来，理科班学生均免试推荐到北京大学、清华大学、中国科学院研究所和本校相关学科攻读研究生，28%的学生得到欧美顶级高校，如哈佛大学、耶鲁大学、斯坦福大学、加州理工学院等学校的全额奖学金。

三、拔尖创新人才培养存在的困惑与缺失

（一）高校的困惑与缺失

中国古有"不患寡而患不均"，即不担心食物的多少、人民生活的贫穷，只担心分配不均会导致社会不稳定，主张以"平等、均衡、稳定"维持现状，这一传统观念至今影响着拔尖创新人才的培养。培养拔尖创新人才首要的是选好种子，但遇到的阻力就与此观念有关。没有好的种子，就不可能培育出优良的禾苗，也就不能结出丰硕的果实。同样，培养拔尖创新人才必须选好苗子才能培育出杰出人才。长期以来，我国高校招生是按高考录取分数线选人，这被认为是一种"最公平的招生制度"。这种"以分数取人"的制度在改革开放后受到质疑，有人认为，把有特长的尖子学生排除在外，既可惜又不合理。2006年，教育部决定在部分重点高校实行自主招生改革，[1]学校可以自主招收一些怪才、偏才，直接录取一些学科竞赛的优胜者，给专特长学生加分。这本是一项有利于培养拔尖创新人才的改革举措，但后来由于"不患寡而患不均"等种种因素被取消了，重点大学的培优招生只好又重新依附"考试主义""分数主义"。[2]高考高分学生中固然有一些优秀学生，但完全依靠按分招生制度，难以把那些天才、奇才、偏才、鬼才招收进来，而他们中许多人具有拔尖创新人才的潜质。现有的选拔制度将他们拒之门外，显然是拔尖人才选拔制度上的一大缺

---

[1] 姜斯宪：《优化招生选拔机制，培养拔尖创新人才》，载《中国高教研究》2018年第3期。

[2] 王洪才：《地方本科院校如何开展精英教育》，载《湖南师范大学教育科学学报》2019年第5期。

陷。教育部高教司提出培养好拔尖人才必须抓住"选、培、评"这3个字，是符合人才培养规律的。如果都是被摊派来的学生，何以培养拔尖创新人才？

（二）基础教育阶段的困惑与缺失

当今我国在拔尖创新人才培养方面缺乏科学的选拔制度。有些地区从幼儿园进小学、小学升初中，必须按学区招生或摇号招生，优质学生进不了英才学校，英才学校不能招收优质学生。我国一些大中城市实行进入英才学校由摇号决定，这对拔尖教育极为不利。在招生工作中坚持"稳定压倒一切，分数高于一切，公平主导一切"，将许多很有潜质的"超常"学生、天才学生、未来拔尖创新人才的后备队埋没。这种所谓的"公平"严重影响了我国拔尖创新人才的培养。教育部高等教育司对高校拔尖创新人才培养工作十分重视，并取得了一定的成效。但至今很少获悉基础教育主管部门在拔尖人才培养方面的声音和文件。只有加强后备队伍建设，才能搞好高校拔尖人才的培养。我国义务教育阶段有21万所学校，在校生人数超过1.5亿，巩固率在95%以上，基本实现了全民义务教育的目标，对国民素质的提高发挥了巨大作用。义务教育是为高一级教育机构和劳动力市场输送后备人员的，因此，选拔优秀学生单独培养，本应是分内之责，不允许在少年儿童中选拔培养尖子学生，既没有理论依据，也不符合我国教育发展要求。在确保95%以上的学生享受公平、均衡的义务教育的前提下，实施少量的英才教育不会带来"不公平""不公正""不稳定"的后果。为国家培养拔尖创新人才，是应对当今世界高科技竞争、人才竞争之需，是加快实现中华民族伟大复兴的中国梦之需，是绝大多数人民群众、家长、学生拥护和支持的。

拔尖创新人才培养是一个系统工程，需要各方面紧密合作。我国基础教育阶段忽视了对拔尖人才的选拔和培养，导致高校人才选拔出现断层。基础教育是选拔和培养人才的起始阶段，犹如种水稻首先要选好种子，同样，对拔尖学生的培养首先也要选好种子。我国义务教育阶段有1.5亿学生，他们就如同1.5亿颗种子，尽管播种率几乎达到了百分之百，但没有把其中的"优良种子"，即"超常"学生、英才学生选拔出来，予以特殊培养。因此，难以培养出拔尖创新人才。

高等学校有不同学科专业，需要不同的人才，尤其需要一批尖子人才从事基础学科研究，参加顶尖项目的攻坚战。因此，在基础教育阶段，应关注学生的不同兴趣爱好、专特长，做好选拔与培养工作。目前，"双一流"高校正在实施教育部"拔尖人才计划2.0"，如果在基础教育阶段先对尖子学生进行选拔与培养，再将他们输送到这些学校，必将加快拔尖创新人才的成长速度。教育的一个重要原则是因材施教，如果基础教育阶段不重视这方面的工作，不为高校输送有潜力的拔尖人才，高校的培优工程将成为无源之水、无本之木，必将制约高校拔尖人才计划的实施。

四、进一步做好拔尖创新人才培养工作的思考和建议

我国在拔尖创新人才培养上迈出了坚实的一步，取得了一定的成绩，但仍存在不少亟待研究和解决的问题，为此，需要进一步完善制度，优化机制，创新方法。

（一）拔尖创新人才应德才兼备、以德为先

培养拔尖创新人才是一项非常艰巨的任务。古人有"千军易得，一将难求"之说，"将"就是指拔尖创新人才。拔尖创新人才是将来可堪大用、能担重任的栋梁之材，所以，必须具备坚定的理想信念，要有对党、对祖国、对人民的无限忠诚，要有舍小家为大家的无私奉献精神，要有吃苦耐劳的艰苦奋斗品质。拔尖创新人才必须德才兼备，把德放在第一位。1987年，邓小平在会见中青年科技人才时提出了"德"的三条标准，一是拥护党的政治路线和思想路线；二是大公无私；三是有强烈的革命事业心和政治责任感。习近平总书记提出拔尖创新人才"要深怀爱国之心，砥砺报国之志，主动担负起时代赋予的使命责任"。这些品质并非在短期内能够形成，需要学生在长期的学习、教育、磨炼中才能形成。因此，对拔尖创新

人才及其后备队伍应加强思想政治教育，让他们到生产第一线、科研攻关第一线去学习和锻炼。

（二）努力培养各种类型的拔尖创新人才

培养拔尖创新人才应是多元的，以满足社会对各类人才的需求，包括学科型拔尖人才、应用型拔尖人才、领袖型拔尖人才，也包括哲学家、社会科学家、文学艺术家等各方面人才。"六卓越一拔尖计划"主要立足于培养基础学科拔尖创新人才，不能满足多方面的需要。培养多方面的拔尖创新人才是一个系统工程，必须依靠社会各方面的力量，共同努力，形成合力。总体而言，我国对拔尖创新人才的培养力度还不够，规模还不大，离党中央的要求还相差甚远。建议教育部与中组部、国家发展改革委、人社部等部门会同中国科学院、中国工程院等机构，共同制定拔尖创新人才培养计划，动员和组织各方面力量，做好拔尖创新人才的培养工作。要提高全社会的思想认识，增强培养拔尖创新人才的紧迫感、使命感和责任感，各行各业齐心协力，在全社会形成培养拔尖创新人才的良好环境和浓厚氛围，把拔尖创新人才培养工作抓好抓实。

（三）赋予培优高校招生自主权

承担培养拔尖创新人才任务的高校、科研院所应具有一定的招生自主权。建议教育主管部门制定新的招生制度，明确为"超常"学生、天才学生的选拔与培养开辟绿色通道，允许这些高校与科研院所直接同中小学挂钩，及早发现有专特长的、有潜质的"超常"学生。这可以借鉴美国约翰·霍普金斯大学英才教育中心（CTY）的做法。[①]该校拔尖创新人才培养的使命是"帮助英才腾飞"，为了选拔英才入学，该校与1.5万所中小学建立了关系，每年9月，在二年级到八年级的学生中举行选拔考试（高能力测试），由教师、校长推荐前5%的优秀生报名参加。为了及早发现天才学生，CTY还创建了补充型的暑假教育中心——天才教育中心，让优秀的中

---

① 陆一、朱敏洁：《美国的"少年班"何以成立：一种高选拔适度竞争的英才教育路径》，载《国家教育行政学院学报》2019年第9期。

小学生提前到大学校园学习知识，接触大师，与知名教授和现代化实验室对接，感受浓厚的大学氛围，激发他们强烈的求知欲，为大学拔尖教育奠定良好基础。我国重点高校可参照这一做法，这有助于尽早发现拔尖创新人才。

（四）完善英才学校的空间布局

借助社会力量，在每一个省份创建一批英才学校，专门选拔、培养"超常"的尖子学生，实施"超常"教育。英才学校的学校数、学生数应控制在总数的3%以内，因为公办学校是用纳税人的钱创办的，应该实施公益性的义务教育。英才学校以民办学校为主，民办学校主要靠社会资本办学，自主性与选择性较大。应唤醒地方教育主管部门为国家培养拔尖创新人才的自觉，与教育部高教司协调一致，各负其责，共同担当，才能把我国拔尖创新人才培养计划有效地实施下去。只有激发起全社会的热情，才能实施好拔尖创新人才培养这一艰巨而宏伟的工程。

（五）主动为拔尖创新人才培养立法

建议全国人大常委会为培养拔尖创新人才立法，以法律法规保护好、呵护好、选拔好和培养好儿童中的拔尖人才。培养拔尖创新人才是关系到我国发展战略、应对国际敌对势力挑战的重大问题，必须有法律保障。发达国家的英才教育、天才教育能够得到大力发展与其立法有关，如美国制定的《天才教育法案》《授权教师给予天才和高能学生帮助法》，促进了拔尖创新人才的成长。根据法律规定，美国排名在同龄人前1%的英才学生会受到重点关注和特别培养。笔者建议建立培养尖子人才的"特区"，把有专特长的特殊学生送到"特区"培养，这将有力推动我国拔尖创新人才的成长。

（六）基础教育担当起培养拔尖创新人才的重任

我国是教育大国，基础教育取得了世界公认的成就，但对拔尖创新人才的培养并没有给予足够关注。建议基础教育领域处理好97%与3%的关系，既要抓好97%学生的普及性教育，确保教育公平公正，又要抓好3%的优质教育，允许公办学校根据学生的不同情况，设立"尖子班""特色班"，使高校拔尖人才计划有源源不断的后备队伍，持续稳定地发展。

（七）加强拔尖创新人才培养的组织保障

选拔和培养好尖子学生必须有相应的组织保障，中国目前还没有全国性的主管英才教育的管理机构。我国政府机构有很强的管理能力和执行能力，比如高教司在抓高校拔尖创新人才方面一呼百应，成效明显，一方面说明这项工作深受欢迎，另一方面说明政府有号召力。我国许多地区中小学学生课业负担重的问题长期得不到解决，但自从2021年7月《关于进一步减轻义务教育阶段学生作业负担和校外培训负担的意见》颁布以后，教育部设立了校外教育培训监管司，专门主管"双减"，不到半年就取得了较好的效果，这说明建立专门机构的重要性和必要性。笔者建议从以下几方面加强对拔尖创新人才培养的组织保障。一是引导社会资本创建各类英才学校；二是教育部成立"超常"教育司，主管全国拔尖创新人才培养工作，各省、自治区、直辖市教育主管部门成立"超常"教育处（科），把"超常"教育、英才教育列入国家和省级教育规划之中；三是中国教育学会、中国高教学会、中国心理学会等学术团体下设"超常"教育研究分会，经常研究、交流、探讨"超常"教育的经验、问题和发展方向，以推动我国拔尖创新人才教育健康有序地发展。

（原载《重庆高教研究》2022年第6期，有改动）

第五章

高教研究"有为"的
他人评说和评价

第一节 领导和同行的评价

徐匡迪：杨德广教授是我国广受尊敬的
大学校长、高等教育大家

杨德广教授是我国广受尊敬的大学校长、高等教育大家。

与杨德广结识是他在上海市高教局任职和在上海高校做大学校长期间。当时正值教育领域传统计划经济和改革开放两种思想路线激烈碰撞的时期，杨德广思想开放，有强烈的社会使命感和责任意识，对很多问题，尤其是办学方面的问题，有独到的见解。他一旦认准了方向，做起事情来就不知疲倦，敢想、敢说、敢做，先后在上海大学、上海师范大学主导过几次很成功的改革实践。所以，他被称为我国高教界的一位"闯将"。我是深有体会的，也很认同。

杨德广是在我国从计划经济向市场经济转轨、转型过程中成长起来的一位大学校长。在当时的时代和社会背景下，他能有前瞻性的观念和思想，始终保持一股真抓实干的拼劲儿，是很可贵的，也是很值得现今高校领导者认真学习、体会和借鉴的。

在治理理念和思想上，杨德广站位高、看得远。早在1978年，针对当时许多学校片面强调思想政治工作要为阶级斗争服务的不良倾向，他敏锐地意识到高校思想政治工作与教学存在"两张皮"的问题，提出"把思想政治工作做到教学领域中去"，提出思想政治工作干部要深入教学第一线，在学习业务的同时了解、发现进而解决教学过程中的问题，这样才能提高思想政治工作的水平和效率。改革开放后，他针对高校计划管理带来的诸多弊端，在20世纪80年代就先后提出"高等学校的计划管理应与合同管理相结合""改革统包统配的毕业生就业制度"等极具前瞻性的改革思想。

在具体管理工作上，他不回避矛盾，敢于硬碰硬。由于当时政府财政经费紧张，在拿不出足够的钱支持高等教育的情况下，他敢于打破"等、靠、要"的传统办学模式，提出"大学校长不仅要找市长，还要找市场"的观念。政府能帮助解决的就找政府解决，政府一时解决不了的，就自己动手多方筹集资金解决。正是凭借这种"不要等米下锅，而要找米下锅"的精神和干劲儿，杨德广领衔的上海师范大学在上海高校中率先解决了教职工的住房问题，整治了尘土飞扬的校园，创办了社会培训机构和老年大学，还成功开发了被闲置多年的奉贤校区，等等。

从大学校长的位子上退下来后，杨德广也一刻没有闲着，除了继续给学生上课、培养研究生之外，还出版了多本专著，写了很多有影响力的论文和文章。同时，他还通过卖掉自有住房等方式，筹集数百万元款项投身于社会教育慈善事业，也因此得到了多方面的赞誉，体现出了一位老共产党员、老教育工作者"不忘初心、牢记使命"的本色。

（选自《杨德广八十评述评论》，上海大学出版社2020年版。徐匡迪，中国工程院院士、上海市原市长、中国工程院原院长、全国政协原副主席）

龚学平：我和杨德广同志相识已久，一直非常敬佩他

我和杨德广同志相识已久，一直非常敬佩他。一是敬他的作风。他长期坚持"不唯上，不唯书，只唯实"的原则，敢于讲真话。我记得在改革开放初期，当时高等教育还存在体制不活、教育资源不足的问题，杨德广

同志大胆地提出"国有民办公助"这一新型高等教育模式，主张积极引进民间资本办学，大力发展民办教育，当时受到不少人的非议，但后来的实践证明他是正确的。他的敢言不是信口开河，而是在大量调查研究的基础上提出自己的看法，所以经得起实践的检验。

二是敬他的思想。在教育改革的征途上，他敢于创新、敢为人先，坚持将教育实践和研究紧密结合，积极探索改革新路。当时，大学的教育经费很紧张，很多同志还抱有"等、靠、要"的思想，他旗帜鲜明地提出"大学校长既要找市长，也要找市场"。但他反对"教育产业化"，而是主张"教育产业性"，所谓"产业化"是以追求利润为目的，不能把产业性和产业化相等同。他鼓励学校挖掘教育资源，开拓教育市场，发展教育产业，从而解决教育经费不足的问题。杨德广同志不仅这么说，也是这么做的。在他担任上海师范大学校长的7年间，把国家财政对学校经费的投入比例从70%降到39%，探索出一条教育与市场紧密结合的办学新路。更令人钦佩的是，在离开工作岗位后，他退而不休，坚持教学科研，是教育战线上改革创新的"老黄牛"，为中国教育事业提供了宝贵的精神财富。

三是敬他的品格。杨德广同志做慈善不是心血来潮，而是秉持"常怀感恩之心，常怀报国之志"，在公益慈善的道路上十年如一日。对于慈善，他有自己独到的感悟，他说："慈善，不仅仅是金钱的资助，更是精神的鼓舞。"杨德广同志平时节衣缩食，但在帮困助学上十分慷慨。2010年，他用多年的积蓄加上卖掉一套住房筹集到的300万元，资助了自己3所母校的贫困生和优秀生。在他的感召下，不少家人、朋友、同事、学生和爱心企业家也加入了慈善公益事业。10年来，由他领衔的阳光慈善基金会，一共资助了8000多名贫困生和优秀生。这样的举措不仅为学生提供了学习的机会，更重要的是让他们摆脱了贫困的命运，解决了全家的大问题。

杨德广同志说他有四个梦想：一是读书梦，二是图强梦，三是教育梦，四是慈善梦。党的十九大明确提出，到2035年建成教育强国，这是杨德广同志的心愿，也是所有教育工作者追求的梦想。我相信，如果大家都像杨德广同志那样身体力行，拼搏进取，这个梦想就一定能够实现！

（龚学平，上海市人大常委会原主任、原副市长）

王荣华：杨校长是教改先锋、育人楷模

杨德广教授是上海著名的教育家、慈善家。他是教改先锋，是育人楷模。杨校长今年80岁，我说他是18岁的心态、80岁的年龄。他永远年轻，永远朝气蓬勃。他的心态很好，有很高的思想境界。他不大看得上讲大话、套话、空话的人。半个多世纪以来，他坚持讲真话、讲实话，他童心未泯。有的同志评价他"不成熟"，而我和其他许多熟悉他的同志，恰恰是喜欢、欣赏、敬佩他这种"不成熟"，这种"不成熟"的另一面是忠诚于党的教育事业，是率真、坦诚的表现。杨校长一辈子勤奋刻苦，钻研业务，无论是在教育管理、学校管理上，还是在著书立作上，他都达到了很高的造诣并自成风格。特别是行动教育，知行合一，重知更重行，见解独特，极具针对性和时代性。杨校长的刻苦是出了名的，他做到了把别人喝咖啡的时间用于工作、写作，无论是在高教局还是在上师大，他白天是公转，晚上是自转。节假日更是埋头苦读，研究问题，勤奋写作，他是一个多产、高产的作家，这是他勤奋刻苦的结果。杨校长还有一个鲜明的特点，就是艰苦朴素、勤俭节约。他待人真诚，助人为乐，善心善举，善始善终。他还把省下的钱都捐给教育事业，帮助那些需要帮助的贫困学生。

我和杨校长交往了几十年，有三件事情我印象颇深。第一件事，改革开放初期，上海有一些举措曾经引起部分同志的质疑和批评。我印象很深，在一次全国会议上，当时我和他都坐在后排，面对着所谓离经叛道的指责，杨校长站起来要求发言，他据理力争，旗帜鲜明，表现出勇气和胆

识。第二件事，是在他担任上师大校长的初期，当时学校发生了融资被骗的事情。他到学校还是我送过来的，我知道跟他没关系。但是，他挺身而出，勇于承担责任，并与党委一起总结被骗的教训，体现了高风亮节、维护大局的格局。第三件事，杨校长有一颗大爱之心。爱国、爱上海、爱校、爱家、爱学生。他为了孩子，称得上是一个行动着的教育慈善家。他与教育基金会有很多合作，经常亲力亲为，参与慈善种树、养树，被同学称为"绿化校长""自行车校长"。这众多的称号，可以见证他的风格、风采。我们都说，教育是铸魂工程，而铸魂人必先铸就自己的品格。没有爱、没有善，就没有教育，所以，我相信与爱同行、与善同行，其行久远。与爱同行、与善同行，其梦也美。

（王荣华，上海市政协原副主席）

韩延明：一位德智体美劳俱佳的人民教育家

首先作个小说明：最近事情有点忙，没为本会写文章，朱炜催稿我心慌，总觉得见了杨老脸无光。哎，谁知道，昨天登机飞天上，坐在云端心荡漾，想着杨老那些事，脑海词语往外淌。我思绪奔涌，在飞机上用手机浅浅写下了一段话，抒发了浓浓一片情，也算我人生中少有的一篇"天书"吧。

我原来提交给会议秘书组的题目是《杨德广先生：一位德智体美劳俱佳的人民教育家》，有点庄严。我现在想出的题目是《杨先生，我爱你!》，听起来比较浪漫。这也恰巧构成了杨先生的性格，内圆外方、亦柔亦刚，二者相得益彰。境界高的人，都自带光芒！

唐代大诗人孟浩然有诗："人事有代谢，往来成古今。"这，便是历史。历史是过去的事实，但我更认为，历史就是过去与现在和未来之间无休止的对话。历史就是人生，历史就是明镜，历史就是佐证，历史就是相逢。所以，马克思有句名言："人，既是历史的剧作者，也是历史的剧中人。"在今天这个特殊的历史时刻和特别的喜庆场合，我，好客山东人，带着泰山的欢呼、黄河的歌唱、孔圣人的叮嘱教导和沂蒙精神的光辉，从小小的趵突泉来到大大的上海滩，与在座的各位专家学者和领导一起，共同热烈庆贺敬爱的杨德广先生从教55周年暨80华诞！我感到非常高兴，心情无比激动！杨先生是我在厦门大学攻读博士学位时论文答辩委员会主席。而正是在这次刻骨铭心的答辩会上，杨先生的一个个提问和一次次追问，使我头出热汗、眼冒金星，也使我后来深刻反省、受益一生。所以，就此而言，杨先生是我的贵人。

众所周知，杨先生作为我国改革开放时期的大学校长，被公认为大学治理的典范、大学领导的楷模、大学研究的智者、大学改革的勇者和大学实践探索的拓荒者！正如一位伟人所言，杨德广同志"是一个高尚的人，一个纯粹的人，一个有道德的人，一个脱离了低级趣味的人，一个有益于人民的人"，一个卖了住房而捐资助学的人，一个让人想忘也忘不了的人！当然，后边这两句不是伟人说的，是本人说的。杨先生那种志存高远的信念、海纳百川的气度、守正出奇的创举和敢于担当的魄力，既令人敬佩，又催人奋进！

我总感觉，杨先生有一种气场，杨先生是一篇华章，杨先生有一种书香，杨先生浑身上下每一个细胞里都充满了生机、活力和正能量。对杨先生，越了解他，就越热爱他；越走近他，就越崇敬他。我突然想起来那句话，就像陈年美酒，越品尝越着迷！

我和杨先生有个约定。2020年8月4日，是我的博导潘懋元先生从教85周年暨百岁华诞，根据邬大光校长和别敦荣院长的指示精神，我写了一篇1000字的《潘懋元先生百寿赋》，后来发表于中国辞赋方面的顶级杂志——《中华辞赋》。发表前，当我向杨先生征求意见时，他给予了热情鼓励，并希望我在他百岁时也为他写一篇《百寿赋》，我当即就答应了。但答应之后我才深感任重道远，因为这是20年的人生信托。君子一言，一言九鼎，杨先生，我们两个人都必须守信践诺！杨老师，您不仅能完成人生的第一个百年，而且还会像潘先生那样开启人生的第二个百年，因为好人一生平安！杨先生，你70岁时我到了，你80岁时我来了，你90岁时我要来，你100岁时我这个80老翁要来为先生朗诵《百寿赋》。

今天，五湖四海在跳动，千言万语总是情。我们的杨德广先生，几十年如一日地真做教育和做真教育，他是一位来自人民、成长于人民、服务于人民、奉献于人民，德智体美劳俱佳的热爱人民、人民热爱的人民教育家！有人说，德智体美劳是针对年轻学生而言的，但我觉得用在杨先生身上也非常合适。因为他也曾年轻，而且现在仍然风采依旧，拥有着80岁的年龄、18岁的激情！

我之所以说杨先生德智体美劳俱佳，是因为这里的"德"，是指他的做人之德、树人之德、助人之德、慈善美德和学术道德；这里的"智"，是指他的办学治校之智、为人处世之智、学术研究之智和善于并敢于创新之智；这里的"体"，是指他坚持体育锻炼，保持健康心态，虽然身材并不高大，但身体壮实强健；这里的"美"，是指他注重校园的美化，注意学生的美育，自己保持美好的形象，而且常梳着他那至今还很浓密的头发。他曾向我传授经验，要我每天梳头三百下，由于我坚持不下来，所以头发越来越少；这里的"劳"，是指他自幼热爱劳动、热爱劳动人民、坚守劳动习惯、资助农民子弟。他每每谈起上学时得到国家的资助、工作得到党的教育、回家得到老乡的接待，就热泪盈眶，感恩之心溢于言表。这就是我所理解的德智体美劳俱佳的人民教育家和中华慈善家——杨德广先生！

有句话说得好，人心都是肉长的，将心比心。有时，我静下心来闭上眼睛，想象着这位衣着朴素、省吃俭用，在耄耋之年还为筹集捐资而东奔西跑讲课挣钱的，骑着自行车、背着小挎包的穷人慈善家，常觉阵阵心酸，潸然泪下。杨先生不是富豪，工资并不高，没有什么积蓄，捐的钱都是自己的稿费、讲课费、养老金、卖房款，但他做慈善却像呼吸一样自然。这位厅级干部、大学教授，不去旅游、不去疗养、不下馆子，自己过着只求温饱的平民生活，但又天天为了别人的幸福生活而起早贪黑、忙忙碌碌。他是在做慈善，但他老人家做慈善做得太辛苦了。他是从牙缝里往外挤钱、从脑子里往外挤钱、从骨头里往外挤钱、从流动的血液里往外挤钱、从日渐衰老的身体中往外挤钱！他倾其一生所有奉献社会，他不给子女一分钱（儿子杨颉书记亲口说的），连孙子、孙女的压岁钱都拿出来资助了贫困学生。从这点来说，杨先生是我们最可爱的人，是一位伟大的道德君子。我现在真的有点激动和感动，在天上还没想起这段话来，结果现在触景生情、有感而发！如果人人都像杨先生这样，推己及人，舍己为人，社会该有多么美好！人类该有多么幸福！世界该有多么和谐！

星光不问赶路人，岁月不负有心人。如今，杨先生的执着追求和辛勤付出也有了收获，那就是"人心"。最后，让我以一颗赤诚的、炽热的、痴情的红心，祝敬爱的、亲爱的、可爱的杨德广先生德厚流光、福寿绵长，年年有文章、月月去演讲，天天喜洋洋！

（韩延明，临沂大学原校长）

陆建非：平民校长·教育勇士·精神富翁

1996年至2003年，杨德广担任上海师大校长一职，即便退岗了，甚至现在退休了，我们依然称他"杨校长"，中国的称谓文化有这个习惯。

必须承认，校长的作用至关重要，他主导着学校的轨迹，决定着学校的品级，甚至影响着教职工的职业生涯。校长的伦理道德是其整体素养的内核，他的专业水平和价值取向决定他能否成为"文化校长"。杨德广成为校史上烙下印记的成功校长，不仅在于他是一位"文化校长"，更在于他是一位"平民校长"，他两袖清风，克己奉公。到任上师大伊始，他给自己定的"约法十章"令人敬畏。"为官一任，造福一方"，这是"平民校长"的为官准则。为了解决教职工住房难题，他亲自到筒子楼实地调查，与房产商艰难谈判，赴现场勘察所需房型，向主管部门游说争取配套资金，并主张取消福利分房，大胆改革，成立房产公司，通过贷款、集资在学校周边建房，优惠出售给教职工。终于在2000年，他让1075户教职工欢天喜地迁入新居，为学校增添了4.8万平方米住房，自己却没拿一平方米的住宅。

为美化校园，亲作表率，他提出捐款搞绿化，以"绿气"带人气，全校动员，人人参与，3年教职工捐款150万元，每年开展两次万人义务植树活动。他每年捐献绿化款1000元，在每次义务植树活动中都能见他欢快劳作的身影。

记得在我任校长助理的那几年中，每逢节庆，他总是带着我骑自行车去探访贫困教职工家庭。

每逢聚餐结束时，他总要催促大家把剩余的菜打包带回家，以免浪费。这使我想起他教育人生的起点，50多年前的他，背着一个旧麻袋，兜里装着3元钱，只身来到上海读大学。

"平民校长"不是作秀，而是发自内心的。《我的教育人生》一书冠名"从农民的儿子到大学校长"，他的人生观根植于生他养他的黑土地，他的权力观始终与普通人的命运相连。

中国的教育既是一个持续高温的宏大话题，也是一场充满艰险、令人担忧的博弈，强国之路也好，望子成龙也好，都指望着教育。杨德广教授自大学毕业后，始终扮演着教育战线上的勇士一角，一心一意从事教育教学，专心致志研究教育理论，殚精竭虑谋求教育发展，不畏艰险开拓教育创新之路。他既是一位著述丰硕、桃李芬芳的教育专家，也是一位勇于探索、敢讲真话、追求效能的教育实践家。近几年来，杨德广教授以上海师范大学为点，以高等教育理论研究为线，以全国各地教育工作者为面，通过点、线、面的交叉结合，理论与实际融会贯通，不懈地实现着他的办学思想和教育理想。他的话语系统独具特色，简洁易懂，朗朗上口，如"全面面向基础教育，全方位为基础教育服务""宽口径、应用型""基础厚、知识宽、能力强、体魄健""德、艺、语、技"、大学校长"要找市场，不要只找市长""减少必修课，增加选修课，加强实践课，开设辅修课""多张证书制、半年实习制、干部轮换制、综合测评制""一屋不扫何以扫天下""抓绿化促育人,以绿气带人气,把师大校园建成氧气足、绿气浓、负离子高的大氧吧""土不见天,绿树成荫,花不间断,四季飘香",等等。教育勇士的言语不介意音量的抑扬顿挫或者音调的美妙奇奥,看似简约的词语,力透纸背的是他思维的睿智、前行的坚毅、追寻的真谛。厚厚的三卷教育文选展示了他在探索教育规律、实践教育理想的30年中,崎岖不平但又精彩感人的历程。

他先后在多所大学和教育行政部门、教育研究机构工作,身兼行政、教学和研究多职,事务繁杂,头绪众多,但他始终坚持"工作、学习、研究",自定方针,以"立志、勤奋、惜时"为座右铭。30多年来,他几乎把所有的双休日、节假日用于工作、学习和研究。

托尔斯泰说过:"兴趣是最好的动力。"杨校长对教育确实有一种使命感,他30年如一日,坚持不懈地把履行这一使命感的点滴感悟和每一步足迹如实记下,他的写作兴趣始终盎然,令人折服。如果一个人爱学、爱写的东西和他从事的工作相匹配的话,他是世上最幸福的人。杨校长的精神世界因此充盈富足,令人羡慕。据我所知,他还喜欢看电影、拉二胡、吹笛子,趣味多样,自得其乐,并以此调适枯燥冗长的劳作过程,修身养性,排忧解难。

我对世界教育大师的思想很感兴趣,如孔子的有教无类、因材施教理念,苏格拉底的教育定义,柏拉图的城邦教育,亚里士多德的自由教育,耶稣的平民化教育,奥古斯丁的精神世界教育,夸美纽斯的人权教育,卢梭的自然主义教育,杜威的面向未来教育和陶行知的生活教育等。我对杨教授的教育思想同样感兴趣,因为他的讲述发生在我们身边,发生在昨天和今天。1997年,我校在上海高校中率先公开竞聘校长助理,杨校长是力荐我的校领导之一,事后他赠我一绰号——"黑马"。

(陆建非,上海师范大学原党委书记)

大学校长的学术追求与职业精神

——杨德广教授从教55周年暨高等教育行动研究高峰论坛上的发言节选

　　杨德广教授从教以来，不仅在多所大学、教育行政部门和高等教育研究机构工作并担任领导职务，而且在高等教育理论和高等教育管理领域作出了卓有成效的贡献。杨德广教授与潘懋元先生在年龄上相差一代，但就对我们国家高等教育学的学科建设和发展而言，他应该是属于高等教育学科研究和发展方面的第一代学者。潘懋元先生主编的我们国家第一部《高等教育学》，杨德广教授就是其中的撰写者之一，为我国高等教育学科的创立和发展作出了突出的贡献。他担任过中国高等教育学会高等教育学专业委员会的第三届、第四届理事长，为建设全国性的高等教育学术委员会、高等教育学术共同体奉献了自己的聪明才智。杨德广教授学术思想解放，学术眼光敏锐，对我们国家不同历史时期许多重大的高等教育学术思想问题，发表了许多令人敬佩的学术观点。杨德广教授学术兴趣广泛，研究工作涵盖了高等教育的众多领域，在每一方面都有重要的创见。杨德广教授理论联系实际，特别是从大学校长的角度研究理论和实际问题，许多研究接地气，能解决实际问题。杨德广教授视学术为事业，视学术为生命，他多次和我们谈到，他常常是在非常繁忙的管理工作之余挤出时间从事研究和写作。杨德广教授是一位非常勤勉的高等教育学者。今天我们在这里召开杨德广教授从教55周年研讨会，这对我们高等教育学科的发展建设，对我们国家相关人才的培养具有重要意义。

　　（张应强，中国高等教育学会常务理事、高等教育学专业委员会名誉理事长）

　　中国高等教育学会是在1983年成立的。当时，成立一个有中国自己特点的高等教育学会，是中国高等教育界的一件大事，也是一件不容易的事。当时虽然有上级领导的支持，但是最重要的是基层的推动，那个时候有潘懋元先生，还有杨德广等一批学者积极推动，发挥了很大作用。学会成立的筹备会议是在厦门大学和上海师范大学召开的。当时杨德广同志对推动中国高等教育学会的成立发挥了积极作用。学会成立以后，杨德广教授先后担任中国高等教育学会的理事和副会长，对推动中国高等教育的发展作出了重要贡献。同时，杨德广教授在主持上海高等教育学会的工作方面也很有特色，出版了一系列上海高等教育文集，推动了上海高等教育的科学研究，如每年举办青年学者论坛、教师论坛、校长沙龙等等。上海高等教育学会的工作在全国做得很出色，产生了很大的影响，其中，杨德广教授发挥了很大作用。杨德广教授自身在高等教育研究方面很有成就，他思维敏锐、思想解放，敢于直言。最近在潘懋元从教80周年的论坛上，杨教授在关于教育是否应当与经济发展相适应这样一个问题上，非常直率地讲出了自己的观点并与其他学者争论，这个过程，我觉得本身就是一个很好的学术分析过程。敢于讲出自己的观点，这正是学术组织需要的氛围，而且他的见解引起了高等教育学术界的广泛关注和极大兴趣。杨德广教授爱校，来到上海师大工作后，对领导这所学校的发展作出了巨大贡献。在他担任校长期间，这所学校发展得很快，进步很大。他领我在校园里转的时候，对学校的一草一木、景点、石头，还有建筑都如数家珍，一边走一边跟我讲，对学校的大事小事都放在心上。我想以这种感情来做事情，这个学校一定能够有所发展，我非常直观地感受到了杨德广教授对学校付出的心血，他推动了学校的发展。杨德广教授把自己四十几部专著、几百篇论文的稿费全部捐给了学校和学生，还把卖房子的钱捐出来，帮助那些家庭贫困的学生，为他们提供了健康成长和学习的机会。

（瞿振元，中国高等教育学会原会长）

杨德广教授是我的老朋友，也是高等教育研究的合作者，我主编的第一本《高等教育学》，他撰写了三章。其后他的著作就遍及高等教育学的方方面面，有许多精辟的关于高等教育的见解，对中国高等教育的改革发展起到了引领作用，在数十年的交往合作中，我深刻地理解了他的理念、特点和价值。

第一，他的高等教育理念主要产生于他艰难的实践和丰富的经验。他从教以来，除开始的10年坚持实践，其后的40多年主要从事高等教育领导管理工作，从大学团委书记到分管大学生工作的高教局副局长，再到几所改革发展前沿知名大学的校长，退休之后他还指导新生的民办高等学校，从艰难的实践中总结提高的理论观点具有更高的实践价值，能够更好地引领高等教育的改革和发展。

第二，他思想开放，常以批判性思维在高等教育理论研究中提出许多超前的创新见解。有的在当时不为一般人所认同，如关于发展教育产业、建立教育市场的理念常有非议，他坚持正确见解，反复说明论证，他好辩善辩，不唯书，不唯上，他的论文许多是针对错误或者保守的言论而慷慨陈词的。

第三，他以过人的精力投身教育事业，行政工作和研究工作两不误。他在繁重的行政工作中经常午不休、夜不眠，利用周末假期一字一句地完成了他的著作，体现了一位高等教育家对事业的热忱和毅力。

（潘懋元，著名高等教育专家、中国高等教育学学科开拓者与奠基人、厦门大学资深教授）

杨德广是我国著名的高等教育研究专家，在高等教育领域取得了大量的独创性和开创性的研究成果。从教55年来，他先后承担了10余项省部级以上的科研项目，出版专著40余部，发表论文500余篇，有20多项科研成果获省部级以上奖励。杨德广教授在从事高等教育研究和管理的同时，还积极参与研究生教育和青年人才的培养工作，为高等教育培养了大批后备人才。更加令人钦佩的是，他长期以来从事教育慈善工作，获得了多项国家和市级的荣誉称号，产生了巨大的社会影响。面对我国经济发展的新常态和新一轮科技革命的到来，高等教育的发展出现了许多新的特征和新的走向，高等教育综合改革的帷幕已经拉开，如何办好人民满意的教育，如何培养社会主义的合格建设者和可靠接班人是我们的根本任务。

（滕建勇，上海师范大学原党委副书记、上海市委宣传部常务副部长）

杨德广是一位非常勇敢的校长。他接手上海师范大学的时候，校园没有现在这么漂亮，因为他是绿化校长，改变了学校面貌。奉贤校区大约有80万平方米土地，那时候那里就是农田、鱼塘，没有钱、没有政策，也没有支持。杨德广真的是一位勇敢的校长，一方面他在不断地争取，另一方面在不断地探索，怎么样运用社会资金来建设学校，他的成功来之不易。2003年2月，当时的教育部部长周济一行到上师大奉贤校区视察，他们从杭州下沙大学城到上海松江大学城，再到交大闵行校区，最后到上师大奉贤校区。周部长说，一站比一站精彩，上师大奉贤校区最精彩。在政府不投资的情况下，建成这么漂亮的大学园区，不来真的非常可惜。所以说，杨德广校长很勇敢，没有当年的勇气也不会有现在这么美丽的校区。

杨德广是一位非常勤奋的读书人，数十年如一日，每天早起晚睡。他也是一位优秀的著书人和成功的教书人，在教授当中真的是我们的榜样。他成立了阳光慈善之家，是上海市的慈善之星，是一位善良的、值得我们尊敬的人。他是一位智者，在高等教育研究中涉及的面很广，而且现在还在继续开拓新的研究领域，比如高等教育教学改革问题、高等教育财政问题、大学生管理、招生就业、大学文化、高校的功能和性质以及高等教育大众化问题、民办教育问题等。多年来，他每天工作之余坚持学习、研究，是非常不容易的。他有很多研究成果和著作，包括指导研究生的论文。而且到现在他还在引领我们的高等教育工作，比如上海市高等教育学会每年在高校投资30万元进行高等教育研究，高教学会有三个品牌，即校长沙龙、高等教育研究所所长沙龙和青年论坛，这些活动已经扩散到江苏、浙江和安徽，活动丰富，影响较大，杨德广教授在其中发挥了很大作用。当前，我们高等教育的发展取得巨大的进步是不可否认的，但是我们高等教育也碰到许多新的问题。在2008年，杨校长就提出，要用大学文化来推动大学的发展，这一点我很赞同。这里提出的大学文化包括环境文化、校园文化等，比如上海师大由学生自己打扫卫生，开展文明修身活动等，用较好的大学文化来熏陶大学生，这一点我们要向杨校长学习。如果大学没有文化，那将是一件非常可怕的事情。现在我们许多大学领导把大学归纳为三大功能：教书育人、科学研究和社会服务。我认为，应该把"文化传承创新"作为第四项功能，这方面要向杨教授学习。文化是中华民族的根，没有文化，大学就很难发展下去。杨校长非常关注大学文化的传承与发展问题，思想意识超前。

（张伟江，上海市高等教育学会原会长）

在和杨校长共事的几年中，我有一种非常强烈的感觉，概括为以下八个字：勤奋、高产、友善、率真。他是一个非常有社会责任感的人。他既是著名的教育学家，也是我们的良师益友。杨校长从教55年来，有三点非常值得我学习。第一点，是杨校长的勤奋、高产，以及对社会的贡献，特别是对中国高等教育事业的贡献。他从教50年，共出版著作40多本，发表论文500多篇，获得省部级奖项的科研成果20多项。我想这不是一个简单的数量问题，而是一个水平问题、方法问题，更是勤奋度的问题。他作为大学校长，作为学校的主要领导，在繁忙的工作之余能够如此高产是非常不容易的。第二点，是杨校长的和善、率真，他在生活、工作中体现出来的很多东西，是我们教育工作者学习的榜样。在教育慈善方面，我也与杨校长进行过交流。我去过杨校长家里和办公室，他个人生活非常简朴，办公室也非常简单，在这样的情况下，他心系贫困学生甚至卖掉自己的房子做慈善，这不仅是拿出多少东西，更重要的是释放和传递了一种正能量。我非常敬佩杨校长的做法，而且杨校长本人也很谦虚。搞慈善有很多方式，一种是把有限的存量物资分配给更困难的人，另一种是用增量的物资去资助弱势群体，让更多人加入增量的制造，去帮助贫困的人。我在上海创办的太敬集团就是秉持着这样的价值理念：创造财富，回报社会，服务国家，惠及员工。惠及的不仅包括员工，还包括很多人，很多人从不同角度做了不同的公益活动。杨校长说，我在国家没有投资的情况下，办了一所大学，解决了那么多人的读书、就业问题，这是更大的慈善。他总是赞扬别人，从不张扬个人，给了我很多鼓励，也增强了我办好企业、办好大学的信心。他的和善、率真令人感动，这是我的第二点感受。第三点，杨校长对民办教育高度关注，热情支持。杨校长在这些年里，作为一名公办大学的知名校长、高等教育研究专家，对中国民办教育仍然给予高度关注，这让我非常感动。在哈尔滨理工大学远东学院的办学过程中，杨德广校长参与了许多重大事项的决策，给予了我们很大的支持。在民办高校的文化建设、特色办学和软实力打造等方面，杨德广校长做了很多创新性的研究。在我们创办全国首家机器人学院的过程中，杨校长给予我们很多帮助。

（李敬来，上海太敬集团董事长、哈尔滨理工大学远东学院理事长）

　　我们有三种官员、三种学者、三种为人。三种官员，第一种官员，是在位的时候人家很尊敬他，不在位的时候人家就不睬他了；第二种官员，是在位的时候人家尊敬他，不在位的时候人家仍然尊敬他；第三种官员，是在位的时候人家尊敬他，不在位的时候人家更尊敬他。杨教授就是第三种官员，不在位的时候大家更尊敬他。高校需要排名，人也需要排名，这个排名就是看你不在位的时候有多少人真心实意地爱戴你、尊敬你。今天大家的发言，就是对杨校长最好的评价。杨校长在任时的一点一滴、一言一行都影响着我们。杨校长还是一个非常简朴的人，过年的时候我去他家，发现他半斤面条要吃三顿。这样的官员不在位了，人家更尊敬他，那是发自内心的。有三种学者，第一种学者，是官方的御用文人，今天刮东风他也刮东风，明天刮西风他也刮西风；第二种学者，是把教学和研究作为自己的职业；第三种学者，是具有社会引领性、批判性、独立性的，不怕自己的思想遭到抨击。一开始我对杨教授的有些观点不赞同，比如教育产业和教育市场问题，不少人反对他，后来我仔细研究后发现杨教授的观点是正确的。他直言批评北京、上海的几所名校跟一般高校抢市场办班，太不值得了，这严重影响了创新型人才的培养。重点大学应该承担培养拔尖创新人才的社会责任，而不应该去和民办大学抢市场。最近几年，杨教授连续写了多篇具有争鸣性的文章，这些很有力度。第三种学者，不唯官、不唯权、不唯势，敢于直面现实，也敢于直面别人的挑战，敢于发表自己的观点，杨德广教授就是第三种学者。有三种为人，第一种为人，是自私自利、唯利是图的。第二种为人，是主观为自己，客观为别人，为自己奋斗的同时也为别人服务。第三种为人，是把自己的爱、把自己的力量全部贡献给社会的人。杨校长在这方面做得很好，他把一生都奉献给了社会和人民，从不考虑个人的得失。直到晚年，他还倾其全力资助贫困学生，成立了阳光慈善之家，我也加入了帮困助学的行列。正如翁敏华教授说的："做人要做杨德广，跟着杨德广搞慈善。"

（李建勇，上海大学法学院教授）

杨德广校长在我们震旦职业学院当院长时，提出的教育理念是"以人为本，育人育能，德育为先，教会做人"，核心是"做人加技能"。杨校长在我们学校对学生、对教师反复强调要"教会做人"，这一点是非常重要的，就是教会学生怎么样对待这个社会，怎么样做对社会有贡献的人，怎样做一个德智体美全面发展的社会主义建设者和接班人。第一，杨教授提出高职院校要以职业能力教育为本，要培养学生的上岗能力。在这个基础上，我们提出以综合素养为基础，以职业能力为本位，制订教学计划。就是一个专业技能、一组课程、一张职业资格证书，现在我们已经在这样做了。杨校长还提出要建立学分银行，学生获得的岗位资格证书可以抵学分，所以，现在学生考职业资格证书的积极性很高，从过去只有20%的学生考职业资格证书到现在的70%，充分调动了学生的学习积极性，这些都是杨校长奠定的基础。第二，杨校长非常注重学生行为习惯的养成。刚开始，我们有很多民办高职学生不认真学习，学风不好。杨校长提出抓好学风建设，从"三带，三不带"开始，就是要求每个学生上课时要带书、带笔记本、带笔，不能带开启的手机，不能带吃的东西，不能带与学习无关的东西。刚开始，不少教师不能接受，认为对大学生提这样的要求是"小儿科"，但是杨校长非常注重行为养成，而且亲自到教室里督促学生，直到产生了效果。他言传身教、一抓到底的精神，令我们非常感动。第三，杨校长是一位开拓型校长。我和杨校长同是1991年市委党校中青年干部培训班的第一期学员，杨校长是老大哥，是我们支部的领导。后来，他推荐我去震旦职业学院做常务副院长，成为他的助手。我和杨校长接触很多，他对工作认真负责，对同志真心诚意。他经常告诫我们，一个人要做到"四个一点"，即把名利看淡一点，把金钱看轻一点，把人生看透一点，把事业看重一点。杨校长正是这样的人。

（杜飞龙，上海震旦职业学院院长）

第二节　社会媒体的评价

《"慈善校长"杨德广：助学带来快乐和幸福》

30余载教书育人，出版学术专著500余万字，尽职尽力为后人留下"精神财富"；卖房助学，联系爱心人士结对帮扶32名山区贫困生。他说，慈善让自己的生命更有价值。

现年74岁的上海师范大学原校长杨德广，是沪上闻名的"慈善校长"。2010年以来，他捐出300万元，分别在自己的小学、中学和大学母校设立奖学金，鼓励和资助贫困学生坚持学习；在甘肃、四川的边远山区小学，"杨德广帮困助学基金"为数百名孩子送去营养午餐，并开展长期结对帮扶活动。

"我有一个苦难的童年，一个艰难的青年，作为一个贫困生，我曾享受过来自学校和社会好心人的帮助，现在到了回报的时候了。"杨德广对记者说，"希望我的举动不仅能帮助尽可能多的贫困生完成学业，更能在他们心里播下希望和善心。"

1940年，杨德广出生在南京一个贫困农民家庭，20岁时，他背上装满书和旧衣服的破麻袋，来到华东师范大学读书。在党和政府的帮助下，他顺利完成学业。其后数十年，杨德广一直从事师范教学、教育管理工作，1996年至2003年担任上海师范大学校长。

从校长岗位退下来后，杨德广便认真思考"怎样尽到自己的社会责任，也让后半辈子过得更有意义"，除了留下厚重的学术财富，他还想了却自己另一个"财富"心愿：将自己多年积攒下来的100万元稿费捐献给母校。

"但小学、中学、大学，每所母校只能拿到30多万元，还是太少了。"为实现自己立下的给每所母校捐100万元的目标，杨德广在2010年卖掉了名下一套130平方米的房子，筹措到200万元。"我当时有两套房，卖掉了一套，有人问我怎么不买个别墅，我说我每天都到办公室工作，平时就喜欢学习、写作，不喜欢吃喝玩乐，有住的地方就够了。"

杨德广的善举感动了社会。2012年，在企业家朋友的帮助下，"杨德广帮困助学基金"正式设立。杨德广及其团队将目光投向西部那些边远山区小学里吃不上一口热饭的孩子们。

经考察，杨德广选择先期资助甘肃省环县和四川省富顺县的7所山区小学，每年为两地捐助20万元，为学生的营养午餐"买单"。

"几所学校现在都建起了食堂，孩子们终于不用再窝窝头蘸水吃，而且有了营养餐食谱，这些变化让我感到由衷的高兴，感觉自己'活明白了'。"杨德广说。

看到山区孩子学习刻苦，却因为经济困难，有人不能升上中学和大学，杨德广和朋友们决定开展"一帮一"结对帮扶活动，让更多山里娃进入中学和大学。

回到上海，杨德广积极地为这些学生寻找愿意资助的爱心人士，经过两年努力，32名学生结对帮扶已全部落实。杨德广的儿子、女儿和外孙女也分别与1名学生结对帮扶。

杨德广告诉记者，如果所有受助孩子都能如愿上大学，总共需要150万元善款。"我们要给贫困孩子、贫困家庭'圆梦'的希望，也让他们感受到社会上始终有人在关心、关注他们。"

谈及2015年的目标，杨德广表示将兑现承诺，去大学收集一些置换下来的电脑，捐献给西部山区学校。

"作为一名教育工作者，我愿身体力行，带给学生善的教育；作为一名老共产党员，做慈善是我义不容辞的责任，为国家和社会作出哪怕一点贡献，对我自己也是最大的宽慰。"杨德广说。

（摘自《新华网》，2014年12月23日）

《"活明白"的大学校长》

今年75岁的上海师范大学原校长杨德广没有家财万贯，但他捐出了300万元。

杨校长坦言，他自小便有成名成家的念头，受此驱使，相继圆了读书梦、图强梦，当上了教育家。

但70岁后，他更想做一名慈善家。

在担任校长期间，他就十分重视"经济效益"，而眼下用自己多余的钱做慈善，同样是"财富效益最大化"。

有人笑他是"杨德憨"，他却道自己收获的快乐"无与伦比"。

千金难买我愿意，千金更难买我明白。

"平民校长"的特别生日

2009年底，杨德广即将迈入古稀。他开始考虑如何庆祝自己的70岁生日。人老之时，多会思考两个问题：过去的日子是怎样走来的？往后的日子该如何度过？把这两个问题想清楚了，便很快有了决定。

2010年2月5日，在杨德广70岁生日这天，上海市高教学会和上师大召开了"杨德广从教45周年学术研讨会"，中国高教学会、北京大学、清华大学、复旦大学、交通大学、厦门大学等教育界代表前来祝贺。杨德广在会上郑重宣布："我决定，将自己积余的100万元书稿费和讲课费，以及卖掉一套房子所得，共300万元，分别捐赠给我的3所母校——南京上坊小学、南京九中和华东师范大学，用以帮助部分贫困生、优秀生解决学习和生活中的困难。"

果然是一位特别的校长，一个特别的生日。

在上师大任校长六年半的时光里，杨德广够轰轰烈烈了——他与领导班子成员一起，用3年时间解决了1000多户教职工住房困难；他提出"不能树木何以树人"，建成上海市花园单位、全国绿化400强，被称为"绿化校长"；他践行育人为本、德育为先的理念，在大学生中开展充实教育和文明修身活动；他主张发展教育产业，建立教育市场，倡导"大学校长既要找市长，更要找市场"，多途径为学校融资，并顶着压力开发了奉贤校区；他制定了"约法十章"，出差不乘软卧、不到外宾楼吃饭、不要专车接送等，上下班"不顾形象"地骑自行车，人称"平民校长"。

而退休后的善举，又为他赢得"慈善校长"之名。

争议与猜测随之而来。难道杨德广家庭关系紧张，不打算把钱留给子女吗？还有人质疑：杨德广哪来的300万元？

对此，老校长一笑了之。

更多是赞誉。这些年，他先后获得"上海市精神文明建设十佳好人好事""上海市慈善之星"等荣誉称号，老同事、老同学见面就夸他"崇高""了不起"。

对这些褒奖，他高兴且欣慰，但不敢认同。

唯有一次，他在母校华师大参加继续教育会议，华师大一位85岁的心理学教授对他道："老杨啊，你的事迹我看到了，我认为你做得对。你活明白了！"

"活明白了！"这是杨德广迄今认为最贴切的评语。财富不完全属于个人，杨德广从来就活得明白。

他有个习惯，每回外出讲课所得，必在本上记下金额。自20世纪80年代迄今，他受邀到校外讲课2000余场，讲课费从几十元涨到几百元乃至几千元。但他记账的乐趣，仅止于从数字的变化中触摸时代脉搏。其实，他早就想好要捐："因为这笔钱不完全属于我个人。平心而论，有些外出讲课、写书、著文章，占用过工作时间。"

对于校长身份，他亦怀着谦卑之心："人是社会的人。没有工人农民，我哪有吃穿？没有老师，我哪来的知识？没有学生，我又怎么成得了教师、当得了校长？"

如此简单的道理，杨校长是在退休后越想越透彻了。随之，一个念头渐渐浮出——既然受之于社会，就该回馈社会。于是，他开始盘点自己多余的财富：历年讲课加书稿费，共计100万元；除自住一套房外，尚余一套130平方米的房子，市值200万元。他想，金山银山，一天只吃三顿饭。豪宅万座，睡觉只占一张床，多余的财富，留给自己或子女享用，不过是锦上添花，而送给贫困之人，却是雪中送炭。"索性卖掉房子，凑出300万元，3所母校，各捐100万元"，明白人杨德广，爽快地拿定了主意。

其实作出这一重大决定时，他也想到了两位挚爱的女人。

一位是他的母亲。因为积劳成疾，母亲年仅43岁便去世了。他记得，幼年家贫，饭锅里常是野菜为主，但碰上邻居来讨饭，母亲总要刮出半瓢米。母亲道："他们比我们家更困难，已经揭不开锅了……"母亲的言传身教，深深烙印在杨德广的成长记忆中。

另一位，是与他相濡以沫30余载的夫人郭淑麟。她乐善好施，罹患重病前是上师大统战部部长，为节约公款，常把亲友送来的保健品拿去慰问教师；听说有学生身体不适，她会熬好鸡汤送到宿舍；教职员工的爱人病倒，她自告奋勇去帮忙买菜、做饭、报销医药费……杨德广无限思念妻子，他想，自己的爱心善举，也能替爱人了却心愿吧。

从农民儿子到大学校长

从农民儿子到大学校长，杨德广一刻未忘曾经的贫穷。

他是龙凤胎，家里本应欢天喜地，父母却在他与胞妹刚一出生时便面临抉择：至少送走一个，否则，家里生活难以为继。在大姐的苦苦哀求下，襁褓中的杨德广被留下，胞妹则被送往育婴堂，从此失散。杨德广出生不足百天，贫困交加的一家人被迫迁往江苏江宁县（现江宁区）农村，过着捉襟见肘的日子，唯有苦熬。他记得每年三四月，家中断粮，只能靠挖野菜果腹。幼年的杨德广甚至为了打捞家中唯一的一把镰刀，在寒冬中跳入刺骨的池塘，摸索半天，冻得险些丧命。

求学时光，依然万般节省。中学6年，他靠在沪当学徒的哥哥接济，每月10元，其中8.5元吃饭，1.5元主要用于买旧书。他常年赤脚长跑，用冷水洗澡，严冬自来水断绝就用雪洗脸。直到考取华东师范大学，他才拥有人生第一套厚实的棉衣裤和棉被。

而更令他没齿难忘的，是来自周围人的帮助之恩。小学时，杨德广常与同龄伙伴严成华一同上山砍柴，实在挑不动时，严成华喊来母亲，帮杨德广把柴一同挑回家。初中时，班主任徐之良见杨德广一家5口挤在几平方米的小房内，亲自帮他搬到南京九中的集体宿舍去住。高中时，华侨出身的同班同学林木民，每月至少两次带杨德广去饭店"开小灶"，高三时还为他订了一整年牛奶。高考冲刺前大半年，适逢学校宿舍大修，同班同学顾湘杰盛情邀请杨德广去他家住。

所以，杨德广心怀沉甸甸的感激，时时不忘报答。高中时，他已是南京最年轻的社会主义建设积极分子，同学中有学习困难者，他上门辅导；清理中山门的臭水沟，他第一个跳下去。大学时，他只选朝北的宿舍住，经常为同学打水、晒被。饭票是定量的，每人每月33斤，杨德广考虑到班上高个子男同学消耗更大，坚持每月省出三四斤饭票给他们，且效仿雷锋，做好事不留名，悄悄将饭票塞在生活委员的枕头底下。这个谜底，直到前年大学同学聚会时才被揭晓。在华东师大工作时，他每天骑着自行车路过中山北路桥，遇见拉板车的工人，一定会停下来，帮着推车过桥……

他告诉记者，最难迈过的是自己内心的一道坎：常因"亏欠"而难以平静，因为"偿还"而感到踏实心安。有一次他坐公交车到莘庄，票价1元，人群把他挤到车厢中间，直到下车后，他才想起忘了买票。他无比内疚，不久后再乘此公交车时，一上车就赶快付了2元。2002年，妻子患癌症期间，学校送来了1万元慰问金，但在两年后的校庆上，杨德广又将这笔慰问金全部捐出。

退休后仍要"有为"

杨德广有句座右铭："无为何入世，入世有所为。"

从留校任校团委书记，到调任上海高教研究所所长、上海市高教局副局长、上海大学校长、上海师范大学校长，再到退休后应邀到民办高校震旦职业学院任院长，自1965年参加工作以来，杨德广历任10余个工作岗位。他说："有所作为，是我工作乃至活着的最大动力。"他每天早上7时到校，晚上9时离校，一天工作学习10余小时。在做好本职工作的同时，他坚持高教研究，出版专著40余部，发表文章500余篇，有20多项成果获省部级以上优秀科研奖。他指导了40多名博士生和硕士生，是享受国务院政府特殊津贴的高级专家。他还荣获了"上海市青年五四荣誉奖章""全国绿化奖章""上海市十大教育功臣提名奖""群众信得过的好领导""从事高教工作逾30年、高等教育研究有重要贡献学者"等称号，一路精彩伴艰辛。

而退休后，杨德广考虑最多的一个问题是如何继续成为有益于社会的人。他整理了自己30多年的文稿，自费出版3卷本《杨德广教育文选》和《我的教育人生——从农民儿子到大学校长》，这是对自己教育实践和理论研究的总结，留给高教改革与发展的一笔精神财富。而他将300万元物质财富留给了自己的3所母校，每年各资助20多名贫困生和优秀生。每到一处捐款，他都事先约定：不要迎送，不要宴请，不收礼物，来回路费、食宿费均自己支付。但有一个要求，请对方每年提供受助学生名单，证明捐赠款确实用在了需要帮助的人身上。

"慈善校长"很快引来知音。一位企业家找到杨德广，自愿拿出200万元，商定成立"杨德广帮困助学基金"。2012年9月，72岁的杨德广与这位企业家翻山越岭数千公里，跑遍了分散在黄土高坡的4所学校。当见到孩子们中午啃着又凉又硬的窝窝头，就着地窖水吞食时，杨德广的眼眶湿润了。他决心帮几所小学建立营养午餐制度。次年9月他再去时，看到孩子们确实吃上了两菜一汤，他十分欣慰。但此时，杨德广又发现新问题——眼前这些孩子，每天来回走几个小时的山路去上学，他们中有几个真正能走出山门、走向大学？可谓凤毛麟角。

他于心不忍，当即与当地校长商定，从"杨德广帮困助学基金"所资助的享受营养午餐的1000名贫困生中，择取32名品学兼优的中小学生，给予"一对一"重点资助，扶持他们考上并读完高中和大学。

为着这个"冲动"的承诺，杨德广回沪后立马张罗。儿女和外甥女一听说，都争着认领。同时，他拟定倡议书并在社交账号上发布，还不忘友情提醒："经济拮据的学友目前不要参加，待将来经济条件较好时再参加，只要有慈善之心即可。"很快，杨校长曾经的学生、现淮北师范大学副校长李福华专程从安徽来沪认领，上师大毕业的研究生陈润奇、靳海燕、陈敏、刘岚、汪怿、向旭、季成钧、吴海燕等也专门到杨德广办公室，选定了受助对象，有些还拉上家属领取"双份"。年逾六旬的上师大人文学院的翁敏华教授翻遍了30多份受助学生基本情况表，终于选定了没写错别字的一男一女两名学生。两个月后，惊闻翁教授罹患恶性肿瘤，当杨德广惴惴不安地到她家中探望并劝她放弃资助时，翁教授却坚决道："在生命有限的情况下更要多做善事。"一时间，杨德广感动得不知该说什么。

2013年底，杨德广出差时不慎摔倒，致胸椎骨折。此时，尚余10多名受助学生无人认领，而他答应给山区寄钱的期限将至。躺在医院的两个多月里，他打电话寻找愿意资助的人。截至2014年1月初，还剩4个受助名额，杨德广本打算全部包下，没想到柳暗花明，他的学生陈敏主动在其社交账号中呼朋唤友，竟一下涌来20余人争抢。

做一个"点燃"的角色

做慈善能激起这些声响，杨德广渐渐感到，其实自己在无意中扮演了一个"点燃者"的角色。

他没想到，如今已定居日本的原上师大学生杨健，也会成为自己的粉丝。杨健20世纪90年代从艺术系毕业后，赴日留学，去年回沪看望和照顾已患阿尔茨海默病的母亲时听说了"慈善校长的故事"，于是特地来母校找到杨德广，请他预留好两个"一对一"名额。她动情地告诉记者，"我一直想找一个有意义的方式，来纪念自己在日本打拼20周年"。

更让杨健深有感触的是，当她说起为了母亲专门在日本学习了阿尔茨海默病的系统护理方法后，杨德广即表示愿意牵线，建议她在老年大学开办公益讲座。杨健的第一反应是"太好了，自己的所学派上用场了"。她觉得，现在越来越多的人有着自我实现的需求，"缺的就是像杨校长提供的这样的慈善平台，以及像他这样能够点醒我的人"。

在杨德广的慈善观里，慈善不拘形式，也无论高调低调、出钱还是出力，"关键在于尽自己的能力去帮助他人"。他不夸耀自己，而总是赞扬别人。他赞扬民办高校，你们为国家培养人才，就是慈善；他赞扬记者，你们宣传慈善，就是行善；他赞扬教师，你们将自己所拥有的知识与经验分享出去，就是慈善。

但他颇看不惯有些人坐而论道，却一毛不拔。在媒体及慈善伦理研讨会上，当有人抨击高调行善者时，杨德广会怒不可遏地驳斥："人家可是真金白银拿出来的，他不拿又怎样？捐款人反而受到不捐款人的指责，社会哪有这种舆论？"

还有一次，有人说杨校长做慈善是学的国外时髦玩意儿。杨德广立马回应："错！我学的是中国传统文化！"他记得小学时，对面一村庄失火，"没有任何号召，我们村二三十人，个个抄起面盆，从池塘开始排起长龙，用面盆接力救火。这就是中国传统文化，这就是淳朴农民的本能！"

无论外界环境如何，杨德广都做好自己，但求有为，无愧。

2003年退休后，每年新年后的第一个工作日，杨德广都要包两个信封，为上师大爱心基金和教育发展基金，各捐一笔与新年年份同样数字的钱；每年植树节，他都会为学校绿化至少捐款1000元；70岁后，每年10月，他都会去3所母校，为贫困生和优秀生颁发奖学金；他也郑重地向记者表示，除了目前自住的一套房外，其余一切所得，他都将奉献社会。

想不通、看不懂是别人的事。反正，杨德广活明白了。

（摘自《解放日报》，2015年01月20日）

《78岁老校长捐300万做慈善，每天午饭只吃阳春面》

他78岁了，午饭常常就是一碗阳春面，撒上5毛钱的鸡毛菜；也是他，从2015年起，就将自己退休金的一半捐给慈善基金帮困助学，在2010年70岁生日的时候，更是捐出了300万元。

这个差距甚大的数字背后，是上海师范大学原校长杨德广的梦想：在有生之年，资助3000名学生。如今，受他资助的学生数量远远超过了这个数字。今天，由于多年来支持困境儿童的教育，在社会公益慈善领域作出突出贡献，杨德广获得第十届"中华慈善奖"慈善楷模称号。

300万元的"生日礼物"，开启8年慈善路

"我们不过为每个学生拿出2000元，可是学生的妈妈拿到这些钱时，却感动得连话都说不出，直接跪在了地上。因为在西藏，一年收入超过3000元就可以脱贫。"今年初，杨德广去了趟喀什二中。在那里，他见到了他资助的高中生和他们的家长。

8年来，杨德广收获了太多这样的感动，因为他，很多偏远地区的学

生得以继续求学，改变命运，而这条慈善之路始于2010年，是杨德广给自己的一份"生日礼物"。那年的2月8日，70岁的杨德广决定在自己生日那天，将节省下的100万元书稿费、讲课费以及卖掉一套住房的所得，共计300万元，分别捐赠给他的三所母校，用以资助部分贫困生、优秀生。

这个特别的生日礼物，只是这个特别的校长慈善生涯的开始。

2012年，杨德广带着筹措的200万元，跑遍了甘肃、四川的4所学校。2014年，资助范围扩大到新疆、西藏、青海、广西等12个省、自治区、直辖市，杨德广建立的"阳光慈善专项基金"，挑选出品学兼优的贫困高中生，每年给予2000元资助，迄今已经资助学生500余名。就在基金成立的第二年，杨德广决定将自己每年的退休金的一半捐给基金。

"阳光慈善专项基金，一直坚持'0'管理费，收到的每一分钱，都用在贫困学子身上。"杨德广的这句话说得掷地有声，因为，除了捐赠的退休金，基金开会、购买杂物的所有支出，都由他一力承担。

活明白了，就是明白钱从何来，将向何去

曾有人质疑，身为老师的杨德广，如何拿得出300万元巨款？杨德广有一本厚厚的账本，每回外出讲课所得，必在本上记下金额。从20世纪80年代的二三十块钱一节课，涨到现在两三千块钱一节课，每一笔钱都变成了一个数字停留在账本上，最后资助了贫困学子。

"杨老师在生活中很'抠门'。捐出300万元又献出一半退休金的他，在所谓的生活品质上完全没有追求。"杨德广曾经的助教、郑州大学教授罗志敏笑言，杨德广总把一句话挂在嘴上："金山银山，一天只吃三顿饭。豪宅万座，睡觉只占一张床。"

杨德广自嘲，因为讲学，常常要飞来飞去，可他却从未"慷慨地"买过一份机场餐。"有一次在哈尔滨太平国际机场，飞机延误了6个多小时，我本想买碗面吃，却惊讶地发现居然要60元。这相当于十几个贫困生的营养

午餐,我实在下不了手,最终只是买了一桶方便面。"

对自己如此"吝啬",对客人杨德广也大方不起来。他曾宴请学生在普陀山吃饭,面对180元一斤的鱼,杨德广厚着脸皮提出,实在是太贵,咱们别吃了。最终,花20元请学生吃了顿盒饭。

杨德广不是没有钱,只是他觉得,钱应该用在更值得的地方。

这些年,杨德广收获了如潮的赞誉,还先后获得"上海市社会主义精神文明十佳好人好事""上海市慈善之星"等称号。在2014年,更是受到了习近平总书记的接见。对他来说,这些荣誉让他高兴而骄傲,但华师大一位心理学老教授的一句话,却真正说到了他的心里:"老杨啊,你的事迹我看到了,我觉得你做得对。你活明白了!"

"活明白了",杨德广细细地掂量着这句话,豁然开朗。"我终于知道,作为一个平凡的农民儿子,我赚到的钱来自社会和人民。如今,我把社会给予我的财富,还给了那些需要帮助的人。活明白了,就是明白钱从何来,又将向何处。"

慈善的最大财富不是金钱,而是传承的精神

江冬冬今天进入同济大学读博士,而他的弟弟江录春也已保送上海交通大学硕博连读,他们都曾得到杨德广的帮助。

两兄弟的父母是上海师范大学的清洁工和保安,贫寒的家境让他们当时打算放弃深造。"我们读完本科,就应该开始工作挣钱。"江冬冬说。然而,看着二人优异的成绩,杨德广毅然拿出两万元,分赠两兄弟,资助他们完成了学业。"只要他们刻苦学习,报效祖国,我不要他们任何回报。"杨德广说。

因为这样一份赤诚,杨德广在例行捐赠之外,还常常随手帮助身边的人,那些人可能是他的学生、他的同事,甚至是他隔壁病床的护工。他的无私奉献更是影响了身边人。

如今,"阳光慈善专项基金"已经收到捐赠善款301万元,其中有企

业、商人，还有受过杨德广恩惠的普通学生，这些已经毕业的学生几个人凑5000元，"认领"一个贫困学生；还有一位学生将工作后的第一个月工资全部捐出……

（摘自《文汇报》，2019年09月05日）

第三节　师生的回忆和评说

翁敏华："绿色校长"的绿色人生

杨德广先生调任上海师范大学校长是在1996年6月，我刚从日本第二次游历回来，心很散，便写写散文过日子，对于新校长的到任、施政演说什么的，一概不怎么关心。后来学校最后一次福利分房，我没分到，更消极了。再后来有了校外的优惠商品房，我买了秀枫翠谷的一套三室一厅，搬过去感觉很好，于是写了一篇《搬家》，发表在《文汇报》上。1999年春节，杨德广校长从初一到初七，骑车到37位教授家拜年，我家也是其中之一。我秀峰翠谷的家在六楼，杨校长和校办主任金志华老师，骑了六七站路，又爬了六层楼到了我家来！我当时很感动。杨校长坐定，就提及我在报刊上发表的几篇文章，表扬我勤奋与健康的文风。这可不是临时做"功课"能达到的。一校之长如此关注自己的部下，令人动容。

校长还详细讲了建房经过，怎么锲而不舍地四处求助，拿到地皮，拿到房源，给住房困难的教工们改善居住条件。"我刚到学校调查研究中，看到一些学有所长、学生拥戴的中青年教师，一家三口住在十六七平方米的琴房或筒子楼，眼泪都下来了。我在校长会议上立下军令状，给我3年时间，我一定改善广大教工的住房条件，不然我辞职！"

原来事情的经过是这样的！我惭愧，只知享受成果，却没有参与，甚至连了解都谈不上！看着校长像老朋友一样和盘托出，我对眼前这位校长的最初印象是：一位实干家，一位心直口快的人，一位不装腔作势、能与部下交心的人。同时，还是一个童心未泯的性情中人。杨校长还说，老师们纷纷搬进新房，却很少有人谢谢他这位劳苦功高者，好像理所当然似的。所以读到我在《文汇报》上的《搬家》，他心里得到很大的安慰，特来表示感谢。

我无地自容。我是这位校长3年艰苦努力的得益者，我也仿佛理所当然似的享受起3倍于原来面积的崭新公寓，尚没有表示过谢意，却因一篇文章，颠倒转接收到他的感谢！是啊，校长也是常人，做了好事也希望得到肯定，若是满眼冷漠，谁都会心寒的呀！

记得我原来住在38平方米的斗室时，每来一位日本朋友，看见厨房说小，看见阳台也说小。如今到我94平方米的新房来，都说大了，还说日本国土面积小，日本人才不会造这么大的住宅供人居住呢。这让我感到满满的自信和骄傲。

那天我们三人坐着闲聊了许多做学问的事。听金志华老师讲杨校长的小故事，这才了解到这位教育家校长非常勤奋，没有双休日、寒暑假，业余时间全用于读书和写作。校园通向他居住的小区有一道小门，晚上10点关门，常常是埋头写作忘了时间，等醒悟过来已近10点，只好百米冲刺跑着回家，甚至回不了家，返回办公室将就一夜。听了这些，我深受感动。是杨校长的热情点燃了我的热情，校长的精神振奋了我的精神。正是在这一年，我开始魂归学术、用心教学，申报了国家社科项目，争取当教授、当博导、带研究生，后来又参与创建女子学院，出任妇委会主任，成了一个学有所成的学者和合格的老师。

杨德广校长出身贫寒农家，拥有苦难的童年、艰难的青少年时期、磨难的中年。如今，年届80岁的他，已经从事慈善事业10年，堪称"慈善的晚年"。或许，在"慈善"一词前面，还能再加上"绿色"二字。杨校长刚来上师大时，除了盖房子，解决教职工蜗居的问题外，还做过一件大事：绿化校园。初来乍到，百废待兴，千头万绪不知从何抓起，新校长竟从绿化抓起，提出"以绿气促人气"的口号，这很出乎大多数人的意料。当时反对的声音不止一点点，更多的人是冷眼旁观。

杨校长力排众议，带头建立绿化基金，亲自利用节假日参加义务劳动，植树种花，让师大人心往一处想，劲往一处使，坚持了下来，大见成效。当一座"土不见天，绿树成荫，花不间断，四季飘香"的花园式校园真正出现在人们眼前时，大家这才回过味儿来：啊！原来绿化校园有这样大的好处！

近年来，学校上下众口一词，都念早已退休的老校长的好。每当研究生复试面试，问及为什么报考上海师大时，十有八九的考生会说，是"美丽校园"俘获了他们的心；每当召开全国性、国际性会议，听着来自各地、各国的学人赞美我们学校风景如画时，我们就无比骄傲，也为自己曾经在杨校长的带领下，作出过一点点贡献而自豪。

杨校长跟我说过，刚到上师大时，黄刚教授说过的一句话给他留下了深刻印象。他说，上师大缺这缺那，最缺的是"精神"。从那天起，杨校长就在寻觅精神建设的切入口。抓一所高校的精神面貌，居然从绿化抓起，并卓有成效，这大概是农民儿子出身的校长才会有的灵感。究其本质，农民的儿子毕竟是自然之子，深切懂得大自然母亲在安抚、矫正、滋养人心方面的巨大作用。

在校长任上的杨德广，每天骑自行车上下班，低碳得很。连到校外交涉要地皮，他也骑车去。在校园里，常常可以看到他骑车与你擦肩而过，不加注意，谁也不会知道他就是我们的校长。

一个农民的儿子通过努力，可以成长为一名大学校长，这已然被杨德广的人生所证明。但是，我们要的不是每个农民的儿子都去当校长，而是从他身上学到的是人生底色。绿色，这是最青春、最健康、最朴素的颜色。如是观，就能不局限于将其只看作"平民校长""绿化校长"，而能在不论农民儿子还是什么家庭的儿子都可以学习、借鉴的普适层面上，总结杨德广的意义。

2010年，杨德广先生七十大寿，出版了一本自传体大书《从农民儿子到大学校长——我的教育人生》。我刚拿到手，便先睹为快，翻到了杨校长夫妇伉俪情深的段落。我对杨夫人郭淑麟老师的熟悉程度，甚至超过对杨先生。我看到郭淑麟老师小时候是报童，10岁就每天凌晨4点起来去卖报。卖完报，再赶去报童小学上学。幸好赶上解放，她和杨德广都成了共和国自己培养的大学生——华东师范大学地理系1961届本科生。同窗四年，情深意长，终成连理。杨德广是郭淑麟的入党介绍人。两人一个留校当团委书记，一个参军到东海舰队当气象员，"文革"中聚少离多，初为人母的郭老师吃了很多的苦。终于熬到改革开放，两人先后来上师大工作，一个当校长，一个当统战部长，都是作风正派、认真负责、和蔼可亲的人，与群众的关系都很好。一儿一女两个孩子也很争气，那是夫妻生活中最美好的一段生活。因为我是民主党派人士，所以与统战部长打交道更多些。记得我有一段时间颈椎不好，郭老师还专程陪我去东华大学一个研究部门，买了一个特制的枕头。

不幸的是，郭老师60岁刚刚退休不久，就得了重病，一病不起，于2003年5月2日去世。那天杨校长一脸悲切地去找我，说郭老师生前非常喜欢女教授联谊会，多次怀念与姐妹们在一起度过的欢乐时光。我惊叹，原来郭老师也有童心，也有玩心，可惜，在她有生之年，玩得太少了！可惜，作为同事加姐妹的我，知道得太晚了，不然，说什么也要把她时不时地从繁忙的工作中揪出来，劳逸结合，调剂身心，说什么也不能让她就这么积劳成疾呀！杨校长也后悔莫及道："老郭生病后，也不让我们给她找护工，说不忍心看别人为她辛劳。我后悔，我没有说这是解决一个人的就业问题呀，不然，她也许就会同意了。唉，来不及了。"杨校长泪流满面。

一个忘我的人！两个忘我的人！

2003年，女教授联谊会出面，为郭教师举行了一个简单朴素而真诚的告别仪式。我在告别词中说："郭老师是为工作来到这个世上的，如同有的人为文学，有的人为科学，有的人为爱，甚至有的人为金钱。我觉得，郭老师来这世上一遭，全然是为了工作，不然，何以解释她刚刚退休就匆匆离去呢？"事后杨校长说，听到我的这句话，他的心，为之一松。

郭老师去世至今已16年了。杨校长将其精力与财产都投入慈善事业，至今独身。

杨德广教授是一位高等教育学研究者，教授，博士生导师，享受国务院政府特殊津贴。杨德广的勤奋在上师大有口皆碑。他的研究生们都有点"怕"他，因为这些莘莘学子，尚不能与年届80岁的导师比勤奋，甚至有的人连手腕也掰不过他。有一年国庆长假刚过，杨老师问研究生们这七天都做了什么，有的一两天用于学习，有的三四天看了点书。七天里全在看书、写作的，唯有他们爷爷辈的导师杨德广，那几天他还去外地开了个会，晚上就在宾馆看书写字，房间里灯光幽暗，他就到卫生间写作，他把写于卫生间的文章拿出来给学生们看，让学生们大受震撼。第二年国庆长假，就有两位同学效仿导师，放假七天学习了七天。

杨德广老师高教研究硕果累累，发表论文500余篇，出版专著40余部，完成各级研究项目、课题20余项，获得的各级奖项也数不胜数。他让他的学生和朋友们看到，罗马不是一天建成的。杨校长在学校里是许多老师的学术榜样、人生楷模。如今，有时休息日在校园散步，抬头看到他的研究室开着窗，或者晚上开着灯，就知道他老人家又在读书写作了，于是急忙赶回去，也将自己埋进书堆。

同时，杨老师又是一位生动活泼、有情有义的人。他对学生很好，是位好老师。他竟能记得哪位同学饭量大，吃工作餐时会多拨一点饭给他；他的研究室里有一个小冰箱，里面塞满水果、饮料、饼干，也是随时给年轻学子垫饥的；他的研究室墙上还挂有一把二胡，与学生讨论学术问题累了，或谈论文谈"僵"了，就"学子唱歌师奏琴"地来上这么一段。联欢会更不用说了，杨氏二胡独奏是保留节目。每个学期结束时，他还会给学生印发"良言"，如"世界上最重要的一个字是'今'，牢牢抓住今天，不要等待明天"云云。他心中一直有别人。我在一篇文章中透露过自己有写日记的习惯，杨校长便送了我一本非常漂亮的日记本，并题词鼓励我把健康的、有意义的写作进行到底。

杨德广在培养研究生成人成才方面很有一套。记得叶圣陶先生有一句关于教育的名言很深刻，他说："教育是农业，不是工业。"教育是讲究播种的，而不是批量生产。这就与德国教育家第斯多惠说的"教育的艺术不在于传授本领，而在于激励、唤醒、鼓舞"有异曲同工之妙。杨德广是这两位教育大师理念的实践者。在讲课之前，他都要先让一两位学生谈谈上一节课的体会，慢慢地培养了学生的听课能力、思考能力与概括能力。有的课他让学生准备、串讲，导师点评，让学生得到了很大的锻炼，使学生的备课与讲课能力、笔头与口头表达能力得到了飞速的提高。对于《高等教育管理学》课程，他别出心裁，聘请其他校领导来讲课，有的讲本科教育改革，有的讲新校区开发，有的讲国际交流与合作办学，有的讲学生宿舍管理，等等，这些鲜活的例证和接地气的经验，让这些不久要走上教育管理第一线的学子们，懂得了研究生深造是为了经世致用，而不是空谈理论。杨老师有段时间在双休日给在职教师培训班上课，也带着研究生去听课，令他们时时触摸教育最前沿的脉搏，使他们保持"时刻准备着"的状态。杨门弟子管这种形式叫"走课"。

学者校长杨德广，还是个性情中人。他告诉我比他小十几岁的年轻学子，跟他掰手腕竟输给了他，他得意得哈哈大笑，怕我不信，还翻开手机给我看现场照片。一次我到校长室汇报工作，结束后，他让我唱一首《北风吹》，用二胡给我伴奏，等我唱完告辞出来一看，走廊里站满了人，副校长、副书记、各处处长，他们都用惊讶的眼光看着我，不明白大夏天的，"北风"打哪里吹来。2000年，杨校长请我作为教师代表，在毕业典礼上给毕业生讲话，我别出心裁地讲了自己大学毕业时的"倒霉蛋"的往事，以及"得意不忘形、失意不失进取心"的人生感悟。偌大的礼堂鸦雀无声。最后杨校长致辞，他走到我身边，轻声道："翁老师，你讲了以后，我都不敢讲了。"这一刻，我就认定这位校长是个性情中人，朴素、不装，有啥说啥。

70岁那年，杨德广做出了一个决定：把自己的300万元，分别捐赠给培养教诲自己成人成才的小学、中学和大学，以资助学习勤奋的贫困学生，每年有250名学生受助，10年逾2000人。两年后，在一位企业家的帮助下，杨德广集资200万元，资助西部两个贫困县的小学生营养午餐，每年受益学生1000人，连续资助了五年。正是在营养午餐资助过程中，杨老师发现，这两所学校有一些优秀勤奋的学生，由于家庭经济条件困难，面临辍学。2013年，杨德广带着三十几个优秀贫困生的名单返回上海，为他们寻求"一对一"帮困助学的热心人。小学生每人每年资助2000元，初中生每人每年资助3000元，高中生每人每年资助4000元，考上大学的每人每年资助5000元。杨先生先从子女、亲戚动员起，再延伸到学生，又延伸到同事和朋友。正是在那年秋季，我到杨先生的办公室去，原是打算聊聊写作，忽看到他办公桌上摊着一叠表格，上面幼稚的字体，却填写得认真。原来，这是甘、川的三十几名优秀贫困生名单。我已经听说了杨校长卖房资助母校、为贫困生提供营养午餐等事迹，也曾经想过要参与其中，出一份绵薄之力。这下，机会就在眼前，于是我一边翻看表格一边说："我认领两个吧，但必须是表格上没有错别字的。"

杨校长笑了，说不愧是中文教授，要求跟别人不一样，我要把这一点转告这些学生。

我说："既然是优秀生，我就严格要求你。"

不久，我生病住院，杨先生来看望我，说："看病、养病会需要很多钱的，翁老师你就不要参加帮困助学了吧。"我说："生病了，更得参加，做好事是最有效的疗养。"

如是，对这两个学生的资助，一晃六年，其中的女生从初中升到了高中，又考上了大学，男生则从小学升到了初中又上了高中，他从四川转学到贵州，我的善款也跟着转了过去。读着他们发来的感谢短信，我心里暖暖的，就像沐浴在冬日阳光里。

每年年初，我还随杨老师一同为学校捐款，捐给爱心基金或发展基金。年之初，事本善。正如杨老师所说："一年中的第一天就做好事，会带来一年的快乐幸福。"杨先生从2010年起开始捐款，如今已经10年，我从2014年起追随，如今也已有6年了。后来，他还自购了6000株竹柳苗木送给奉贤地区的3所大学，还多次组织义务植树活动，绿化祖国河山，改善生态环境。

杨德广先生所创的慈善基金名为"阳光慈善专项基金"，标志是一颗浑圆的太阳，由三色组成，顶上是金红色的，中间的海浪波纹有一线白色，底下是绿色的，那是一片正在茁壮成长的青葱植物的幼苗，浓郁得将太阳的一角染绿。这个标志，与我曾经下乡的北大荒集团的标志——一颗绿色的太阳和一片黑土地，多么相似乃尔！是啊，教育事业是太阳底下最崇高的事业。慈善事业的底色，是纯净的绿色！

我写过一首小诗，记下自己"追随阳光"的"三部曲"。那年年底在"阳光慈善"的总结大会上，我把她献给了尊敬的杨德广老师。

我曾经艳美阳光

艳美阳光下的桃李芬芳

也想借一缕阳光驱逐阴霾

也想携一片阳光消融冰霜

我曾经向往阳光

向往阳光下的慈善担当

黄土坡学堂的营养午餐

小山村深处的书声琅琅

如今我追随阳光

追随阳光下的崇高奔忙

爱心催发出中国梦的实现

善行托举起一代新人的成长

我追随慈善团队的"领头杨"

愿人世间正气盎然、志高德广

（翁敏华，上海师范大学人文学院教授、博士生导师，兼任中国民俗学会理事、中国戏剧家协会上海分会会员、上海作家协会会员、上海民间文艺家协会理事、上海中国戏曲学会副会长等职）

丁静林：课堂育人，管理育人，情感育人，慈善育人

习近平总书记在全国高校思想政治工作会议上强调，教师不能只做传授书本知识的教书匠，而要成为塑造学生品格、品行、品味的"大先生"。在我看来，我的导师杨德广教授就可称得上是这样的"大先生"。他在高等教育理论研究方面取得了丰硕成果，在教书育人实践中积极探索，辛勤耕耘，言传身教，同样取得了不凡的成绩，深受同行赞誉和学生喜爱。

什么是教育？德国哲学家雅斯贝尔斯认为，教育的根本任务是关注人的精神世界，教育的根本法则是像云朵推动云朵一样，用人的精神力量去影响他人的心灵，促进他人精神力量的健康成长。杨老师始终坚持"成才先成人，育才先育人"的理念，将成人教育作为教育教学的根本，将"人"的教育贯穿教学始终。作为杨老师的学生，我有幸亲历他的育人过程，深刻感受到这种育人的力量，并且直到现在仍被影响和教育着。下面我从课堂教学、教育管理、情感交流、慈善义举四个方面谈谈杨老师的育人实践。

现身说法，教会学生做什么样的人

研究生阶段，杨老师给我们开设了三门课程——《高等教育学》《高等教育管理学》和《现代教育理念》。在他的课堂上，没有高深理论的生硬灌输，有的是丰富翔实的案例和通俗易懂的讲解；没有高谈阔论，有的是娓娓道来的为人、为学、为官之道；更没有照本宣科的枯燥乏味，有的是热烈的师生、生生互动交流的氛围和幽默风趣的话语。杨老师丰富的教育人生本身就是一本活的教材，内容丰满而又生动有趣。正如2017级高等教育学专业谭娇所说："他的人生经历和教育智慧，对我们是一种巨大的影响，这种影响对我们来说，深远而深刻。"

我永远忘不了研究生的第一堂课，那也是杨教授《现代教育理念》的第一堂课。记得那天下午，我带着研一新生特有的那份欣喜、自豪还有好奇，等待着杨老师这位曾经的上师大校长来上课。当看到一位个头不高、精神矍铄的老师走进来时，当看到他用慈祥的目光环视教室时，我才意识到，原来大学校长也可以不是高大威严的啊！而之后演示文稿上显示的标题——"责任与使命，成才与成人"更是让我意外，对教学有着狭隘理解的我认为这分明和教育理论没有关系嘛！

杨老师先介绍了当前国内外形势，指出尽管改革开放以来中国的综合国力得到了提升，但在经济、科技等诸多方面仍落后于西方国家，需要青年一代学好本领，投身国家建设。之后，杨老师现身说法，谈自己童年的苦难，当时吃不饱穿不暖，导致面黄肌瘦；谈中学时得知美国飞机经常侵犯中国领空，而我国却无力将入侵的飞机击落，他很气愤，下决心奋发图强，改变中国"一穷二白"的面貌，从而萌发了"图强梦"。当时体育老师的一句"要健康地为祖国工作50年"，激发了他锻炼身体的热情。他刻苦学习知识，广泛阅读，积极参与学校各类科技、文体和社会实践活动，一步步地沿着德智体美劳全面发展的道路前进，为今天的成功打下了良好基础。

正当我们听得津津有味时，杨老师忽然问道："你们考研的动机是什么？"这个问题让讲台下的我们猝不及防，全班鸦雀无声。我低着头，生怕被喊起来回答，内心满是羞愧。一直以来，我认为自己是一个勤奋的人，考上研究生也是自己不断努力的结果，可是我的努力只是为了改变我的现状，为了能有更好的生活，却从未将自己的努力和改变国家、社会的面貌联系起来。那一刻，我羞于表达我的内心想法。幸亏杨老师没再一一问起，否则我将无法回答。

这一灵魂的拷问，对我触动很大，让我意识到自身思想的狭隘。多年来，我们听惯了"大道理"，听得多了也仅仅把它当作束之高阁的教本而已，其实并没有入脑、入心，没有真正将其内化为行为的准则和努力的方向；而面对物欲横流、嘈杂浮躁的社会环境，很多青年人急功近利，成为"精致的利己主义者"。杨老师的第一堂课，他用他的人生经历，引导我审视自己，认识到自身存在的问题，意识到青年一代应该承担的责任和使命，弄明白我应该成为一个怎样的人。这堂课不仅是我专业学习的入门课，更是我做人的入门课！

很多同学与我有同感。2007级研究生李玉美的评价很有代表性："经杨老师首节课一番语重心长的教导，大家开始有意无意地追忆起先烈们的壮志，开始重温先贤们的豪情。历史上同龄人的沸腾热血提醒我们，读书的终极目标不能只是一己之利的实现，只有把自己的奋斗动力建立在爱国之情的基础上，才可能有更高远的跨越；只有上紧了发条的钟表，才能经得起时间的考验而动力长久。杨老师如此开篇方式给我们以鞭策，让我们用自豪而充分的理由说服自己，把个人的价值与国家、社会的利益捆绑在一起，动力不竭，奋斗不止！"

在之后的课堂教学中，杨老师在传授理论知识的同时，还会运用自己丰富的阅历和深刻的体会阐述为人、为学、为官之道，朴素的话语蕴含着深刻的道理，每每都让我们有"听君一席话，胜读十年书"的感觉。比如杨老师在课堂上赠送给我们一些"不可不思的良言"，这些良言都是杨老师在过往的学习、工作中对他产生过重要影响的充满智慧的话语，每次赠送时，杨老师都会结合自身体会和个人经历进行解读，帮助我们吸收良言的精髓。杨老师说得最多的一句良言就是"无为何入世，入世有所为"，这也是他的座右铭。他认为人来到这个世界就要有所作为，因此，不管遇到多大困难和阻碍，只要对多数人有利、对全局有利、对长远有利，他都会"抗住外来的干扰、抗住自身私心的干扰"，忘我地坚持下去。像上师大奉贤校区开发、取消福利分房制度、绿化校园建设等等，当时反对的声音不少，但在杨老师的坚持和领导下，最后都取得了成功。在赠送"世界上最重要的一个字是'今'，牢牢地抓住今天，而不要等待明天"这句话时，杨老师说起他送儿子去日本留学的故事。作为父亲的他临行前送给儿子两样东西，一样是一包土，希望儿子不忘故土，学成之后报效祖国；另一样东西就是这句话，希望他珍惜时间，勤奋努力，学有所成……每一句良言背后都有一个令人奋起的故事，每一句良言都犹如一面旗帜指引我们前行。

如果用现在"课程思政"的理念去评判杨老师的教学，那么，杨老师的课堂可以作为课程思政教学的范本。他始终将"立德树人"放在第一位，将"育人"贯穿教学始终，用独特的教学艺术实现教育教学的目标。

充实教育、文明修身，培养学生全面发展

杨老师上课内容丰富，形式多样。在杨老师的课堂上，并非老师"一言堂""满堂灌"，生生、师生互动交流在课堂上得到充分体现。在他的课堂上，有最新的教育教学理念和方法，比如翻转课堂、微课堂等。他对研究生的要求是"能说会写"，因此在教学中他不仅要求学生写心得感想、写短评、写课程论文，还要求学生独立讲课、做读书报告、组织辩论赛、进行演讲，等等。上过杨老师课的学生都有一个共同的感受，就是很忙、很累，但又很充实。

这样的上课形式确实让学生收获很多，成长得很快。我至今还记得当时做读书报告的情景。杨老师说每人介绍一本书，全班20多名同学，一学期下来就相当于每人读了20多本书，这可以大大提高读书效率。检索、选

择、阅读书籍，制作演示文稿，分享读书报告，这其实是不断吸收书籍养分和提升能力的过程。记得当时我选择的一本书是《皮格马利翁效应》，书的主要内容是赞美和鼓励在工作、家庭、人际交往中具有重要作用，人们应该学会赞美。这本书对我后来的学习、生活及人际关系产生了巨大的影响。我很庆幸自己选读了一本好书，正是当时对这本书的反复研读，使我不仅熟悉了书的内容，也充分领会了它的内涵和精神，并自觉地把这种精神内化为我的实际行动，从而不断进步和成长。我惊诧于书籍的力量，也感激杨老师组织的读书报告活动。

这种"充实教育"不仅让课堂形式丰富多彩，更加吸引人，同时，让学生在忙碌中学到了更多知识，培养了学生的时间意识，提升了他们的自学能力、表达能力、信息收集与整理能力等。我了解到，其实早在1996年，杨老师担任上师大校长时，针对大学生中普遍存在的"松懒散"现象，就倡导实施了"充实教育"，即充实学生的教育内容，充实学生的课余活动，充实学生的精神生活，让学生多方面吸收营养，充实、丰满自己。为了开展充实教育，促进学生德智体美全面发展，杨老师提出实行"四个制"：一是多张证书制，二是干部轮换制，三是半年实习制，四是综合测评制。此外，为了尊重学生个性发展、开发学生潜能，他还率先在上海师范大学实施学分制、转专业制、中期选拔制、插班生制等。他认为要判断"充实教育"实施效果如何，最直观的标准就是看学生们是否都忙起来了、都动起来了。实践证明，通过"充实教育"，同学们的精神面貌有了很大的改观，学风也大有好转。杨老师的"充实教育"理念与2018年教育部提出的"对大学生要合理增负""高校要严把出口关，改变学生轻轻松松就能毕业的情况"等观点不谋而合，可见杨老师的育人理念具有前瞻性，经得起时间和实践的考验。

除了实施"充实教育"外，杨老师还倡导在全校开展以清扫校园卫生为中心的文明修身行动，将其作为德育工作的重要载体和抓手，这也是他"德育首位、育才先育人"教育理念在教育管理实践中的重要体现。杨老师认为，大学生中独生子女多，他们从小缺乏劳动锻炼，开展文明修身活动有助于增强学生的劳动观念，养成热爱劳动的良好习惯，全面提高学生素质。文明修身行动刚开始遭到部分学生和家长的反对，甚至有家长到学校投诉，经过杨老师耐心解释，家长接受了学校的教育方式。杨老师身体力行，经常与学生一起打扫卫生，用实际行动教育和影响大学生。据说当时学校拿出一部分厕所让学生打扫，刚开始也有人反对，认为不合适，也担心没人报名，但岗位公布后，报名人数出乎意料地远远多于需求人数。这充分说明通过宣传和有效组织文明修身行动，校园里已形成了崇尚劳动的浓厚氛围。

文明修身行动的成效可以从学生的感想中得到体现。当时理工信息学院的一位同学说："我参加卫生包干后，真正懂得了劳动的不易。就说拖洗手间的地板，为了能拖干净，我每次要连拖三遍，拖完后自己不忍心踩上去。在希望别人能够珍惜自己的劳动成果的同时，也意识到一定要尊重别人的劳动。"正如杨老师所说，这种劳动意识、公德意识、环保意识和自立意识的培养，是课堂教学很难实现的，它只有在实践中实施、在行为过程中体验，才能达到更好的教育效果。

言传身教，传递学生爱的温度

杨老师对学生的关心和教育不仅仅体现在课堂上，在课下交流得更多。如果说课堂上杨老师更多的是"言传"，那么，课下的日常交流则是"身教"。这种润物无声的"身教"对学生的影响是无形的，却更加深刻、久远。

读研时，我们经常在杨老师的办公室里看书。他的办公室书架上满满的全是各类书籍和杂志，在那里学习，既可以方便查阅各类资料，遇到问题时还可以随时请教杨老师，所以我们都喜欢去他的办公室学习。令人感动的是，因为担心我们学习时饿肚子，杨老师在办公室里放置了冰箱和微波炉，冰箱里塞满了他从家里带来的各种水果和零食。有时候杨老师外出用餐，他怕浪费会把饭菜打包带回，放进冰箱里留给我们吃，这样我们既可以加餐，又省下了一顿伙食费。与杨老师朝夕相处，对他的了解也就更加深入，他的治学精神、生活信条、做人原则等都体现在他平时的一言一行当中，也深深地影响着我们。

平时除了出差、外出讲课，杨老师基本在办公室。他每天早上7点半到办公室，晚上10点左右离开，节假日和双休日也是如此。"天才是百分之一的灵感加百分之九十九的汗水"，杨老师用实际行动诠释了这句话的内涵，他的成就绝非偶然，而是用勤奋和汗水换来的。由于不习惯用电脑打字，杨老师所有文稿均为手写，是一格子一格子"爬"出来的。杨老师的手稿往往是各种大小不等的纸张混在一起，用的稿纸很随意，纸头上除了密密麻麻的文字，经常会粘贴一些大大小小的纸条，有的是收集的报纸、杂志上的一段话，更多的是他自己做的笔记，有时可以从字迹颜色判断出笔记是不同时间做的。杨老师开玩笑地说，他写文章就是"剪刀加糨糊"的手工活。这一篇篇看起来"杂乱"的文字留下了他查阅资料、做笔记、整理文献的痕迹，更是学术成果背后所倾注的大量时间和精力的印证。在帮忙输入文稿的过程中，我一边输入一边阅读，每次都感觉手上的那一沓稿纸沉甸甸的，其中浸透了杨老师多少心血啊！每次将这些"杂乱文字"输入成稿时，我都有种"化腐朽为神奇"的成就感，这种直观的感受每每都让我对学术研究充满敬畏之情，对杨老师的敬意也油然而生。每次帮他输入文稿，杨老师都要一再向我道谢。我时常庆幸自己可以成为他新作的第一位读者，他刻苦勤奋、严谨治学的态度深深地感染着我，这是一个很好的学习和受教育的过程，我应该感谢他。

杨老师平易近人，待人和善。师从杨老师的我们是非常幸运的。尽管杨老师平时很忙，但是他总会抽时间找我们谈话，询问生活、学习近况，有没有遇到什么困难，然后为我们指点迷津。听杨老师说话有如沐春风的感觉，他很少批评人，发现问题也是随和地指出来，他总会发现每个人的优点，加以肯定和表扬，并会基于每个人的优势提出适合个人发展的建议，往往切实有效。2006级研究生郑芬说："每每上完他的课，除了敬佩他渊博的知识外，最让我感到振奋的就是有了和这样一位学高身正的师者交流的机会，常常有'一语惊醒梦中人'的感觉。杨老师治学非常严谨，受他的影响，我懂得了什么叫踏实做人、认真做事。后来，我开始对写作充满信心，文笔也变得越来越好，现在我能从事文字编辑工作，不得不说是得益于杨老师的教育和感染。"

周末或节假日，杨老师经常邀请学生们去他家吃饭，一是要给学生们加餐，二来餐间可以更充分地交流。杨老师会提前询问大家喜欢吃什么，然后他亲自去菜场采购食材，再回家配菜、烧制。开始我们觉得很不好意思，他就解释说家务劳动是对脑力劳动的调剂，是一种有效的放松方式，是劳逸结合的体现，他觉得烧饭也是一种享受，仿佛我们的到来让他得到了"解放"，这让我们心安了许多。席间，大家一边享受美味，一边轻松愉悦地畅谈，谈学习、谈生活，也会谈娱乐八卦、社会趣闻轶事，熟悉之后，我们会经常和杨老师开玩笑，这种感觉既是师生，又是朋友，更像家人一样！

不仅如此，为了促进同门间的联络和感情，杨老师每年春季都会组织一次同门聚会，所有开销由他一人承担。他要求出席人员每人准备一份不超过50元的礼品和一段祝福语，席间进行礼品互换；他还把家中珍藏的藏品拿出来，作为现场抽奖的奖品发给大家。我毕业已经有11年了，除了今年，我每年都参加。同学会上大家相互交流，好不热闹！有的人还会把家属也带去，一起感受家庭聚会般的现场气氛。在杨老师的建议下，我们还专门建立了"阳光同学会"微信群，大家经常会在群里交流信息，互帮互助。同门这么多人，大家亲如一家，正是杨老师非同一般的向心力、巨大的人格魅力把大家聚集在了一起。

慈善义举，影响教育千万人

杨老师始终心系教育，关心下一代的成长。他之所以爱生如子，这和他本身的仁慈、善良、宽容的品性是分不开的，但更重要的是他作为一名教育工作者所具有的高度责任感和使命感。他经常跟学生们说的一句话就是："你们是国家队队员，以后要为国家建设服务。"他深知教师的责任是培养社会主义建设者和接班人，关爱学生就是对国家的未来负责。这份社会责任感让他比一般人站得更高，看得更远。当有一天他将全社会作为课堂，将慈善作为讲台，全身心投入帮困助学之中，这种"教育实践"对于我们心灵和思想上的教育和影响是震撼性的！如果说在教育工作岗位上，杨老师影响的是一小部分人，那么，退休后他所从事的慈善工作，影响的是一大部分人。这种影响或许不是立竿见影的，但正是这种潜移默化的影响才能够起到意想不到的效果。学生荣彬说："起初认识老师时，是崇拜他的学问和管理才能，在自己的读研生涯中，每每遇到难解之问和困惑总能得到老师的悉心指导，一扫阴霾。后来才发现老师对于人生，对于人活着到底是为了什么做出了最真切的表率——生命的意义不在于追求成功，而在于奉献，这对于我的人生产生了很大的影响。"

2010年，70岁的杨老师正式开始了他的教育慈善事业，践行他人生的第四个梦——"慈善家梦"。杨老师将自己积攒的书稿费、讲课费100万元和卖掉一套房子所得的钱款凑足300万元，资助了他就读过的小学、中学和大学三所母校，设立奖学金和助学金。这一行为在社会上引起强烈反响，多家主流媒体争相报道，"老校长卖房助学"一度成为热点话题，引发人们热烈的讨论。杨老师每年都要去三所母校颁发奖学金和助学金，并跟学生们讲述自己的成长经历，鼓励他们学好知识、练好本领，将来报效祖国，并希望他们日后有能力时要多帮助他人。

前些年，杨老师每年都到西部地区资助小学生营养午餐。他第一次踏上大西北的黄土高坡，看到小学生们中午从书包里拿出又冷又硬的馒头放在嘴里啃的时候，不禁流下了泪水。他们既没有菜吃，又没有水喝，当地没有自来水，也没有井水，只有窖里的水。杨老师后来在多个场合讲述过这段经历，每次讲起，他都神情凝重，眼神里充满对孩子们的怜爱之情。经过杨老师一行人的努力，加上当地政府的关心，当地小学生午餐问题得到了很好解决。

2014年，杨老师发起创建了"阳光慈善专项基金"，开展"阳光优秀生"帮困助学活动，每年把自己退休金的一半以上拿出来做慈善。杨老师的善举影响和带动了身边很多人，他的子女、朋友、学生，还有许多爱心人士和企业家纷纷加入了"阳光慈善之家"，帮困助学团队不断发展壮大。当谈到为什么要做慈善时，杨老师说，他想用自己的实际行动带动更多人参与慈善。一个企业做慈善可以影响几百人、上千人，一个人做慈善可以影响到一家人及周围的人，只要长期坚持下去，这个社会一定会有越来越多的人知道慈善、参加慈善、人人行善。

以前我一直认为慈善是富人的"专利"，只有有钱人才能做慈善，通过杨老师我才知道，原来做慈善不一定要捐款捐物，精神慈善更加重要。杨老师认为，慈善不仅表现在物质上，更表现在精神上、言语上和行为上。他说："一个人的言善、眼善、面善，待人和颜悦色，面带笑容，对人热情、尊重，都是慈善。"杨老师认为，对遇到苦难的人抱有同情心，慰问安抚，是慈善；遇到有人问路就热情指路，在车上主动给人让座，都是慈善；不小心碰了别人说声"对不起"，被别人碰了说声"没关系"，这也是慈善！原来慈善体现在生活的点滴之中，每个人都可以做慈善。因此，无论是在生活中还是在工作中，我时常提醒自己要与人为善，要尊重他人，为共建美好、和谐的社会环境而出力。

杨老师一生有很多学习的榜样，雷锋、董存瑞、黄继光……但不知不觉，杨老师也活成了很多人心目中的榜样——一位始终将国家、民族利益放在首位，不忘初心、牢记使命的优秀共产党员；一位有着渊博学识，有着爱生如子的情怀，一心塑造学生品格、品行、品味的"大先生"；一位乐于助人，对自己异常抠门，对他人却慷慨万分的教育慈善家！杨老师用一生书写了一个大写的"人"字，他的教育人生是一本活教材，生动而有趣；他的育人实践与时俱进，内涵不断丰富。杨老师用实际行动影响着无数他认识或不认识的人……

（丁静林，上海健康卫生学院教师）

罗志敏：退休20年笔耕不辍，心系教育矢志不渝

2018年10月，在人民大会堂隆重召开的颁奖现场，来自上海的一位年届80岁的老人获评民政部颁发的第十届"中华慈善奖"慈善楷模称号，这是由国家民政部颁发的我国政府最高规格的慈善奖项。作为此次全国仅28位，也是唯一一位获此殊荣的教育管理工作者，近些年，他通过个人数百万元的捐赠以及他创办的"阳光慈善专项基金"，目前已使包括我国西部地区在内的12000余名学生受益。这位老人，就是中国当代教育名家[①]、中国杰出教育家[②]、教授、博士生导师、上海师范大学前校长杨德广先生。

笔耕不辍，硕果累累

2003年，63岁的杨德广先生从大学校长的位置退了下来。已经在高等教育战线从事管理、教学和研究40载，并取得丰硕成果的他[③]，应该颐养天年了。但事实上，这却是他人生奋斗的又一个起点。

除了日常的教学、指导研究生工作之外，他撰写了大量在高教界很有影响的论著。据粗略计算，在他退休20年时间内（2003—2023），他共撰写并公开发表了147篇文章，其中在《教育研究》等学科顶级和权威期刊发表了20篇，在CSSCI来源期刊发表了81篇，被《新华文摘》等转载10多篇。这些科研成果，即便是一位年富力强的中青年学者也很难做到。在这期间，他还主编了被许多高校选为教材的《高等教育学概论》（也是上海市高校教师资格考试用书），主持主编了洋溢着积极老年学观念的

---

① 2017年7月，杨德广教授被中国教育学会等七单位授予"中国当代教育名家"荣誉称号。

② 2022年8月，在西浦未来教育学院等机构联合发起的首届"寻找新时代中国杰出教育家"活动中，杨德广教授被评为"中国杰出教育家"，全国共5人获此殊荣。

③《光明日报》曾以《杨德广的"有所为"》为题，报道和评述了杨先生所取得的学术成就，见《光明日报》2018年6月18日第8版。

《老年教育学》，以上是继他在1990年撰写了国内第一部《大学德育论》之后，在新时期出版的两部很有学术和应用价值的教材。此外，他还出版了一套三卷本的教育文选，撰写和主编了三部有关高等教育方面的著作。[①]

学术成果如此高产的背后，是他日复一日、坚持不懈的辛劳。在他的学生眼中，不管是周六、周日，还是节假日，几乎都能在教苑楼11层的一个办公室里看到他忙碌的身影；而与他同住一楼的邻居们，时常一大早就见到他拎着一个很沉的黑皮公文包，行色匆匆从家里往学校赶，到了晚上10点多，也总会在居民小区幽暗的路灯下，瞅见他在结束了忙碌的一天后登上了回家的楼阶。

由于杨先生不习惯使用电脑，他的文章大都是用笔和稿纸一个字一个字写出来的。举一个2017年暑假发生的例子。当时，杨先生说他到哈尔滨待一段时间，我原以为他去度假，没想到他一人住在一间简陋的宿舍里，房间只摆有一张单人床、一套桌椅，没有电脑，也上不了网。他自己动手洗衣做饭，剩下的时间几乎都用在看书和写作上。30多天，杨德广居然用完了一堆笔芯，写出了四篇万字长文。他说："平时工作忙，有些要写的文章被耽搁了，现在正好趁假期可以多写一些。"每逢寒暑假，就是他写文章最得心应手、最出活的时候。谈到这一问题，我国著名高等教育专家潘懋元先生曾在多年前这样评价他："杨德广教授等身的著作是在繁忙的行政领导工作中，午不休、夜少眠，一个格子一个格子爬出来的。"

这些成果的背后，也来自他对现实问题的观察、体悟、思考和精准把握。按他的说法，对于一个问题一旦有了一些想法，就一定要想办法把它写出来，

---

① 2020年，在杨德广80华诞之际，他除了撰写多篇论文和文章之外，还出版了《杨德广文选·第四卷》（华东师范大学出版社）、《杨德广八十自述自评》（上海大学出版社）。2020年10月，他撰写文章《老年人就业大军是第二次"人口红利"的主力》，并在上海市举办的学术研讨会上作了主题发言，提出了"要充分发挥老年人的作用""鼓励和引导低龄退休老人加入就业队伍""加强老年教育工作、开发老年人潜力"等许多新颖的观点，引起了强烈反响。

尽快地写出来，否则心里就会很不舒服。他还说，对于写文章，他感到最高兴的时候，就是当一篇文章写出来后，他又发现了需要修改的地方。

心系教育，矢志不移

杨先生从教50多年，出生在当时贫苦农民家庭的他，一直对"教育改变人生""教育强国"有着比常人更为深切的感受，也有着更为热烈的情怀。所以，无论是他在20世纪90年代艰难条件下推动的，诸如解决教师住房问题、整治校园环境、建设新校区、充实教育等前瞻性改革，还是当时他那些总能"带风向"的文章、学术报告和演讲，都成为许多老教师、老管理工作者以及那些现已成长为学界中坚的学者教授们至今还常常念叨的、那个时代激情澎湃的集体记忆。所以长期以来，他都被称为我国高等教育界真抓实干的一员"闯将"，同时，也被学界同行尊称为"行动研究的典范"。如今退休后，他也没有闲下来，而是用另一种方式去诠释教育、去推动教育改革。

一方面，基于他几十年来研究与实践所沉淀的理性和情感，他极力求索高等教育的真问题、真知识。随着21世纪以来我国高等教育改革实践的逐步深入，一些理论及现实难题也相继浮现。为了匡正人们在认识上存在的误区，为高等教育改革实践累积共识，他就像20世纪80年代末就带动起来的，诸如"高等教育体制是'多元论'还是'一元论'"等学术大讨论一样，多次积极参与乃至主导高等教育问题的争鸣。对此，他往往针锋相对，提出的质疑也是一针见血，从而以一己之力，引发了我国高教界的几次大讨论，为当时略显沉闷的高等教育学界增添了活力和动力，也为年轻学者树立了榜样。

如2011年，杨先生针对国内一著名学者发表观点"高校扩招导致大学出现了庞大的贫困生阶层，造成教育质量滑坡，大学生就业难等突出问题"，先后发表多篇争鸣文章。他认为，这些问题在一部分地区和大学确实是存在的，但与扩招为各行各业培养的大量人才相比，与对经济社会发展的贡献相比，与满足了广大人民群众上大学的需求相比，是次要的和非主流的。同时，他还结合许多实证和经验数据强调，应充分肯定高校扩招的必然性、必要性以及所发挥的巨大作用，不能一叶障目、全盘否定。再如2013年，他针对国内一位知名教授提出的"认知理性是高等教育的核心价值""高等教育适应论是历史的误区"等观点，先后撰写了两篇长篇商榷文章。他认为，高等教育发展的历史就是高等教育不断适应社会发展变迁的历史，高等教育职能的演变体现了大学不断适应社会变化发展的需求；高等教育的本质则是培养人的实践活动而非认知活动，认知理性仅仅是认识论中的思维方式，而远非高等教育的核心价值。他由此指出，"高等教育适应论"是历史的必然，不会"导致大学的知识生产功能的边缘化"。

对此，国内有学者这样评价他：杨先生满怀实事求是之意，全无哗众取宠之心；尽显直面问题之诚，毫无看人论事之嫌；张扬直言不讳之理，从无是非不明之行。对于我国高等教育发展过程中存在的一些热点、难点问题，杨先生敢于直言，敢讲真话，他驳斥关于"独立学院是公办大学举办的假民办"的论调是极不负责任的说法，指摘"一些名校自主招生拒收偏才、怪才"，丧失了自主招生的意义，批判用人单位招聘时"唯211、985高校论""以校取人"的行为，认为这些做法挫伤了广大学生的上进心、助长了应试教育的威风，等等。对流转在国内外媒体中一些歪曲或贬低我国教育改革成果的文章，他也毫不留情，及时进行批驳，以正视听。如2016年，杨先生针对网络上所称的"大学成为赚钱的机器"等错误观点，结合翔实的数据和案例，从五个方面逐一进行了批驳。他认为，无论是过去还是现在，中国高校的收费标准远远低于发达国家，根本不存在"赚钱"的问题。对于有些重点高校，由于办学成本高，学校总经费支出中学生的学费仅占培养费的一小部分。

杨先生退休20年来，从来没有想过躺在过去的功劳簿上，也从来没有觉得自己年岁老了该歇歇了，而是在寻找新的研究方向和研究问题。比如，在2018年春节期间，他将关注的重点转向了中小学教育，并一连撰写了4篇长篇论文。其中一篇是针对中小学生课业负担重问题的，他认为社会上那种普遍认为"学生课业负担重的源头是培训机构"的说法是错误的，根本就没有找到问题的源头，中小学生课业负担重的直接源头在那些从事"双超"（超教学大纲、超考试大纲）教育的"超级学校"，而主要责任则在教育主管部门。而另外一篇相关文章则是关于如何破解"钱学森之问"的，他就此撰文呼吁我们的教育主管部门和学校千万不能以"公平""平等""均衡""稳定"等为理由矫枉过正，忽略了对那些占人口极少数的、智力"超常"儿童的选拔、教育和培养。杨先生长期关注和研究拔尖创新人才培养问题，党的二十大后，他撰写的几篇相关文章一经刊出便产生了很大的社会反响。

心怀大爱，慈善助学

杨先生是一位慈祥的、浑身充满爱的阳光老人。在这方面，他的学生们体会最深。每年3月，杨先生都会自掏腰包预订几桌饭菜，召集他四面八方的学生一起来个"阳光大聚会"，而这只是一个较大规模的聚会。每逢节假日，他总是一大早就先到菜市场买好菜，回家洗菜、配菜，再把鸡炖在锅里，等准备得差不多了，才赶到办公室忙他的工作，然后提前一个小时回家做饭。所以，当学生们一踏进他的家门时，就会发现有一桌丰盛的菜肴在等着他们。他一边在灶台上烧菜，一边招呼他的学生赶紧先盛上一碗早已冒着香气的鸡汤补补营养。自从他夫人10多年前过世以来，家里什么事都是他一人忙活，当问他常这样做是不是太麻烦了，他总是说："有什么麻烦呢，做饭对我来讲就是一种工作之余的放松。"他认为，请这些学生过来吃饭，不仅是给他们提供一个相互交流学习、增进情谊的机会，也是给远离家乡的他们一种家的感觉。

与此同时，他又把他的这种"爱"延伸到整个学校和整个教育事业中。2004年元旦，是他退休后的第一年，他一大早便赶到学校，将2000元钱送到教育发展基金会工作人员的手中。从此以后，每年的这个时候，上海师大的"爱心基金"和教育发展基金会每年收到的第一笔捐款都是杨德广的，且捐款数额逐年递增。

2012年，已进入古稀之年的他决定做一件思虑已久的事情——捐资助学。他将自己多年来积蓄的讲课费、书稿费100万元以及卖掉一套自有住房所得的300万元，分别捐赠给了他就读过的小学、中学和大学三所母校，设立"杨德广帮困助学金"，用以资助贫困生和优秀生。此后，他一发不可收，又筹集了200万元用于甘肃、四川等地贫困小学生的营养午餐。这种大"爱"精神，也感召了他周围越来越多的人加入他创建的"阳光慈善专项基金"。10多年来，累计资助贫困学生10000名，以助学奖优为主旨的慈善活动也从上海延伸到新疆、西藏、内蒙古等西部地区，受益学生超过2000名。"阳光慈善专项基金"给予学生的不仅是物质上的资助，更重要的是精神上的激励。据统计，受资助的学生中有95%已升入本科院校，这个结果让杨先生很欣慰。

做慈善，远不是捐些钱那么简单！无论是对外宣传和推介，还是去偏远地区考察和挑选需要资助的学校和学生，抑或是给捐赠者邮寄捐赠证书，每一个环节杨先生都亲自上手，这之中涉及的花费大都由他自掏腰包。2017年冬天，为了把资助西部学生这件好事做好，他居然坐飞机辗转十几个小时到新疆喀什去慰问那里的孩子，返回后顾不上休息又匆匆赶到教室给学生上课。

现在，他把退休金的大部分捐出来做慈善，除了大家可能知晓的他通过基金会所捐的、动辄几万元的捐款之外，他常做的就是私下接济一些需要帮助的人。这么多年来，从小区门口的保安，到素不相识的青年学生，他都不同程度地帮助过、资助过。比如，一对来自安徽农村，打算大学一毕业就立马找工作挣钱贴补家用的兄弟俩，最后硬是在他持续的资助和感化下，双双考上了名校的博士。谈到这一问题，他感慨道："我就资助了一点钱而已，就为国家带来了两位人才，没有什么比这更划算的事了。"

2022年，82岁的他又将其10余年积攒的200万元捐给了南京慈善总会，用于设立学生奖助基金，同时，还将自己一年的退休金12万元捐给了上海师范大学教育发展基金会。

也许有人会发出疑问：杨先生捐的钱是从哪里来的？他有那么多钱吗？其实，这些年他源源不断地拿出来做慈善的钱，除了他一笔一笔积攒的稿费和讲课费之外，主要是靠他平时的节俭和精打细算。在他家，除了一些简陋的家具外，就是堆满书桌的书籍和报刊，一个用了多年的饭锅，他也舍不得换个新的。平时的洗漱用品也舍不得买，大都是在外出差时从旅馆带回来的一次性牙膏、牙刷。成天伴随他进出的行头，除了两件换着穿的老式外套，就是一个早就磨破了皮的手提包。他平时的一日三餐，工作忙时就在附近的学生食堂吃上一顿，或到儿女家吃一顿，或在家下一碗速冻水饺，闲时也无非就是在家里下点面条，再加上几毛钱的鸡毛菜。按他的话讲，营养足够了，没有必要吃那么好。

一次我忍不住问他："您整天这么忙，图什么呢？"他说，人的生命是有限的，每天多把一些时间用在学习和工作上，多做一点对人民、对国家有益的事情，就是延长自己的生命。多年来，他将"无为何入世，入世有所为"作为自己的人生奋斗格言，还曾在中学时立下誓言：健健康康为祖国工作50年！现在来看，他早就实现了这一誓言。但是，现在的他仍然在奔忙着，忙着写一篇研究论文，忙着整理一部即将出版的书稿，忙着筹备一个学术研讨会，忙着修改给一所学校上党课的演示文稿，忙着给一位考上大学的受资助学生写回信，忙着筹集用于资助下一年度阳光学生的钱款……

仁者寿，智者乐！敬祝杨德广先生福寿绵长，快乐长久！

（罗志敏，郑州大学教育学院教授、博士生导师，郑州大学学科特聘教授）

第四节　讲学讲座的听者反馈

注：自1987年以来，杨德广教授在大学、中学、小学以及其他相关场合讲学，累计5000余次，并坚持每年给青年教师和学生上党课。他的每次讲学，都深受学生、学员和学界同仁们的热烈欢迎，总能激起听众的积极反响。以下仅截取20位听众的反馈（感言）。

1. 杨校长您好！听完您的课我受益匪浅，让我对教书育人这份事业有了更加深入的了解。您的成长故事也更加激励我，让我督促自己，也督促我的学生共同进步！谢谢杨校长！

2. 杨教授，谢谢您的专题分享，令我受益匪浅，使对自己的职业规划、教学和生活都有很大的启示，让我更加相信学习改变命运。我也是农民出身，家里还有一个弟弟。我真正意识到学习改变命运这件事，是从高一开始的，有点晚了。后来考了上海第二工业大学的专科，之后通过专升本读了上海第二工业大学本科，上学期间的费用也是自己做兼职赚的，虽然很辛苦，但回想起来很值得。目前是南开大学在职研究生，未来我会继续努力，向您学习。感恩父母和帮助过我的人，我会全心全意为学生、为人民服务。

3. 杨校长好！感人，深刻，受益匪浅，传承大爱大智！

4. 真的很感动，杨校长为教育事业奋斗一辈子，实属不易，这种精神值得我们每一个青年教师好好学习！

5. 喜欢您的授课风格！轻松愉快，让人容易接受，愿意倾听。您的经历和魄力让人钦佩！

6. 可能因为我是90后，所以很少听教授讲述那个年代作为老师的艰苦，听了您的一些亲身经历，我感到我们这代人是幸运和幸福的，但也丢失了一些您那代人的重要品质。所以我要向您这代人学习这种品质。

7. 杨老师您好，很感谢您今天的分享。您这样的年纪还有这样的精气神，站着为我们年轻人讲两个多小时的课，感谢您！我觉得受到了很大的鼓舞，我要向您学习，在今后的工作中努力做到尽心尽责，全心全意为人民服务。谢谢您！

8. 杨教授，非常有幸上您的课！感谢！今天听您结合自己一辈子的经历来阐释教育的意义，受益匪浅。您不仅是在阐述教育的意义，更是在告诉我们年轻一辈应该如何自我教育、自我成长，自我完善。我今天的感想如下：一是做一个像您一样严格自律的人，正如您所说"今日事今日毕"；二是今后更加勤奋努力，不断地学习，不断地进取，不负时光，不负青春；三是要吃得苦中苦，在通往梦想的路上，要付出艰辛的努力；四是永远保持一颗善良的心，像您一样无私；五是趁年轻，好好努力，提升自我，争取成为一名优秀的教育者；六是希望有机会能再接受您的谆谆教导。祝您身体健康，永葆活力！

9. 您今天的课非常精彩，可谓是我走出校门后，对我内心触动最大的一堂课。作为一名刚进入高等教育行业半年的新人，能有幸听到这次课，使我对今后自己的人生及工作有了更多的希望和信心，您说到的好几个点都值得我们用一生的时间去践行。

10. 杨教授的讲座接地气，既有学术理论的高度，也有人生实践的温度，教育改变人生，在他身上得到很好的体现。他出身贫寒，通过不懈奋斗，成为教育名家；他不讲究吃穿，只讲究勤俭节约；不讲究排场，讲究实干；不讲求回报，讲求奉献。我要战胜自己的惰性，从现在做起，抓住今天，做一个有理想的人，做一个勤奋的人，做一个高尚的人，努力成长为社会主义事业的合格建设者和可靠接班人。

11. "动人以言者，其感不深；动人以行者，其应必速。"杨老先生思想高、品德高、格局高、境界高、学问高，"立志、惜时、勤奋"，服务社会、亲近人民、热爱工作。杨老师乃我等楷模。

12. 杨老先生不仅学识渊博、博古通今，更重要的是其人格魅力感染了我。他为人勤俭节约、平易近人、和蔼可亲。他安贫乐道、淡泊名利，这正是现在做学问的人最难能可贵的品质。自从聆听了杨教授的教诲，又见识到了古代先贤的达观与救世情怀，可惜像杨先生这样的人太少了。社会上只有像杨先生这样的人越来越多，国家才有希望，民族才有未来。为老先生点赞！

13. 杨校长好，今天两个多小时的党课非常精彩，我感觉收获颇多，辛苦老师了。作为高等教育学专业的一名学生，之前在课堂上就多次听说过您的故事，不论是作为一名党员，还是作为一名教师，您都是我学习的榜样。您在党课中提及，作为党员，要能吃苦、肯吃苦，保持自律，全心全意为人民服务，做一个有梦想、有目标的人，我铭记在心。今年9月，我就要正式走上工作岗位，成为一名中学教师。希望在今后的日子里，可以保持自己入党的初心，坚守岗位职责，时刻不忘自己师大人的身份，做一名优秀的党员教师。

14. 我是应届毕业生，其实这段时间也有点迷茫，听了校长的讲话，我有醍醐灌顶之感。我感到内心有一种支撑的力量在向上升，校长一辈子兢兢业业工作，不断努力为人民服务的精神让我很受触动，我们这一代人也要努力，要实现中华民族的伟大复兴！

15. 校长您好，您的讲话让一个平凡的周六变得很清爽，让我的党员身份更加坚定。尤其是您说的自觉，这是我所缺乏的，自觉学习，自觉锻炼，自觉培养好的习惯，自觉向优秀的人学习。师大学子会努力变得更好，也祝您一切安康！

16. 您好！杨老师。上了这么多党课，您是最让我感动的一位，尤其是您讲述自己经历的时候，让我想起了我的父亲。我的父亲是农民出身，是他们村里第一个大学生，也是党员。您今天的谆谆教诲，像极了我小时候他对我的叮嘱，可惜我以前嫌他啰唆。隔了这么长时间听到这些话，我很有感触，所以第一时间加了您的微信，您能通过我的申请我感到非常荣幸。再次向您说一声，感谢！听了您的讲座，我为我共产党员的父亲自豪，也为师大曾有您这样的校长自豪！

17. 今天听了您的讲座，我豁然开朗。学习新时代模范精神，才是当今时代的青年应该做的事。学习雷锋好榜样，锻炼身体，努力学习，以后去帮助需要帮助的人。不要一味地想着为国家献身做大事，而要从小事做起，一步一个脚印，一点一点积累，慢慢沉淀，以此蓄力，为信仰做出一番事业。

18. 杨教授，您好，非常感谢您上午的精彩分享！我真是受益匪浅。您的教育情怀令我深受感动！您的人格魅力、您的大爱，让我深深折服！您分享的怎样认识教师、怎样提高民办高校教育的有效性，对我启发很大。我在天华学院的工作主要是教学质量管理，所以您今天分享的内容对我确定今后的工作思路和工作重点有极大的帮助。在此，我真诚地向您表示感谢！另外，课程思政方面也是我们现在正在建设的内容，所以希望以后能有机会向您请教。今天您讲了一上午，已经很累了，我就不打扰您了。您好好休息，祝您身体康健，寿比南山！

19. 杨德广校长用他的亲身经历告诉我们，只要努力奋斗就会成为对社会有贡献的人，今天的报告使我受益匪浅，因为杨德广校长使我知道，人只有靠教育才能成为人，人完全是教育的结果，今后我也会更加积极进取，主动接受教育，成为德智体美劳全面发展的社会主义接班人，为国家服务。

20. 杨德广教授让我知道了教育的重要性。我们学教育、接受教育，要坚持生产劳动与社会实践相结合，为人民服务，为社会主义现代化建设，培养德智体美劳全面发展的社会主义接班人。同时，也让我知道了身体健康和读好书都十分重要，学好教育就会有好出路，要涉猎广、多阅读、多学习、多锻炼。

附 录

附录一　高等教育研究观点论点摘抄

1. 学校领导要重视高教研究工作，充分发挥高教研究室（所）的作用。要把高教研究室（所）作为学校的参谋咨询部门，重要会议、重要决策要吸收他们参加，学校每半年或一年结合中心工作提出一些研究课题，供他们研究，并在人员、经费、设备等方面提供必要条件。（摘自《浅谈高教理论研究的成果和作用》，载《上海高教研究》1995年第5期）

2. 高等教育学相对于教育学来说，是一门理论性较强的应用学科，是研究高等教育特殊规律和培养高级专门人才规律的学科。高等教育学是一门应用性较强的基础学科，它有比较系统的现代高等教育理论，对其分支学科有较强的指导作用。现代高等教育学是在高等教育学进入发展阶段以后产生的，就现代高等教育学学科而言，只能说是处在酝酿阶段或初创阶段。（摘自《关于建立现代高等教育学的思考》，载《高等教育研究》1996年第2期）

3. 高等教育在培养目标上，要使学生学会学习、学会应用、学会创造。要实现高等教育的三个功能和三个目标，必须树立新的教育观念，实施新的教育内容，采取新的教育方法。（摘自《知识经济时代高等教育的功能和培养目标》，载《上海高教研究》1998年第7期）

4. 大学的学术性首先应体现在大学对学术的执着探索和追求上。学术无禁区，学术无国界。学校要创造民主、宽松的环境，鼓励教师、学生勤奋学习，大胆探索。在坚持四项基本原则的前提下，遵照"百花齐放，百家争鸣"的方针，解放思想，勇于创新。在学术问题上"不抓辫子、不打棍子、不戴帽子"，让广大教师、学生在知识的海洋里尽情地遨游和钻研，并且有安全感；要淡化权威，即淡化领导的权威，淡化学术权威，提倡在真理面前人人平等，在学术面前人人平等，不要有任何条条框框束缚教师、学生的思想和手脚，提倡敢于打破"禁区"，勇于追求真理，一切以实践作为检验真理的标准。（摘自《试论现代大学的性质和功能》，载《高等教育研究》2001年第1期）

5. 树立以人为本、以学为中心的教学观，即在教师与学生的关系上，把学生放在中心地位，以学生的发展为中心；在教与学的关系上，以学为主，把教作为手段，学作为目的，给学生多一点自主学习的权力，激励学生的学习积极性；在教会知识与教会学习上，以教会学习、发展学生的学习能力为中心。树立以育人为本、以学为中心的教学观，就是尊重人才成长和教育规律，尊重学生的个性和人格，承认学生的差别和不同需求，改变传统的"一统式""程式化""工厂化"的培养模式，实施个性化、人性化、多样化的教育，促进学生德智体美全面素质的提高。（摘自《中国高等教育理念的八大转变》，载《北京大学教育评论》2008年第2期）

6. 邓小平同志今春的南方谈话，全国人民无不欢欣鼓舞，精神振奋，各条战线都在采取切实措施，真抓实干。这无疑对我国的改革开放向纵深发展，加快社会主义经济建设步伐，具有强大的推动力。相对而言，高等教育战线显得落后了，原因是多方面的，但根本原因是有些同志思想不解放，对谈话的重要意义认识不清，使学习和贯彻小平同志讲话精神受到影响。具体表现在：（1）对邓小平讲话精神作限定性的解释。说什么邓小平谈话内容要"全面地、系统地、准确地、清醒地认识"，在"认识"前加了四个限定修饰语。并进一步提醒，"不要以邓小平的一次谈话代表他的全部思想，不要以邓小平的这次谈话否定他过去的谈话"。（2）有些人片面理解小平同志谈话内容，提出"对前几年思想政治教育怎么看，难道反资产阶级自由化错了吗？难道这是'左'吗？高等学校刚刚稳定下来，这样一来不又要乱了吗"。（3）以"教育特殊"为由，不贯彻。有些人说，邓小平谈话主要针对经济领域的，不适合高等学校。比如"姓社姓资"的问题、"发展速度"的问题、"一个中心还是两个中心"的问题，主要指经济领域而不是高等学校。（4）等待观望，不敢迈步。有些学校领导不敢讲自己的学习体会，等待上级主管部门拿出一个如何理解邓小平同志谈话精神的文件，唯恐理解错了，有些学校领导在等待上级拿出改革方案。总之，一级等一级，上面不着急，下面干着急。显然，高校领导中"心有余悸"者大有人在，生怕有朝一日又要被"帽子""棍子"乱打一通。这些禁锢着人们，哪里谈得上解放思想呢？（摘自《值得反思的几个问题》，载《教育发展研究》1992年第3期）

7. 在经济结构转轨变型的情况下，我国高等教育仍然是单一的公有制，完全依靠国家力量办学，这种状况显然已不能维持下去。其不适应性主要表现在以下几方面：一是国家包办高等教育已经是力不能及的。目前，国家投资不足，影响了教育事业的发展。二是不利于多种形式办学和多渠道集资，不利于调动各方面办学积极性。三是不适应多种经济体制下对人才多层次、多元化的需求；全部是公费大学生，也不利于建立人才交流市场。为改变这一状况，高等学校也应建立与多种经济体制相适应的多种办学体制。第一，变国家化教育为社会化教育。第二，公立大学也要扩大招收自费生。第三，合作办学。有了多种办学体制、多种教育结构，不仅可以改变单一的国家投资，而且有助于各类学校之间互相学习、互相竞争、互相促进，有利于建立广泛的人才市场，以适应多种经济结构下对人才的需求。（摘自《高等教育要主动适应经济的转轨变型》，载《教育研究》1992年第12期）

8. 解放思想，积极鼓励和扶持民办大学的发展。长期以来，我国教育体制一律是国有化的公立学校，要发展民办大学绝非易事。不少人认为，我国已经有这么多学校，是否有必要办民办大学，将现有的公立大学进行改革，也可替代民办大学；还有人认为，民办大学是否会失去社会主义教育的性质。因此，发展民办大学首先必须解放思想，转变观念，把民办大学作为社会主义初级阶段不可缺少的一种教育体制，是多渠道集资办教育的有效途径，是对公立大学的必要补充，对形成竞争机制、推动教育事业的发展具有积极意义。民办大学是在人民掌握政权的情况下，在遵守我国法律和教育方针的前提下进行办学的，不存在改变社会主义性质的问题，而是社会主义教育的组成部分。各级政府应积极鼓励和扶持民办大学。（摘自《我国应积极稳妥地发展民办大学》，载《中国高教研究》1993年第2期）

9. 增设和发展新的专业和紧缺专业。高等学校的专业设置要与新产业、新产品的发展相适应，为新产业、新产品的发展不断输送急需的合格人才。我国高等学校应发展哪些学生，增设哪些专业，都要从建设"四化"的需要出发，要建立在人才预测的基础上。目前，我国高校中光导纤维、生物工程、新能源、新材料专业相对薄弱，应有计划地在一些基础较好的大学，尤其是在重点大学建立和发展。由于沿海地区和边远地区的产业结构不同，发展速度不同，因此，各类专业的设置、比例不尽相同，应从实际出发，统筹规划。但人才培养的周期较长，应从未来经济发展的趋势出发，及早开设有关专业。如果等到急需时再临时培养，则为时已晚，将贻误工作。（摘自《从新技术革命看我国高等教育的结构改革》，载《大学教育》1984年第11期）

10. 在坚持国家和政府办学为主的同时，要大力发展非公有制办学，建立"一主多元"的办学模式，必将大大促进我国高等教育的发展。"一主"，即以国家和地方政府办学为主；"多元"，即社会各界共同参与，多种办学模式共同发展。"一主多元"的办学模式是党的十五大政治路线"以公有制为主体，多种经济成分共同发展"在教育领域的具体表现，是调动社会各方面的力量，支持办学，增强办学的活力和实力，从而满足社会经济发展和公民个体需要。（摘自《建立一主多元的高等教育办学模式》，载《教育发展研究》2001年第2期）

11. 高等教育如何走出困境？目前舆论的关注点过分集中在依靠国家投资上，当然这是一条不可缺少的途径，但我认为，增加投资和体制改革二者缺一不可，而且对高等教育而言，改制是一条更加紧迫、更为重要的途径。当前的形势为我们深化改革，加快改制步伐提供了机遇。因此，我们要抓住机遇，利用机遇，发展教育。（摘自《改制是高等教育走出困境的出

路》，载《高等教育研究》1998年第6期）

12. 我国高等教育如要继续发展需双管齐下，从根本上解决办学经费不足的问题：一是国家增加教育投入，力争使财政性教育经费在未来5年内占GDP的4%，未来10年内占GDP的6%；二是改革办学体制，大力发展"民有民营"的民办高校、"国有民营公助"的独立学院以及将部分公办高校改制为民营高校。如果非公办高校学生占到高校学生总数的40%，国家可将财力主要投入占60%的公办高校，尤其可加大对"985工程"大学及"211工程"大学的投入力度，为创造一流大学和自主创新型大学及培养拔尖创新人才奠定坚实的基础。（摘自《对我国高等教育发展问题的思考》，载《教育发展研究》2009年第5期）

13. 在高等教育的改革过程中，会遇到各种各样的障碍和困难，有的来自思想观念方面，有的来自物质条件方面，有的来自外部环境方面。因此，在设计改革时要充分考虑各种因素，包括有利因素和不利因素。改革要建立在可靠的信息情报资料的基础上，设定改革的目标要有科学性、可行性，实现改革的目标要有必备的条件（人、财、物、机构等）。要充分预测在改革过程中可能出现的问题以及解决的方案，预测改革的最终结果将有几种可能性，尤其要充分考虑可能产生的风险，对产出效益分析并制定应对风险的措施。对风险过大的改革必须慎重实施或暂缓实施，待条件成熟时再进行，或者应作适当调整，不能在人、财、物等条件不具备的情况下，凭主观意志搞改革。（摘自《高等教育的改革和发展趋势》，载《大学教育科学》2007年第6期）

14. 在我国最具条件培养拔尖创新人才的"985工程"大学，除少数学校坚持学术研究型之外，大多数学校应走出仅围绕学科专业、高深知识研究的"象牙塔"，转变为与经济、企业、社会紧密结合，参照国外创业型大学模式，构建创业教育体系，成为创业型大学。让大学生、研究生在创业环境中，在直接参与经济社会服务中，担当起知识创新主体的角色。这样可以更好地激发他们的学习欲望、学习动力，取得更好的学习效果，既有理论知识，又有实践能力，为将来成为拔尖创新人才、成为金字塔的"塔身""塔尖"奠定扎实的基础。将部分研究型大学转变为创业型大学势在必行。（摘自《应将部分研究型大学转变为创业型大学——从"失衡的金字塔"谈起》，载《高等理科教育》2010年第2期）

15. 学校对学生实行奖优汰劣制。要把学生中的巨大潜能、过剩精力引导到学习上去，引导走德智体美全面发展的道路，就要寻找积极的激励因素，引进竞争机制，把学生学习表现的情况与他们的切身利益紧密结合起来，实行奖优汰劣。为此，应在学生中建立德智体综合测评制度。每学期测评一次，全面衡量一个学生的表现，并制定优秀学生的标准。把原助学金经费全部改为奖学金、贷学金。对大学生适当收点学杂费。凡是一等奖学金获得者，可全免学费；二等奖学金获得者，可减免一半学费，还可设三等奖、单项奖等。优秀毕业生可任选工作单位或免试直升研究生，毕业后工资待遇高一级。对补考生、留级生实行收费制。提前达到学分要求的可提前毕业（半年至一年），鼓励拔尖人才脱颖而出。（摘自《高等教育要适应从产品经济向商品经济的转轨》，载《上海高教研究》1988年第4期）

16. 有人不同意"教育市场"之说。把"市场"当作贬义的、不好的东西，这正是长期以来受计划经济影响太深的结果。计划经济与市场经济的主要区别在于资源分配方式是由政府控制为主还是由市场调节为主。资源包括人力资源、物力资源、财力资源等。高等学校有创造人力资源、物力资源，创造新知识、新科技的功能。过去一切都纳入国家统包统配计划之中，不可能也不允许用市场手段进行配置。然而，在当前发展和完善市场经济的状况下，国家不再像以前那样对学校统得过多、包得过多，必须通过市场调节，建立和发展教育市场，才能使教育产业走向市场，适应市场经济的需要，这是沟通学校与社会之间的重要渠道。（摘自《关于建立教育市场的思考》，载《中国高教研究》1994年第3期）

17. 建立教育市场的作用是多方面的：（1）建立教育市场后，高等学校创造出来的人力资源、科技资源、物力资源、信息资源，可以通过市场手段进行合理配置，以满足社会需要，又促进了学校创造力的发展。教育市场是沟通学校与市场，学校与社会之间的重要渠道。（2）建立教育市场后，社会上各方面可以根据自己的需求到教育市场上去选择，从根本上改变了高等学校部门所有制，一所学校只为一个部门、一个地区服务的狭隘观念。这样就能充分发挥高等学校的教育资源，大大提高办学效益，有力地推动教育事业的发展。（3）建立教育市场后，教育的成果得到社会的广泛承认和回报，提高了教师的地位和待遇，是社会"尊重知识、尊重人才"的真正体现，使学校和教师真正看到了教育的价值，有助于激励广大教师更安心教育事业、热爱教育事业。（4）建立教育市场后，学校要接受社会的选择、社会的监督，有助于教育面向社会、面向市场，有助于教育质量的提高。（5）建立教育市场后，教育的部分成果成为商品，有偿转让出去，知识、信息、科学技术成了有价的财产，从而增加了教育经费，改变了单一依靠国家投资的渠道，这是高等学校摆脱困境的重要途径。（摘自《关于建立教育市场的思考》，载《中国高教研究》1994年第3期）

18. 关于高等学校要不要走进市场？能不能走进市场？怎样走进市场？这是一系列有争议的问题，必须深入研究和探索。我在学习、参观中强烈感受到，凡是主动适应市场需要，主动面向市场办学的学校，经济状况就比较好，教职工队伍比较稳定。凡是犹豫不决，游离于市场经济之外的学校，经济状况就不大好，因而难以走出困境。高等学校要走进市场，必须解决三方面的问题。一是高校要转变观念，树立商品经济、市场经济意识，树立高校要发展科技产业，建立教育市场的观念。二是高校和企业都要贯彻执行"教育必须为社会主义建设服务，社会主义建设必须依靠教育"的指导方针。三是设立科技中介机构以及科技经纪人，完善科技市场。（摘自《高等学校要走进市场才能走出困境》，载《中国电力教育》1995年第1期）

19. 我们强调教育是崇高的社会公益事业，教育具有明显的社会公益性，但我们并不否定教育同时具有产业的属性。所谓产业性，是指通过教育可以提高劳动生产率，对经济发展具有长远的推动作用，而且通过教育消费，还具有短期拉动经济增长的功能。教育的产业性在知识经济即将到来的今天显得尤为突出，具体地说，主要表现在以下几个方面：（1）教育是生产知识的产业；（2）教育是生产高科技的产业；（3）教育是生产人力资本的产业；（4）教育可以为GDP的增长作出直接和间接的贡献。（摘自《论教育的公益性和产业性》，载《江苏高教》2000年第5期）

20. 教育的社会效益（公益）是教育产生经济效益的前提和基础。一所学校只有满足了社会的公共需要，有良好的社会效益，才有可能获得经济效益。能够满足社会公共利益需求，教育质量高，对人才的成长有促进作用，学校声誉好、学生就业前景好的学校，社会团体、企事业单位和个人才愿意投资，才可能有经济效益。否则就吸引不了学生，吸引不到教育投资，教育的产业性和经济价值就无从谈起。世界著名大学之所以经费比较充足，经济效益较好，就是因为它们能够提供高质量的教育服务，培养出高质量的人才，从来没有一所不注重社会效益的学校能够取得较好的经济效益。市场竞争的压力将迫使学校注重社会效益，提高教育质量和学校声誉以吸引社会团体、企事业单位和学生家庭的投资，聪明的办学者将把主要精力放到教育的社会效益上，而不是经济效益上。因此，强调教育的产业性，不会改变教育的根本属性，那种担心一提产业性，就会把教育变成一个赚钱的机器，把学校办成商业机构，变成有才无钱莫进来的学店是多余的。（摘自《论教育的公益性和产业性》，载《江苏高教》2000年第5期）

21. 高等教育是生产知识、生产高科技、生产人力资本的产业。高等教育既是事业单位，又是产业单位，既有公益性，又有产业性。不能把"乱收费""教育不公"等不正之风归罪于"教育的产业化"（产业性），相反，积极发展教育产业，可以提高办学效益，可以遏制"高收费""乱收费"的现象，可以帮助贫困生解决经济困难，可以扩大办学规模，让更多的贫困生有读书的机会。（摘自《发展教育产业有助于促进教育发展》，载《教育发展研究》2004年第12期）

22. 必须制定多种质量标准，或以学术卓越和一流为标准，或以适切培养目标为标准，或以满足学习者的要求为标准，或以持续发展为标准。高等学校要提高质量必须把握三条：一是明确的定位和目标，根据社会需要和自身条件制定各学科专业的培养目标；二是满足和适应社会和市场的需求，毕业生有出路，就业率高；三是有自己的特色，在某些方面形成自己的优势。（摘自《高等教育的大众化、多样化和质量保证》，载《高等教育研究》2001年第4期）

23. 现代化人才首先要具有现代观念、现代素养，富有创新精神、创新能力，还要有抵御西方价值观、西方腐朽思想的能力。因此，我国各级学校应把德育、把育人放在首位，必须加强思想理论教育、道德品质教育，加强爱国主义、集体主义、社会主义教育，培养学生有政治意识、国际意识、国家意识、大局意识，有高度的责任感、事业心，有团结合作精神、创新精神、无私奉献精神；在科学文化方面，具有宽厚的复合型知识，现代科学前沿知识，人文科学知识，国际方面的知识，熟练掌握一门外语；在基本能力方面，具有学习能力，组织管理能力，社会活动能力，处理人际关系能力，实践能力和创新能力；在心理方面，勇于进取、不甘落后，敢担风险，不怕困难，有顽强的毅力和自制力，有抗干扰、抗挫折能力，有民主意识，善于听取各种意见；在身体方面，喜爱和坚持体育运动，有健康的体魄，有良好的生活习惯。（摘自《中国加入WTO与教育的改革和发展》，载《现代大学教育》2002年第5期）

24. 大学内部"去行政化"，主要是理顺校内的各种关系。高校内部"去行政化"，并不是去行政管理、去行政人员，而是指去学术权力行政化、行政权力官僚化、教授和教职工权力边缘化。要理顺党委、行政（校长）、学术委员会、教职工代表会四方面的关系，切实做到"党委领导、校长负责、教授治学、民主管理"。党委领导，是指政治领导，把握办学方向，主要负责干部的选拔聘任、培养教育工作以及党建工作。校长负责，是指以校长为首的行政领导负责全校行政管理工作。党委要大胆放手、大力支持校长和行政的工作，确保他们能独立自主地行使权力，开展工作。教授治学，是指高校的学术委员会应以教授、学科带头人为主体，在教学、科研、学科建设中起领导和指导作用。高校要把行政权力和学术权力相对分开，要扩大学术权力，使教授在学术委员会中拥有较高的地位，发挥更大的作用。民主管理，是指要充分发挥教代会的作用，教职工代表会具有广泛的群众性。学校的规划、经费使用以及与教职工利益相关的政策、制度等重大问题要听取代表们的意见，征得多数人的同意。要健全民主集中制，改变党政不分、以党代政的现象。重大问题集体讨论，实行一人一票制。民主管理，还包括要经常听取广大师生员工、各民主党派、离退休人员等各方面意见，吸收师生参与管理等。（摘自《进入大众教育阶段后的中国高等教育面临的10个问题》，载《上海师范大学学报（哲学社会科学版）》2011年第3期）

25. 我国高校必须变"宽进宽出"为"宽进严出"。"宽进"是指进一般高校、高职高专院校应放宽入学条件，高中毕业生只需参加联考或凭高中会考成绩、高中毕业文凭即可报名入学。有专特长的学生，只要会考合格，经推荐可免试入学。实行"宽进"政策，可减轻高考竞争的压力，为大多数想上大学的高中毕业生提供升学的机会；可推动中学的素质教育，因为不再有高考指挥棒，不再以统考、以分数论成败，这样学校和学生本人不必紧紧盯住分数了，有助于发展学生的个性和专特长。"严出"，是指学生进校后，必须达到学校规定的培养目标，完成全部课业，必须遵守校规校纪，德智体全面合格，方能获得毕业文凭、学位证书。凡未达标者，不得毕业。对核心课程应实行教考分离，要制定淘汰制度，越是"宽进"的学校，淘汰率应越高，如注册入学的高校，淘汰率不低于30%。实行"严出"政策，可确保高等教育的质量，维护高等学校的权威性和声誉，可对学习动力不足、学习不努力的学生起到制约、促进作用。国外高校的学生就是靠制度、机制约束自己、激励自己，而没有辅导员、班主任管理，其中淘汰制发挥了很大作用。我国高校有10万名管理学生的辅导员、班主任，仍然管不胜管，仍然对有些学生没有效果。因此，必须建立淘汰制，让那些不愿学习、不合格的大学生自动离开学校，把广大辅导员、班主任解放出来。（摘自《进入大众教育阶段后的中国高等教育面临的10个问题》，《上海师范大学学报（哲学社会科学版）》2011年第3期）

26. 部分高校提前自主招生，并没有达到招收专特长学生的目的，并没有减轻应试教育的压力，并不利于学生全面而有个性地发展，反而成为"掐尖"游戏、生源大战，增加了学生负担和中学负担，增加了新的不公。因此，这种自主招生应该取消。建议全国实行联考、统考、免考多种招生模式。联考，即部分同类别高校可以联合进行招生考试，自主出题，考生不再参加全国统考。如现在的"北约""华约""同盟"等不再仅招5%的专特长生，而改为自主联考，按自己的计划招生录取，其中可招3%～5%的专特长生。上海、北京等地的高职高专近年来已不参加全市、全国统考，分别由四五所高校联合招生，吸引了大批考生，减轻了统考的压力。有些学生基础较差，进不了一本、二本，则可选考这些学校，效果很好。统考，即由全国或各省、自治区、直辖市举办，大多数不享有自主招生联考的高校均参加统考。全国有2000多所高校，统考仍然是我国的基本高考制度。免考，指高等教育进入大众化和普及化阶段的地区，如北京、上海等地，有些大专院校、民办高校、开放大学等，可采取注册入学的方式，凡是持有高中毕业文凭、会考成绩达到一定要求的学生，均可报名入学，不必参加任何考试。为确保教育质量，这类高校的核心课程应实行教考分离，实行严格的淘汰制，淘汰率在20%甚至30%。（摘自《进入大众教育阶段后的中国高等教育面临的10个问题》，载《上海师范大学学报（哲学社会科学版）》2011年第3期）

27. 千余名状元无顶尖人才。一是反映了招生制度的问题，现行的招生考试制度是以分数论英雄，唯分是举，没有关注学生的专特长和发展潜能。二是反映了高校在育人方面的问题，许多高校招收了大批高考尖子生，却没有在因材施教、培养拔尖创新人才上下功夫。著名大学、著名教师把主要精力花在科研上、承担的项目上，对如何培养人才重视不够。（摘自《进入大众教育阶段后的中国高等教育面临的10个问题》，载《上海师范大学学报（哲学社会科学版）》2011年第3期）

28．我们不能墨守成规，我们要有这样一种理念，要有一种普适的价值观，那就是在知识经济时代，要注重互相学习、交流。我们的高校只有显示出我们自身的强大，国外高校才会拿出好的东西和我们交流。只有我们自身变得更加有实力、有优势，才能吸引更多的国际学生来中国。（摘自《跨国合作办学应有的理念与担当》，载《上海教育》2013年第25期）

29．要克服目前我国毕业生分配工作中存在的弊端，适应"四化"建设的需要，就要进行大的改革，这项改革不能只靠教育部门或人事部门单方面去做，各部门都有责任。第一，实行择优分配、优才优用的原则。毕业生中有优、良、中、差之别，分配时应体现出层次差别，做到优才优用，择优分配。把优秀学生安排到最能发挥他们专长的岗位上，或在计划内让他们选择志愿。上海工业大学今年根据每个学生德智体的情况评出总分，按分择优分配（直接分到使用单位），优才得到了优用，改变了讲情面、开后门的现象。不少学生后悔过去对自己太放松了，并埋怨学校"为什么早几年不通知我们"。在校生也为之震惊，他们说："学校在分配上有了新式武器，今后学习可不能马虎了。"实行推荐录用制和考核制，既改变过去那种由学校确定派遣名单，用人单位被动地接收毕业生的状况，又改变对毕业生包下来的做法。学校根据学生德智体情况及用人单位的需要，按层次推荐录用，对各方面表现很差的学生不予推荐。用人单位可以直接到学校提出要人条件，然后学生报名，学校推荐，用人单位进行考核（如口试、终试、调查、座谈等），合格者方可录用。实行浮动工资制。要改变目前的学生不论好差，毕业后工资待遇一样的状况。对重点大学的毕业生、优秀毕业生的工资待遇应适当提高一些；对勉强及格、表现较差的学生的工资待遇应适当降低。这样有助于促进学生德智体全面发展，激发学生的学习积极性。（摘自《改革大学毕业生分配制度刍议》，载《高教战线》1984

年第10期）

30. 我认为此方案（"平行志愿投档"）并不好，首先指导思想不对，它是立足于"让高分者统统进入名校，名校统揽高分者"的。高校招生的宗旨应是让不同类型的考生选择不同类型的高校和专业，不同类型的高校和专业选拔不同类型的学生。学生填报志愿，不应以名校为主要目标，而应以喜爱的专业为主要目标。以前考生在填报志愿时，注意将学校层次拉开，一张表上不填同一层次的高校，把注意力放在喜爱的专业上。另外，有些学生对自己能考多少分把握不准，于是就填报非名牌重点高校，但他们填的都是自己喜爱的专业。这样有助于学生合理分流，"二本"高校甚至专科院校也可以录取一部分优秀的高分学生。这对提高高校教育质量的提高、学生个人发展都有好处。然而，按"平行志愿投档"，学生填报的5所高校是同一层次的名校，于是平时学习成绩优秀的高分者一窝蜂地盲目拥向少数几所名牌重点高校，导致这些名校生源饱和。当然，这对少数名校选拔优秀学生非常有利，对满足高分者的"名校欲"非常有利。但相当一部分高分优秀生并没有被录取到他们最喜欢的专业，很多人被录取到末位志愿，还有不少人被调剂到他们并未填报的、不喜欢的专业。"热爱是最好的老师"，当学生进入不热爱的专业学习后，会带来很多消极的因素，学非所爱则难以学有所成。以我浅见，高校宁愿录取500分的第一志愿考生，也不宜录取600分未填写本专业的"调剂考生"；考生宁愿进自己所喜爱专业的一般高校，也不进自己不喜爱专业的名校。高中毕业生中大多数人有了自己喜爱、向往的专业，应让他们去选择最适合他们发展的高校和专业。任何一所"名校"不可能所有的专业都是上乘的，同样，一般高校，包括高职高专院校也有上乘的专业。（摘自《评"名校统揽高分者，高分者统统进名校"——对"平行志愿投档"的深层次思考》，载《北京大学教育评论》2009年第1期）

31. 笔者建议：（1）重点大学、名牌大学应在办学过程中、竞争中自然形成，是社会公认的，不应由政府主导，更不能搞"终身制""铁饭碗制"。考核重点大学不仅要考核"科研成果",更要考核"育人成果",考核培养拔尖创新人才的成果。(2)应改变高分者全部进名校的政策导向,取消按高校等级填写志愿,取消"平行志愿投档"法,取消按高校等级依次录取学生,让学生任意填报志愿,各类学校可自主录取,同时录取。这样方能改变高考高分者、尖子学生过度集中在少数重点大学的现象,方能让他们适度地分流到更适合他们发展的高校和专业。(3)扩大高校招生自主权,让名牌大学和高职高专院校自主招生,即在计划招生数内,由各校自行命题、自行招生、自行录取,让学生自己选择最喜爱的学校和专业。(摘自《评"名校统揽高分者,高分者统统进名校"——对"平行志愿投档"的深层次思考》,载《北京大学教育评论》2009年第1期)

32. 自主招生的目的是培养"高素质创新人才"而招收"特长显著、符合学校培养要求的"学生。那么,评价和选拔学生的依据就应该从这个目的出发,自主招生的考试应该与高考有相当的区别才能说明这一点。联考要求考生在一天内完成数门功课的考试,根据分数再进行面试选拔,最后再依据高考成绩择优录取。高校将把好学生挑出来的责任推给了高考,然后用高考的模式复制出一个联考。这样的做法是让学生参加多次考试,失去了自主招生的意义,最终还是以考分高低决定是否录取。实际上,"结盟"所带来的联考,没有立足于特长生、保送生的选拔,其关注点实际上是如何"把高分优秀生招到自己的学校来",没有聚焦在"高素质创新人才"上。(摘自《对高校"结盟"招生的反思和质疑》,载《中国高等教育评估》2011年第1期)

33. 将"特色建设"与"一流建设"混为一谈。一方面,办学特色建设与创建世界一流大学或国内知名一流大学不是同一范畴的概念。一流大学必须是在相同的某一比较范围内所有大学(至少是同类大学)中综合指标名列前茅的大学,但一些大学并不一定综合指标名列前茅,却同样可以办出自己的特色。有些学校把精力、财力全部投入一流上,结果事倍功半,一流没建成,特色也没建成。另一方面,大学办学特色与世界一流大学两者的可比性也不同。一流大学是在特定的比较范围内，在同一评价体系中显现为一流的办学理念、一流的科研成果、一流的师资队伍、一流的管理水平、一流的教学质量、一流的办学设施。因此，一流大学是一个在特定比较范围内具有完全可比性的概念。而办学特色则可以因校而异，不具备完全可比性，不创一流完全可以创特色。但是，在办学实践中，不少高校模糊了"特色建设"与"一流建设"两者的界限，将一流大学的一些基本特征嫁接到办学特色的建设中，用一流大学的若干标准来统一和规范大学的特色建设。无论是从理论上分析，还是从办学实践上看，这都不利于学校办出特色。（摘自《加强高等学校办学特色建设的思考和探索》，载《现在大学教育》2007年第6期）

34. 取消高校等级制。建设"985"大学和"211"大学是必要的，可以将有限的财力、物力、人力多投入这些学校，确保我国有一批高水平、创新型大学，以承担培养高素质、创新型人才的重任，承担国家重点项目、科技攻关的任务，但没有必要将这些大学划分为副部级、厅级、副厅级单位。行政级别高低与高水平大学建设没有直接关系，反而助长了官本位思想，助长了其他高校为了升等升级而在"高、大、全"上下功夫。全国高校只有类型、层次不同，没有等级高低之别，每所高校应是平等的，绝不能在政策上、制度上歧视某些高校。现行的高考规定考生按一本、二本、三本、大专顺序填报志愿，用人单位只招聘"985"大学和"211"大学的毕业生。都是将高校分等级的表现，歧视一般高校和高职高专的表现，应予取消。（摘自《关于中国高校"去行政化"的思考》，载《教育发展研究》2010年第9期）

35. 要把思想政治工作深入教学领域，政治工作干部就应该深入教学实际。蜻蜓点水似的下去转一圈就上来，是不可能发现问题的，更不可能解决问题。政工干部应该有目的地、带着问题参加教学的全过程。在学习业务的同时做好工作……把思想政治工作深入教学领域，就要抓好两头。政工干部深入教学第一线，不是专门为了找问题、寻岔子，否则就会使教师、学生产生戒心，造成隔阂，发现问题、解决问题的工作是需要的，但更重要的是注意发现师生中为革命刻苦教、刻苦学的先进典型。（摘要《把思想政治工作做到教学领域中去》，载《文汇报》1978年12月14日）

36. 我们不能把大学生的思想情况放在一个平面上去研究，而要在立体中，从时空概念上去研究。我们对大学生的思想教育也不能只采用平面的教育方法，而要用立体的教育方法。只有用立体的教育方法，才能有效地解决立体的思想问题。一是静态教育与动态教育相结合，二是正面教育与对比教育相结合，三是统一教育与多元教育相结合，四是一体教育与综合教育相结合，五是外部教育与自我教育相结合，六是思想教育与管理工作相结合。（摘自《变平面教育为立体教育初探——谈大学生思想教育的方法》，载《青年研究》1983年第12期）

37. 我们常常发现，同样的教育内容、同样的教育途径和方法，却产生了不同的教育效果。导致这一状况的因素是多方面的，如教育者的水平、威信各异，又如受教育者的素质、思想、心理、兴趣爱好等的差距。由于德育效果的不平衡性，有些同志对德育工作丧失了信心，产生无所作为的思想，认为现在的青年学生厌恶和排斥思想政治教育，再花力气也没有用，这是片面的。我们应该看到，德育具有四个效应，即正效应、负效应、零效应、潜效应。（摘自《德育的四个效应》，载《江苏高教》1987年第6期）

38. 如何把"德育放在首位"落到实处。应抓好以下几项工作：（1）健全德育领导体制，学校要建立在党委领导下的党政合一的德育领导小组；（2）建立一支专职德育教师队伍，从事学生辅导员工作、德育教学工作、研究工作和心理咨询工作；（3）制定各类学校、不同年级学生的德育大纲及实施办法；（4）制定学生的思想品德行为规范及德智体综合测评制度。（摘自《关于德育的地位首位和到位之探讨》，见《杨德广教育文选》，华东师范大学出版社2010年版）

39. 现在有这样一种议论：当前是以经济建设为中心，是以市场经济为主体，思想政治教育可以削弱了，要求可以降低了，这是片面的。我们应该看到，市场经济下对人的素质要求更高了，绝不是降低了，市场经济下各种思潮的出现，对人们思想上的冲击波动更大了，更需要加强思想教育。我们应该以市场经济为载体，认真研究、分析市场经济的特点及其青年学生的思想、心态，努力做好思想教育工作。（摘自《以市场经济为载体开展思想教育工作》，见《大学生教育专论》，上海教育出版社2000年版）

40. 教育人成"人"，是教育的最高目的，也是教育的永恒属性。"全人教育"旨在培养一个完整的人，不仅有完备的通识（知识、见识、器识）和谋生的技能，更重要的是有高尚的情操、健全的人格、完善的道德、社会责任感和宇宙眼光。（摘自《从"人不见了"看加强人文教育的重要性》，载《高等教育研究》1997年第4期）

41. 教学质量管理主要应抓好四方面的工作：（1）抓教材建设，这是提高教学质量的基础。要从现代科学发展方向和专业目标出发，建立新的课程体系和教学内容；要搞好教材更新的编写工作，组织各方面的专家、教授编写新的教材，把最新的科学知识充实到教材中去；要制订面向21世纪改革课程体系和教学内容的计划。（2）抓教师队伍建设，这是提高教学质量的关键。要建立一支高水平的教师队伍，抓好教师的思想工作、培训工作，建立合理的工作量、教分制以及激励机制。（3）抓学风，这是提高教学质量的保障。要加强学生的学习目的、学习态度教育，社会责任感和事业心教育，使学生形成勤奋学习、刻苦钻研、共同探讨、学术自由、理论联系实际的学风。（4）抓检查考核，这是提高教学质量的动力。教务部门要经常检查、督促，发现先进经验应及时总结推广，发现问题应及时指出纠正；要组织有关人员下去听课，调查研究，完善评估考核制度，定期或不定期地对教学质量进行检查，并将教、考分开，条件成熟时学校应建立"试题库"。总之，教学管理要"严"字当头，做到规范化、科学化、制度化。（摘自《教学改革应处理好的几个关系》，载《高等教育研究》1995年第2期）

42. 经过一段时间学年学分制的运转后，具备条件的学校可实行完全学分制。学生一进校就可以根据教学计划的总体要求，自由地选课，自由地安排学习时间和学习进度。将学生的思想教育工作主要贯穿于教学领域、校园管理和校园文化之中。实行完全学分制以后，学生在学习上的自主性和选择性更大，学校应为学生配备导师，指导学生的选课和学习。一般10～15人配备一名指导教师，导师要安排固定的时间与学生见面，了解、关心学生选课和学习情况，解答学生的问题。学校要组织学生广泛参加课余社团活动、大学生俱乐部活动，并配备指导教师，以加强指导和教育，使学生有丰富而充实的课余生活，并在这些集体活动中受到教育，得到锻炼。学校要设置选课中心，学生在规定时间内在导师的指导下到选课中心选课。有条件的学校应将全部课程、教学计划网络化，让部分学生在网上选课。即使实行完全学分制，也应有班集体。有些公共基础课和活动，如政治理论课、思想品德教育课、军训、公益劳动等，应以班级为主体。一年级时选修课少，应以班级学习和活动为主，可以从一年级下学期或二年级开始实行完全学分制，让学生按规定自由选课。（摘自《深化教学改革建立中国特色学分制》，见《教育新事业新理念》，上海教育出版社2007年版）

43. 我不认同"教育产业化"的提法，但我坚定不移地认为，高等教育是服务性产业，是生产知识的产业，是生产高科技的产业，是生产人力资本的产业。应大力发展高等教育产业，拓展高等教育市场。为什么我国能够发展文化产业、文化市场，而高等教育不能发展教育产业、教育市场呢？我国高等教育要走出困境，增强办学效益，必须大力发展教育产业，大力拓展教育市场。具体内容我在《发展教育产业、促进教育发展》等多篇文章中有所阐述。（摘自《如何评判我国高教发展改革中的几个问题——与杨东平教授商榷》，载《江苏高教》2011年第5期）

44. 新中国成立以来，尤其是改革开放30年来，我国教育事业有了巨大发展，取得了举世瞩目的成绩，有力地支持并推动了经济社会的快速发展，不断满足各行各业及广大人民群众的需求。然而，我们也要看到，和先进国家相比、和中国经济大国地位相比、和构建自主创新型国家的战略目标相比，用现代先进的教育理念来审视我国的教育现状还很不理想，还存在不少严重问题。如传统守旧的教育理念根深蒂固，应试教育愈演愈烈，素质教育难以落实，严重影响了儿童和青少年的身心健康。高等学校质量堪忧，难以培养大师级人才，教育体制机制不灵活。具体表现在我国当今教育存在严重的"三过"现象，即学前教育"过早"，基础教育"过度"，高等教育"过量"。到了大学，学习积极性下降，过量的大学教育影响了质量的提高。"三过"教育问题不能解决，中国的孩子和中小学生就不能从繁重的课业学习中解放出来，素质教育就不可能真正落实，自主创新型的高等学校难以建成。（摘自《对中国"三过"教育现状的剖析及对策探索》，载《上海师范大学学报（哲学社会科学版）》2012年第41期）

45. 综上所述，我们可以得出以下几个结论：（1）潘懋元的"两个规律论""教育适应论"是历史的必然，不是历史的误区，是符合客观现实的，应该从实践论的角度，而不是"从理性分工的角度"审视"两个规律"；（2）潘懋元的"两个规律论""教育适应论"，强调教育要适应社会政治、经济、科技文化的发展并为其服务，在理论上、实践上对我国高等教育的发展、社会的发展起了积极的推动和引领作用；（3）"理文"提出的"认知理性"对于从理性分工的角度审视教育，寻求真理，建立和健全国内学术市场有积极的意义，尤其对"985"重点大学的建设有指导作用，但它属于理性的认识论、思维方式的范畴，不是高等教育的"核心"和"本质"，不能超越和取代"两个规律论"和"适应论"。（摘自《高等教育"适应论"是历史的误区吗——与展立新、陈学飞商榷》，载《北京大学教育评论》2013年第3期）

附录二　主要科研成果

一、学术专著和主编教材

（一）学术专著清单（1982—2021）

1.《论智能培养》，上海人民出版社1987年版，获中国高等教育学会1988年高等教育科学研究优秀成果三等奖。

2.《大学德育论》，上海交通大学出版社1992年版，获上海市哲学社会科学（1986—1993）优秀著作三等奖。

3.《高等教育专论》，上海教育出版社1998年版。

4.《大学生教育专论》，上海教育出版社2000年版。

5.《现代高等教育思想探索》，人民教育出版社2001年版，获全国第三届教育科学优秀成果奖二等奖。

6.《现代教育理念专论》，人民教育出版社2004年版，获上海市第八届教育科研优秀成果二等奖。

7.《教育新视野新理念》，上海教育出版社2007年版。

8.《从农民儿子到大学校长——我的教育人生》，上海交通大学出版社2009年版；获上海市第十届教育科学优秀成果一等奖。

9.《先进文化与高等教育创新》，上海交通大学出版社2009年版。

10.《杨德广教育文选（1978—2009）》（三卷），华东师范大学出版社2010年版。

11.《杨德广八十自述自选》，上海大学出版社2020年版。

12.《高等教育改革的探索与反思》，人民教育出版社2021年版。

（二）主著、主编的著作和教材（1982—2016）

1.《和大学生谈学习方法》，教育科学出版社1982年版。

2.《大学生活的主旋律》，江苏人民出版社1987年版。

3.《大学中专学生素质综合测评》，江苏人民出版社1988年版，获全国首届教育科学优秀成果奖二等奖。

4.《高等教育发展战略研究》，上海交通大学出版社1988年版，获上海高教学会1989年优秀著作一等奖。

5.《社会主义初级阶段高等教育》（与薛天祥合作），百家出版社1988年版。

6.《世界教育兴邦与教育改革》，同济大学出版社1990年版。

7.《中国高等教育改革实践与发展趋势》，上海交通大学出版社1991年版。

8.《中国教育的回顾与展望》，上海交通大学出版社1991年版。

9.《西方思潮与当代中国大学生》，河南人民出版社1991年版，获第三届全国优秀青年读物评选一等奖。

10.《高等教育学概论》，上海交通大学出版社1991年版。

11.《高等教育为地方经济服务》（与王生洪合作），同济大学出版社1992年版，获上海市科技进步三等奖。

12.《学海拾贝》，香港天马图书有限公司1992年版。

13.《上海市高等学校概况》，上海高教研究杂志社1992年版。

14.《毛泽东思想大系丛书（文化·教育卷）》，上海人民出版社1993年版，获上海市哲学社会科学特等奖。

15.《高等学校投资效益研究》，上海高教研究杂志社1994年版。

16.《高等教育与经济发展》，上海交通大学出版社1995年版。

17.《邓小平教育思想与中国当代教育》，上海教育出版社1995年版，获教育部优秀著作二等奖，获上海市哲学社会科学优秀著作三等奖。

18.《中国学分制》，上海科学技术文献出版社1996年版，获上海市教育科学优秀著作三等奖。

19.《探索开拓进取高教改革纵横谈》，中国纺织出版社1996年版。

20.《教育要面向现代化、面向世界、面向未来》，上海人民出版社1997

年版，获上海市理论研究和宣传优秀成果（1995—1997）著作一等奖。

21.《中国当代大学生价值观研究》，上海教育出版社1997年版，获全国第二届教育科学优秀成果一等奖，获华东地区1997年度优秀教育图书一等奖，获上海市优秀图书（1995—1997）二等奖。

22.《中华美德五字歌》（与金炳华合作），上海人民出版社1997年版。

23.《东方法制小故事》，上海妇联出版社1998年版。

24.《成功之道成才之路》，人民教育出版社1999年版。

25.《世纪之交高师教育改革探索》，《上海师范大学学报》1999年专辑。

26.《高等教育学概论》，华东师范大学出版社2002年版。

27.《邓小平教育思想与中国教育改革》，上海教育出版社2003年版。

28.《文化视角中的教育创新》，上海人民出版社2005年版。

29.《高等教育管理学》，上海教育出版社2006年版。

30.《世博礼仪》系列教材，上海教育出版社2006年版。

31.《自主创新锐意进取——高等学校改革与发展回顾》，华东理工大学出版社2008年版。

32.《先进文化与高等教育创新》，上海交通大学出版社2009年版。

33.《高等教育学》，高等教育出版社2009年版。

34.《中国高等教育改革与发展30年》（与别敦荣合作），上海教育出版社2009年版。

35.《老年教育学》，人民教育出版社2016年版。

二、公开发表的学术论文及文章（1978—2022）

1.《把思想政治工作做到教学领域中去》，载《文汇报》1978年12月14日。

2.《以学习为中心开展思想政治工作》，载《中国青年》1979年第1期。

3.《学位制刍议》，载《文汇报》1979年11月14日。《新华月报》（文摘版）1980年1月转载。

4.《因材施教育英才》，载《光明日报》1980年2月3日。《大学教育》1980年2月转载。

5.《奖学金制小议》，载《文汇报》1980年3月12日。

6.《如何解决本市二十多万高中毕业生出路问题的建议》，载《科技工作者建议》1980年6月6日。

7.《高校体制可采取多种形式》，载《文汇报》1980年6月12日。

8.《从四所自办夜校看广开学路的广阔前景》，载《光明日报》1980年7月2日。

9.《就高校培养人才问题提出六点意见》，载《解放日报》1980年7月4日。

10.《对高等学校培养人才的意见》，载《光明日报》1980年8月13日。

11.《高等学校应实行计划管理与合同管理相结合》，载《人民日报》1980年8月23日。

12.《高等学校要花力气造就能才》，载《文汇报》1980年9月5日。

13.《打破"死水一潭"，允许教师流动》（与许立言、程宝书合作），载《文汇报》1980年9月12日。

14.《重才不在于授官》，载《光明日报》1980年9月27日。

15.《人才的培养要"产""销"对路》，载《解放日报》1980年10月9日。

16.《应该坚持按章办事》，载《文汇报》1980年10月23日。

17.《高等学校培养拔尖学生的探讨》，载《中国青年报》1980年12月20日。

18.《心血管领域的后起之秀——自学成才的沈幼棠》，编入《自学成才之路》1981年。

19.《变大学办社会为社会办大学》，载《上海管理科学》1981年第1期。

20.《如何因材施教培养优秀学生》，载《上海高教研究》1981年第2期。

21.《提倡"通才教育"有积极意义——与阎凤高、李景成同志商榷》，载《文汇报》1981年2月11日。

22.《人才成长的大学阶段》，编入《自学成才之路》1981年版。

23.《浅谈大学生的智能开发和培养》，载《中国教育学会通讯》1981年第4期。

24.《逐步建立和完善我国干部制度的十点建议》，载《研究简报》（上海科学学研究所主办）1981年8月20日。

25.《和大学生谈谈怎样掌握学习规律》，编入《和大学生谈学习方法》1982年版。

26.《谈谈师范院校学生的学习和修养》，编入《和大学生谈学习方法》1982年版。

27.《高等学校搞"生财之道"大有前途》，载《研究与建议》（上海科学学研究所主办）1982年第2期。

28.《浅谈高等学校要贯彻德智体三育并举的方针》，载《教育科学研究》（武汉师范学院主办）1982年第2期。

29.《浅谈大学生的智力开发和培养的重要性及其方法》，载《高教研究》（华中师范学院主办）1982年第4期。

30.《高等教育与人才开发》，载《人才开发与管理文集》1983年版。

31.《试论高等学校的德育原则》，载《教育科学研究》1983年第2期。

32.《定量化考核干部的探讨》，载《科技管理咨询》1983年第2期。

33.《从上海高校试行收费走读看高等教育的改革》，载《高教战线》1983年第3期。

34.《高等学校的管理手段和管理内容》，载《高教研究》1983年第4期。

35.《变平面教育为立体教育》，载《青年研究》1983年第12期。

36.《要根据大学生的思想特点做好教育工作》，载《上海高教研究》1984年版。

37.《变"供需脱节"为"供需见面"》，编入《大学管理一百例》1984年版。

38.《关于如何分析大学生思想特点的几个问题》，载《青年问题》1984年第1期。

39.《要重视青年知识分子的安排使用》，载《上海青少年研究》1984年第2期。

40.《关于多渠道增加教育经费问题的探讨》，载《化工高等教育》1984年第2期。

41.《管理学基础知识及其在高等学校的运用》，载《高师教育与管理》（江西师范大学）1984年第3期。

42.《上海十一所高校一千余名大学生学习动机、态度和方法的研究》（与梁光霁、徐佩莉合作），载《德育研究资料》1984年第4期。

43.《高等学校学生政工队伍建设刍议》，载《高等教育研究》（华中工学院主办）1984年第4期。

44.《关于大学生思想品德考核的探讨》，载《德育研究资料》1984年第4期。

45.《重视智力投资多方增加教育经费》，载《上海经济》1984年第5期。

46.《必须办好重点学校》，载《研究与建议》1984年第6期。

47.《迎接新技术革命的挑战应以发展教育、培养人才为起点》，载《科技日报》1984年6月30日。

48.《迎接挑战振兴经济必须以开发人才为起点》，载《人才研究与交流》1984年第8期。

49.《改革大学毕业生分配制度刍议》，载《高教战线》1984年第10期。

50.《改革高校毕业生分配工作》，载《上海高教研究》1984年第11期。

51.《从新技术革命看我国高等教育的结构改革》，载《社会科学》1984年第11期。

52.《大学生违纪犯法情况分析》（与顾嘉雯、徐勋国合作），载《上海青少年研究》1984年第11期。

53.《合理使用知识分子》，载《中国青年》1984年第11期。

54.《建立教学、科研、生产联合体，迎接世界新技术革命的挑战》，载《研究与对策》1984年第11期。

55.《我国大学毕业生分配工作的弊端及其改革方向》，载《研究与建议》1984年第14期。

56.《共产主义德育》，编入潘懋元主编《高等教育学》，人民教育出版社1985年版。

57.《大学生集体组织与教育》，编入潘懋元主编《高等教育学》，人民教育出版社1985年版。

58.《高等学校的体育与卫生》，编入潘懋元主编《高等教育学》，人民教育出版社1985年版。

59.《学生管理》，编入《大学管理概论》1985年版。

60.《后勤管理中的工作效率与经济效益》，编入《高等学校后勤管理》1985年版。

61.《后勤队伍的思想政治工作》，编入《高等学校后勤管理》1985年版。

62.《社会主义新时期对高等学校人才培养的要求》，载《科学学研究论文选》1985年版。

63.《用新技术革命的信息激励大学生的学习积极性》，载《高教管理研究》（江西师范大学）1985年第2期。

64.《关于改变高校政治辅导员设置的意见和建议》，载《化工高教研究》1985年第2期。

65.《改革大学毕业生分配制度的四点建议》，载《光明日报》1985年2月22日。

66.《对学生宜提"学习好、身体好、品德好"》，载《青年报》1985年3月15日，《报刊文摘》1985年3月转载。

67.《大学生中的"四求"热剖析及思想教育工作》，载《高等教育学报》1985年第3期，《教育文摘》1985年8月摘登。

68.《浅谈新形势下大学生思想教育中"变"与"不变"的矛盾》，载《教育研究》1985年第3期。

69.《对高等教育改革中几个问题的讨论意见》，载《高等教育研究》1985年第4期。

70.《新形势下的大学生思想教育》，载《教育研究》1985年第4期，《思想理论教育》1985年第1-2期转载。

71.《日本高校及学生情况一瞥》，载《思想理论教育》1985年第4期。

72.《关于建立管理干部聘任制的建议》，载《理论内参》1985年第5期；被中共辽宁省委《理论内参》编辑部评为1992年优秀论文。

73.《应提倡校外办学》，载《研究与建议》1985年第5期。

74.《关于建立干部能级制的建议》，载《理论内参》1985年第6期。

75.《现行大学毕业生分配制度的弊端及改革意见》，载《上海高教研究》1985年第6期。

76.《社会实践活动是对大学生培养教育的有效途径》，载《辽宁高等教育研究》1985年第6期。

77.《关于改变高校政治辅导员设置的意见和建议》，载《理论内参》1985年第7期。

78.《高等学校学生管理工作的弊端及改革意见》，载《理论内参》1985年第9期。

79.《招收自费大学生是个好办法》，载《文汇报》1985年9月23日，《大学教育》1985年10月转载。

80.《确保校长负责制应改变党委制》，载《理论内参》1985年第12期。

81.《对大学生要"四戒"》，载《青年报》1985年12月25日，载《文摘报》1985年12月29日。

82.《思想教育与政策落实相结合是做好毕业生分配工作的有效途径》，编入《形势理想道路》，华南工学院出版社1986年版。

83.《中国古代官员的选拔和考核》,《全国人才讲学班》讲稿,化工部1986年简报转载。

84.《一比四十的启示》,载《科技管理与咨询》1986年第1期。

85.《访日归来话改革》,载《江苏高教》1986年第1期。

86.《高校毕业生分配改革的探讨》,载《上海高教研究》1986年第1期。

87.《试论大学生思想品德考核》,载《教育科学研究》1986年第1期。

88.《毕业生分配工作的初步改革》,载《高教战线》1986年第2期。

89.《关于把高校政工干部改为德育教师的建议》,载《文汇内参》1986年第2期。

90.《要改革高等学校学生管理制度》,载《黑龙江高教研究》1986年第2期。

91.《端正教育思想深入进行教学改革》,载《云南高教研究》1986年第2期。

92.《提高教学质量培养学生智能的三个环节》,载《辽宁高等教育研究》1986年第3期。

93.《试论普通高等学校的学籍管理》,载《上海高教研究》1986年第3期。

94.《改革"统包统配"制度的必要性和实施建议》,载《高等教育未来与发展》1986年第3期。

95.《谈谈新形势下的毕业生思想教育》,载《吉林高等教育研究》1986年第3期。

96.《怎样分析当代大学生之人生观》,载《青少年研究》1986年第3期。

97.《怎样分析当代大学生特点》,载《高校德育研究》(湖北)1986年版。

98.《关于对大学毕业生实行有偿分配的探讨》,载《理论内参》1986年第5期。

99.《把高校政工干部改为德育教师》,载《文汇报》1986年5月10日。

100.《综合测评大学生方法值得推广》,载《文汇报》1986年5月17日。

101.《努力缩小信息差》，载《中国教育报》1986年7月15日。

102.《高校学生管理制度改革自议》，载《教育文摘》1986年第9期。

103.《本市高校学生管理改革成绩可喜》，载《文汇报》1986年10月13日。

104.《当前大学生需求的调查》，载《教育研究》1986年第11期，《教育文摘》1986年12月28日转载。

105.《我国高校教学改革的现状和趋势》，载《湖南高教》1986年版。

106.《取消助学金制度是倒退吗——答大学生问》，载《坚持改革开放一百题》1987年版。

107.《关于毕业生分配改革趋势——答大学生问》，载《坚持改革开放一百题》1987年版。

108.《"平而不尖"与教学改革》，编入《论智能培养》，上海人民出版社1987年版。

109.《大学生智能培养探索》，编入《论智能培养》，上海人民出版社1987年版。

110.《大学生应具备什么样的知识结构》，编入《论智能培养》，上海人民出版社1987年版。

111.《对大学生实行德智体综合测评探讨》，载《上海高教研究》1987年第1期。

112.《当前大学生的需求观和学习观》，载《高等工程教育研究》1987年第1期。

113.《转变思想观念加强实践教育环节》，载《教育科学研究》1987年第2期。

114.《对教育思想讨论中几个问题的看法》，载《高教探索》1987年第3期。

115.《教育思想讨论中十个观念的思考》，载《黑龙江高教研究》1987年第3期。

116.《怎样激发对学习的兴趣》，编入《大学生活的主旋律》，江苏人民出版社1987年版。

117.《改革毕业生分配制度首先要转变思想观念》，载《理论内参》1987年第4期。

118.《关于对大学生加强实践教育环节的探讨》，载《上海高教研究》1987年第4期。

119.《高等学校应对学生进行思想品德考核》，载《理论内参》1987年第5期。

120.《没有不受任何制约的自由——兼谈新闻自由》，载《中国高等教育》1987年第5期。

121.《德育的四个效应》，载《江苏高教》1987年第6期。

122.《现代社会对大学生智能的要求》，编入《大学生活的主旋律》，江苏人民出版社1987年版。

123.《扬起学海行舟的风帆》，编入《大学生活的主旋律》，江苏人民出版社1987年版。

124.《上海高校毕业生分配制度的改革和实践》，载《社会科学》1987年第12期。

125.《上海大学生分配制度改革构想》，载《人才开发》1987年第12期，获上海市哲学社会科学学会联合会1988年优秀成果奖。

126.《当前大学生思想观念和心理状态剖析——上海市四千名大学生情况调查》，编入《高等学校思想政治教育研究成果汇编》吉林大学出版社1988年版。

127.《关于高等教育发展中几个战略思想之探讨》，编入《第三届国际高等教育展望学术讨论会文集》，辽宁人民出版社1988年版。

128.《实现上海高等教育发展目标的战略对策》，编入《高等教育发展战略》，上海交通大学出版社1988年版。

129.《学生素质综合测评的理论依据》，编入《大学中专学生素质综合测评》，江苏人民出版社1988年版。

130.《学生思想品德演评的基本方法》，编入《大学中专学生素质综合测评》，江苏人民出版社1988年版。

131.《学生身体素质测评》，编入《大学中专学生素质综合测评》，江苏人民出版社1988年版。

132.《浅谈高等学校应以什么为中心》，载《西北医学教育》1988年版。

133.《关于毕业生分配引进市场调节的探讨》，编入《商品经济与人才资源配置》，社会科学院出版社1988年版。

134.《上海高等学校学生管理改革》，编入《教育改革之路》1988年版。

135.《国家调控学校，学校自主办学，市场引导教育》，编入《社会主义初级阶段高等教育》，同济大学出版社1988年版。

136.《高等教育发展战略研究》，载《上海高教研究》1988年第1期。

137.《认真培养合格的专门人才》，载《中国教育报》1988年1月5日。

138.《上海高等教育面临挑战》，载《解放日报》1988年1月9日。

139.《大学毕业生的长与短》，载《人才开发》1988年第2期。

140.《商品经济条件下大学生道德观的变化与对策》，载《高等工程教育》1988年第2期。

141.《关于建立高等教育拨款委员会的建议》，载《文汇报》1988年2月15日。

142.《对高校思想教育工作的几点反思》，载《高教研究》1988年第2期。

143.《三万名大学毕业生素质调查及反馈意见》，载《人才开发》1988年第2期。

144.《十年来我国高等教育改革回顾》，载《高教信息与探索》1988年第2期。

145.《高等教育应实行政校分开》，载《光明日报》1988年2月29日。

146.《大学生中学习动力不足的原因剖析及对策研究》，载《社会科学》1988年第3期,《人民日报》1988年4月10日转载。

147.《高等教育要为实现我国经济发展战略服务》,载《中国高等教育》1988年第3期,《高教信息荟萃》1988年3月转载。

148.《改变教育改革与经济改革不相适应的状况》,载《高教探索》1988年第3期。

149.《发展我国高等教育事业的战略思想及对策探讨》,载《华东师范大学学报》1988年第3期。

150.《高等学校也可实行多种所有制结构》,载《解放日报》1988年3月4日。

151.《大学生的自我管理和参与管理》,载《教育与管理》1988年第3期。

152.《高等教育如何适应经济转轨的形势》,载《机械工业高教研究》1988年第4期。

153.《高等教育要适应从产品经济向商品经济转轨》,载《上海高教研究》1988年第4期。

154.《高等学校要直接参加经济建设》,载《光明日报》1988年4月27日。

155.《关于高等学校以教学、科研为中心的质疑》,载《解放日报》1988年6月17日。

156.《重新认识德育》,载《中国教育报》1988年第7期。

157.《建立高等教育的新的运行机制》,载《光明日报》1988年10月12日。

158.《深化高教改革要多方面全方位进行》,载《光明日报》1988年12月12日。

159.《大力加强大学生能力的培养》,载《解放日报》1988年12月23日。

160.《高等学校学生管理改革初见成效》,编入《教育改革之路》1988年版。

161.《上海高等教育发展战略研究》(与董瑞君合作),编入《上海教育发展战略研究报告》,华东师范大学出版社1989年版。

162.《建立高校学生思想教育系列》，载《学校思想教育》1989年第1期。

163.《建议创办一批民办大学》，载《解放日报》1989年1月7日。

164.《高校应利用自身优势优化育人环境》，载《光明日报》1989年1月18日。

165.《对十年来我国高等教育理论讨论中若干问题的思考》，载《高教新探》1989年1月18日。

166.《大学生能力培养的途径》，载《林业教育研究》1989年第2期。

167.《论智能培养》，载《高等教育学报》1989年第2期。

168.《蒋介石败退台湾后的反省》，载《高教信息与探索》1989年2月25日。

169.《努力培养和增强大学生积极健康的竞争意识》，载《有色金属高教研究》1989年第3期。

170.《上海不妨试办一批民办大学》，载《解放日报》1989年3月17日。

171.《关于提高学生素质问题的探讨》，载《高等教育学报》1989年第4期。

172.《广度，高度，力度，浅谈当前大学生的思想教育与管理》，载《思想理论研究》1989年第5期。

173.《世界教育兴邦与教育改革透视》，载《高教信息与探索》1989年第5期，编入《世界教育兴邦与教育改革》，同济大学出版社1990年版。

174.《从两次学潮引起的对自由的反思》，载《思想理论研究》1989年第5期。

175.《世界上没有绝对的自由》，载《思想理论研究》1989年第5期。

176.《分析教育危机探索教育出路——中国教育的危机与出路研讨综述》，载《高教信息与探索》1989年6月20日。

177.《德育应具有相对独立的地位》，载《人民日报》1989年7月1日，《新华文摘》1989年第9期转载；获上海市高等教育学会1989年优秀论文二等奖。

178.《关于两种社会制度的比较》，载《支部生活》1989年7月8日。

179.《〈人生之谜〉序》，1989年9月。

180.《从两次学潮对高校德育工作的反思》，载《中国青年报》1989年9月18日，上海市高等学校思想理论教育研究会1989年优秀论文。

181.《关于两种社会制度的对话》，载《上海支部生活》1989年9月21日。

182.《从两次学潮对大学生思想心态的剖析》，载《人才开发》1989年第10期。

183.《把竞争机制引入高校，变包下来为奖优劣》，载《解放日报》1989年12月22日。

184.《十年来高校学生工作改革及趋势》，编入《中国高等教育改革及趋势》，同济大学出版社1990年版。

185.《十年来高校德育工作改革及趋势》，编入《中国高等教育改革及趋势》，同济大学出版社1990年版。

186.《十年来高校师资队伍建设改革及趋势》，编入《中国高等教育改革及趋势》，同济大学出版社1990年版。

187.《教育思想和高等教育发展战略》，编入《现代大学管理原理》1990年版。

188.《大学毕业生素质的社会评价及对策研究——上海市万余名大学毕业生素质调查报告》，载《上海高教研究》1990年第3期；获中国高等教育学会1990年高等教育研究优秀论文三等奖；上海市高等教育学会1989年优秀课题成果一等奖；1990年上海市高教学会学生工作研究会优秀论文奖。

189.《学潮的起因、特点及对策研究》，编入《学潮问题研究》1990年版。

190.《当前需要探讨的几个重大问题》，载《大学教育论坛》1990年第1期。

191.《德育教师队伍的几个问题》，载《高等教育学报》1990年第1期。

192.《中国高等教育的问题及出路》，载《机电教育》1990年第2期。

193.《建立高等学校新的德育体制和德育教师队伍之探讨》，载《吉林教育科学》1990年第2期。

194.《关于两种民主制度的对比》，载《思想理论教育》1990年第2期。

195.《总结经验教训，切实加强高校思想政治工作》，载《思想理论教育》1990年第3期。

196.《关于德育的地位首位和到位之探讨》，载《高等教育研究》1990年第3期。

197.《大学毕业生素质的社会评价及对策研究》，载《上海高教研究》1990年第3期。

198.《高等学校应有一支专职德育教师队伍》，载《光明日报》1990年3月14日。

199.《要克服思想政治教育中的十个倾斜》，载《思想理论教育》1990年第4期。

200.《建立高等学校的德育体系》，载《吉林教育科学·高教研究》1990年第5期。

201.《思想政治工作要做到点子上》，载《学校思想教育》1990年第5期。

202.《"角色"不能"错位"》，载《人才开发》1990年第5期，获上海人才研究会1988—1993年优秀学术成果奖。

203.《我国高等教育事业发展改革的回顾及展望》，载《辽宁高等教育研究》1990年第6期。

204.《思想政治教育中的三个问题》，载《上海工程技术大学学报》1990年第6期。

205.《告别不惑之年的思考——我国教育的成绩、问题及对策》，编入《中国教育的回顾与展望》，上海交大出版社1990年版。

206.《全国高校思想政治教育研究会侧记》，载《思想理论研究》1990年第10期。

207.《上海高等教育改革概况》，载《人才开发》1990年第10期。

208.《〈大学生成才修养〉序》，1991年。

209.《上海市大学生违纪状况调查及对策研究》，获1991年上海市学生工作研究会第二届年会一等奖。

210.《西方思潮概述》，编入《西方思潮与当代中国大学生》，河南人民出版社1991年版。

211.《西方政治思潮与中国大学生》，编入《西方思潮与当代中国大学生》，河南人民出版社1991年版。

212.《西方思潮与中国学潮》，编入《西方思潮与当代中国大学生》，河南人民出版社1991年版。

213.《大学生的身心特点和管理》，编入《高等教育学概论》，上海交通大学出版社1991年版。

214.《高等学校的德育》，编入《高等教育学概论》，上海交通大学出版社1991年版。

215.《〈高等教育学概论〉》绪论，编入《高等教育学概论》，上海交通大学出版社1991年版。

216.《关于坚持社会主义教育方向的几点思考》，载《高等教育研究》1991年第1期。

217.《大学教师政治思想素质测评的内容和方法》，载《高等教育学报》1991年第2期。

218.《关于高等学校德育的地位、首位和到位之探讨》，载《思想理论教育》1991年第3期，全国高等学校思想政治教育研究会1992年优秀论文。

219.《大学生德育考核及素质测评》，载《辽宁高等教育研究》1991年第4期。

220.《高等学校德育的内容和途径》，载《高等教育研究》1991年第4期。

221.《对近年来我国高等教育理论研究的回顾》，载《上海高教研究》1991年第8期。

222.《高校教师队伍的现状及对策研究》（与龚振邦等人合作），中共上海市委党校第一期《中青班调研报告》1991年9月。

223.《高校毕业生分配原则和计划实施》，载《教育研究》1992年第2期，人大复印资料《高等教育》1992年6月转载。

224.《为地方建设服务，提高办学效益》，载《高等教育研究》1992年第2期。

225.《当代大学生气质和性格调查》（合作），载《教育研究》1992年第4期，获上海市高等教育学会1991年度成果奖。

226.《招收自费生是深化高等教育改革的重要措施》，载《中国高教研究》1992年第4期。

227.《值得反思的几个问题》，载《上海高教研究》1992年第4期。

228.《大学生气质和性格类型剖析》，载《教育研究》1992年第4期，获上海市高等教育学会1991年度成果奖。

229.《培养大学生成才要有切实措施》，载《思想理论教育》1992年第5期。

230.《抓紧加快高校教师的住宅建设》，载《高教信息与探索》1992年第7期。

231.《上海各类高校是怎样为地方建设服务的》，载《研究动态》1992年第8期。

232.《高等教育要主动适应经济的转轨变型》，载《教育研究》1992年第11期。

233.《以市场经济为载体开展思想理论教育工作》，载《思想理论教育》1993年专辑。

234.《从计划经济与市场经济的区别谈谈高等教育改革》，载《西南教育管理研究》1993年第1期。

235.《实行多种招生与就业制度之我见》，载《中国高教招生》1993年第1期。

236.《高校应多招收自费生》，载《中国高教研究》1993年第2期。

237.《我国应实行多种招生就业制度》，载《中国高校招生》1993年第2期。

238.《谈谈计划经济与市场经济的主要区别》，载《中国高校后勤研究》1993年第2期。

239.《高等学校要在为地方建设服务中提高办学效益》，载《高等师范教育研究》1993年第2期。

240.《在改革中奋进的上海大学》，载《上海大学学报》1993年第2期。

241.《变革三种体制，让大学成为独立的办学实体》，载《光明日报》1993年2月20日。

242.《我国应积极稳妥地发展民办大学》，载《上海教育报》1993年3月9日。

243.《大学生价值观教育中的几个问题》，载《思想理论教育》1993年第4期。

244.《关于高等教育改革的探索》，载《人才开发》1993年第4期，人大复印资料《高等教育》1993年5月转载。

245.《中国教育一定要走出低谷——当前教育发展中的几个问题》，载《探索与争鸣》1993年第5期。

246.《当前教育发展中的几个问题及对策探索》，载《探索与争鸣》1993年第5期。

247.《适应市场经济发展，加快高等教育改革步伐》，载《上海改革》1993年第8期。

248.《要努力提高高等学校的办学效益》，载《中国教育报》1993年8月5日。

249.《立志、勤奋、借时》，载《上海大学校报》1993年9月。

250.《民办大学之我见》，载《都市经济画刊》1993年10月31日。

251.《市场催发人才新生代》，载《沪港经济》1993年第12期。

252.《挖掘教育资源，发展教育产业》，载《高教研究》1994年第2期。

253.《建立教育市场，走出教育困境》，载《文汇报》1994年1月9日。

254.《学习邓小平教育思想，加快教育事业发展和改革的步伐》，载《高等教育研究》1994年第2期。

255.《市场经济的发展对人才培养的新要求》，载《沪港经济》1994年第2期。

256.《深化高教改革必须进一步转变教育观念》，载《上海高教研究》1994年第2期。

257.《关于建立教育市场的思考》，载《中国高教研究》1994年第3期。

258.《论高等学校的联合及对新上海大学生的展望》，载《上海高教研究》1994年第3期。

259.《和大学生谈学会怎样做人、怎样思考、怎样学习》，在上海大学学代会上的讲话1994年3月。

260.《新的历史时期需要新的理论作指导》，载《思想理论教育》1994年第4期。

261.《弘扬中华民族优良道德传统》，载《上海大学校报》1994年第4期。

262.《从六方面加强高校教师队伍建设》，载《教育管理研究》1994年第5期。

263.《继承和发扬二十年代上海大学的光荣传统和优良校风》，编入《上海大学十一年》1994年5月。

264.《邓小平同志对毛泽东教育思想的继承和发展》，载《中国高教研究》1994年第5期，1995年获上海市邓小平建设有中国特色社会主义理论研究成果论文二等奖。

265.《学习邓小平教育思想，加快教育事业发展和改革的步伐——兼论中国特色社会主义教育的特点》，载《华东地区高等教育改革研讨会论文集》1994年第10期。

266.《经济发展对人才培养的新要求》，编入《高等教育与经济发展》，上海交通大学出版社1995年版。

267.《〈学习邓小平理论建设精神文明〉专辑序》，载《上海大学学报》1995年增刊。

268.《市场经济与高等教育》，编入《高等教育与经济发展》，上海交通大学出版社1995年版。

269.《邓小平教育思想的主要特点》，编入《邓小平教育思想与中国当代教育》，上海教育出版社1995年版。

270.《邓小平教育思想的主要内容》，上海教育出版社1995年版。

271.《邓小平教育思想与高等教育》，上海教育出版社1995年版。

272.《对我国高校招生考试制度改革的评析和展望》，载《教育管理论坛》1995年第1期。

273.《高校要走出困境必须走进市场》，载《电力高等教育》1995年第1期，载《探索与争鸣》1995年第2期。

274.《我国高等教育改革的特点和展望》，载《上海高教研究》1995年第1期。

275.《深化教学改革要处理好五个关系》，载《高等教育研究》1995年第2期。

276.《浅谈高教理论研究的成果和作用》，载《上海高教研究》1995年第5期。

277.《追求实效——关于"两课"改革的思考》，载《思想理论教育》1995年第5期。

278.《从国情校情出发实行有中国特色的学分制》，载《中国高教研究》1995年第5期。

279.《加强高校师资队伍之我见》，载《师资培训研究》1995年5月30日。

280.《〈中国学分制〉序》，编入《中国学分制》，上海科技文献出版社1996年版。

281.《学分制的基础工程》，编入《中国学分制》，上海科技文献出版社1996年版。

282.《探索中国特色的学分制》，载《上海高教研究》1996年第1期。

283.《邓小平教育思想的主要特点》，载《社会科学》1996年第2期。

284.《关于建立现代高等教育学的探讨》，载《高等教育研究》1996年第2期。

285.《邓小平理论的历史地位和现实作用（上）》，载《上海大学学报》1996年第2期，获上海市哲学社会科学（1995—1997）优秀论文三等奖。

286.《邓小平理论的历史地位和现实作用（下）》，载《上海大学学报》1996年第3期，获上海市哲学社会科学（1995—1997）优秀论文三等奖。

287.《邓小平教育思想的主要内容》，载《辽宁高等教育研究》1996年第3期。

288.《高等教育的改革——变革体制，转换机制，优化配置》，载《江苏高教》1996年第3期。

289.《"宽进严出"宜分步实施，分校实行》，载《文汇报》1996年3月6日。

290.《关于面向21世纪的教学内容和课程体系改革的思考》，载《上海师范大学学报》1996年第4期。

291.《立志、勤奋、惜时——致上海师范大学新生一封信》，载《上海师大报》1996年9月25日。

292.《对青年大学生进行思想教育的最好教材》，载《文汇报》1996年10月27日。

293.《〈邓小平理论教程〉序》，上海教育出版社1997年版。

294.《"三个面向"与重点大学建设》，编入《教育要面向现代化、面向世界、面向未来》，上海人民出版社1997年版。

295.《价值观特点和大学生价值观》，编入《教育要面向现代化、面向世界、面向未来》，上海人民出版社1997年版。

296.《大学生价值观与自我修养》，编入《教育要面向现代化、面向世界、面向未来》，上海人民出版社1997年版。

297.《改革"统包统配"制度的必要性及实施建议》，载《高等教育未来与发展》1996年3月。

298.《对教育思想讨论中几个问题的探讨》，载《高教探索》1997年第3期。

299.《缅怀邓小平同志对教师教育工作的关心》，载《上海教育报》1997年3月7日。

300.《弘扬中华民族优良的道德传统》，载《上海师大报》1997年3月10日。

301.《高校课程设置需与科技发展匹配》，载《上海科技报》1997年3月26日。

302.《从"人不见了"看加强人文教育的重要性》，载《高等教育研究》1997年第4期，《文汇报》（论苑）1997年12月9日。

303.《深化教育改革，实现两个转变》，载《思想理论教育》1997年第4期。

304.《重视个性发展，培养尖子人才——学习江泽民同志在全教会上的重要讲话》，载《高等教育研究》1997年第4期。

305.《高等师范教育面临的挑战和对策》，载《上海师范大学学报》1997年第4期。

306.《我国大学毕业生就业制度的变迁》，载《当代青年研究》1997年第4—5期。

307.《转变办学观念，适应向市场经济的转轨》，载《中国高教研究》1997年第5期。

308.《转变观点，深化改革，迎接挑战》，载《江苏高教》1997年第5期。

309.《优化教育结构，深化体制改革》，载《教育参考》1997年第6期。

310.《名牌大学学生竞争教师岗位引发师范院校危机感紧迫感》，载《文汇报》1997年7月21日。

311.《大学生要有社会责任感和历史使命感》，载《思想理论教育》1997年第8期。

312.《提高办学质量，为一流城市一流教育多作贡献》，载《上海高教研究》1997年第11期。

313.《十五大是高教前进的灯塔》，载《上海教育报》1997年11月3日。

314.《充分认识党的十五大的伟大功绩》，载《文汇报》（论苑）1997年11月3日。

315.《加强大学生素质教育的紧迫性》，编入《智慧之光》，复旦大学出版社1998年版。

316.《〈愉快教育法的理论与实践〉序》，上海人民出版社1998年版。

317.《读书，给了我知识和力量》，载《组织人事报》1998年1月1日。

318.《加强还是削弱》，载《思想理论教育》1998年第2期。

319.《建立"一本一专多能"的培养模式》，载《中国教育报》1998年第2期。

320.《最充分地动员和发挥知识分子的力量》，载《上海师范大学学报》1998年第2期。

321.《知识经济与高等教育的功能》，载《上海高教研究》1998年第2期。

322.《日本小学教育一瞥》，载《文汇报》1998年1月30日。

323.《关于发展民办高等教育的思考》，载《高等教育研究》1998年第4期。

324.《台湾高等教育之管见》，载《高等师范教育研究》1998年第5期。

325.《崇高的理想就是精神支柱》，载《当代青年研究》1998年第5期。

326.《高等教育当前面临的挑战和对策》，载《辽宁高等教育研究》1998年第5期。

327.《一把开启大学生价值之门的金钥匙》，载《解放日报》1998年5月19日。

328.《改制是我国高等教育走出困境的出路》，载《高等教育研究》1998年第6期，《新华文摘》1999年2月转载。

329.《中国高等教育的体制变革》，载《高等教育研究》（英文版）1998年第12期。

330.《〈大学的主体力量〉序》，陕西师范大学出版社1999年版。

331.《转变观点，深化改革，重在质量，办出特色》，编入《世纪之交高师教育改革探索》，《上海师范大学学报》1999专辑。

332.《加强人文教育，促进人才成长》，载《教育研究》1999年第2期，部分内容刊登于《高等教育研究》1992年第4期，编入《教育新视野新理念》，上海教育出版社2007年版。

333.《纪律宽松反而不会开小差》，载《新民晚报》1999年2月26日。

334.《更新教育观念，深化教学改革》，载《教育发展研究》1999年第3期，编入《现代教育理念专论》，人民教育出版社2004年版。

335.《发挥思想政治教育的优势》，载《思想理论教育》1999年第3期。

336.《〈高教法〉是我国高等教育改制的法律依据》，载《上海政法管理干部学院院报》1999年第3期。

337.《改革教学内容的原则与方案》，载《教育发展研究》1999年第3期，编入《现代教育理念专论》，人民教育出版社2004年版。

338.《抓机构抓规范抓重点，努力搞好教育审计工作》，载《上海审计》1999年第4期。

339.《德艺语技——师范生的立身之本》，载《上海教育报》1999年4月26日。

340.《能否把部分高校改制为"国有民办"》，载《中国青年报》1999年4月28日。

341.《创新能力要从小学培养起》，载《上海科技报》1999年4月30日。

342.《教育已成为现代社会重要产业》，载《文汇报》1999年5月17日。

343.《发展教育产业，促进教育发展》，载《高等教育研究》1999年第6

期，编入《教育新视野新理念》，上海教育出版社2007年版。

344.《重视个性教育，培养尖子学生——学习江泽民同志在全教会上的重要讲话》，载《人才开发》1999年第8期。

345.《面向21世纪中国高等教育的发展目标》，载《文汇报》1999年9月4日。

346.《发展教育产业迫在眉睫》，载《探索与争鸣》1999年第10期。

347.《提高质量，办出特色——写在上海师大建校45周年之际》，载《上海教育报》1999年10月8日。

348.《满怀豪情庆丰收，坚持改革绘蓝图》，载《上海师大报》1999年10月30日。

349.《重视个性发展，培养尖子人才》，载《中国教育报》1999年11月11日。

350.《深化教学改革，为二十一世纪培养合格人才》，载《中国高教研究》2000年第1期。

351.《端正办学思想，深化教育改革——庆祝上海师范大学建校45周年》，载《上海师范大学学报》2000年第1期。

352.《构筑人才高地要在"大、高、新"上下功夫》，载《文汇报》2000年1月5日。

353.《新千年的第一天》，载《上海师大报》2000年1月10日。

354.《教师必须具备良好师德、师智、师能》，载《文汇报》2000年3月20日。

355.《文明修身是素质教育的载体》，载《思想理论教育》2000年第4期，编入《现代高等教育思想探索》，人民教育出版社2001年版。

356.《不容忽视高等教育滞后的状况》，载《探索与争鸣》2000年第4期。

357.《从经济全球化到教育国际化的思考》，载《河北大学学报》2000年第4期。

358.《创新教育与创新人才培养》，载《机械工业高教研究》2000年第4期，编入《教育新视野新理念》，上海教育出版社2007年版。

359.《教育的产业性与公益性》（与张兴合作），部分内容刊于《江苏高教》2000年第5期，编入《现代教育理念专论》，人民教育出版社2004年版。

360.《现代大学的性质与功能之浅见》，载《高等教育研究》2000年第6期。

361.《关于高等学校机构改革和实施干部竞聘制的探索》，载《国家高级教育行政学院学报》2000年第6期。

362.《正确认识教育的公益性与产业性》（与张兴合作），载《文汇报》2000年6月12日。

363.《台湾高等职业教育对我们的启示》，载《教育发展研究》2000年第8期。

364.《科教兴国与教育工作的历史使命——学习江泽民同志关于教育问题的重要讲话》，载《上海师范大学学报》2000年第8期。

365.《关于培养本科学历小学教师的探索》，载《教育科研参考》2000年第12期。

366.《现代大学的性质和功能》，载《高等教育研究》2001年第1期，编入《现代教育理念专论》，人民教育出版社2004年版。

367.《优化高师德育资源，强化师范教育功能》，载《中国高等教育》2001年第1期。

368.《建立一主多元的高等教育体制》，载《教育参考》2001年第1期，编入《现代教育理念专论》，人民教育出版社2004年版。

369.《走后勤社会化改革之路》，编入《现代高等教育思想探索》，人民教育出版社2001年版。

370.《高等教育管理研究结硕果》，载《国家高级教育行政学院学报》2001年第1期。

371.《关于创新教育和教育创新的思考》，载《人才开发》2001年第1期。

372.《大学德育面临的形势和挑战》，载《思想理论教育》2001年第2期。

373.《母校给了我思想营养和精神动力》，载《华东师范大学报》2001年3月9日。

374.《建立中国特色的学分制》，载《现代大学教育》2001年第4期，《新华文摘》2002年1月转载，编入《现代教育理念专论》，人民教育出版社2004年版。

375.《中国教育如何应对加入WTO》，载《教育参考》2001年第5期。

376.《高等教育大众化多样化和质量保证》，载《高等教育研究》2001年第5期，编入《现代高等教育思想探索》，人民教育出版社2001年版。

377.《把德育工作落到实处》，载《思想理论教育》2001年第11期，编入《现代高等教育思想探索》，人民教育出版社2001年版。

378.《为查文红们多做点什么》，载《文汇报》2001年11月27日。

379.《清洁校园净化了学生的心灵》，载《解放日报》2001年12月10日。

380.《经济全球化与教育国际化》，载《中国高教研究》2002年第3期。

381.《中国加入WTO与教育的发展和改革》，载《现代大学教育》2002年第5期，人大复印资料《高等教育》2002年10月转载。

382.《中国入世与教育改革》，载《文汇报》2002年7月5日。

383.《一个查文红远远不够》，载《组织人事报》2002年7月18日。

384.《树立新的教育理念，迎接加入WTO的挑战》，载《教育研究》2002年第11期。

385.《教育大计，教师为本》，载《教育发展研究》2002年第11期。

386.《坚持教育创新》，载《解放日报》2002年11月12日。

387.《我国教师教育的发展走向》，载《中国高等教育》2002年第2期。

388.《用新的教学理念指导教学改革》，编入《大学教学与管理新论》，华东师大出版社2003年版。

389.《〈大学理念论纲〉序》，人民教育出版社2003年版。

390.《邓小平理论的来源、体系及伟大功绩》，编入《邓小平教育思想与中国教育改革》，上海教育出版社2003年版。

391.《关于教育公平与效率的哲学思考》（与张兴合作），载《北京大学教育评论》2003年第1期，人大复印资料《高等教育》2003年4月转载，编入《教育新视野新理念》，上海教育出版社2007年版。

392.《人文教育的核心是如何做人》，载《文汇报》2003年2月11日。

393.《人文教育就是做人的教育》，载《江苏高教》2003年第3期，人大复印资料《高等教育》2003年6月转载。

394.《树立现代教育理念，切实落实素质教育》，载《大学教育科学》2003年第3期。

395.《树立正确的教育质量观，推动高等教育健康发展》，载《高教探索》2003年第3期。

396.《当代高等教育前沿问题探讨》，载《高等教育研究》2003年第4期。

397.《大学毕业生就业难"难"在哪里》，载《文汇报》2003年7月9日。

398.《以发展促进教育公平》（与张兴合作），载《人民日报》2003年7月25日。

399.《正确看待高校扩招后的质量问题》，载《湖北招生考试》2003年第8期。

400.《关于大学生就业难的理性思考》（与刘岚合作），载《中国高教研究》2003年第8期。

401.《德育工作要增强紧迫性和真实性》，载《思想理论教育》2003年第9期。

402.《树立正确的质量观，克服急躁浮躁情绪》，载《光明日报》2003年9月4日。

403.《树立新的教育理念，探索教育发展新路》，载《中国高教研究》

2003年第11期。

404.《试论创新教育和教育创新》，载《当代教育论坛》2003年第12期。

405.《坚持创新教育与教育创新》，载《现代教育论坛》2003年第12期。

406.《现代教育理念概览》，载《集美大学学报》2004年第1期，编入《现代教育理念专论》，人民教育出版社2004年版。

407.《树立教育服务产业观》，载《教育发展研究》2004年第2期。

408.《培养跨学科人才必须更新教育观念》，编入《高等教育创新与跨学科人才培养》，武汉大学出版社2004年版。

409.《各类高校在科教兴国、人才强国中都大有作为》，载《中国高教研究》2004年第4期。

410.《大学文化大学精神》，载《教育参考》2004年第4期。

411.《树立"以人为本"的教育观》（与朱炜合作），载《现代大学教育》2004年第4期，编入《教育新视野新理念》，上海教育出版社2007年版。

412.《以伟大的民族精神引领成长》，载《文汇报》2004年4月21日。

413.《树立新的教育理念，探索教育发展新路》，编入《传承与变革——"中华高等教育改革"国际学术研讨会论文集》，厦门大学出版社2004年版。

414.《促进高等教育走内涵发展之路》，载《文汇报》2004年7月15日。

415.《"两个尊重"论充分调动了知识分子的积极性》，编入《人民的儿子，全党的楷模》，文汇出版社2004年版。

416.《坚持"三个面向"，弘扬民族精神》，载《思想、理论、教育》2004年第9期。

417.《应当更多责问社会和教育制度》，载《中国教育报》2004年9月12日。

418.《补充高教资源利于科教兴国》，载《新民晚报》2004年9月21日。

419.《与时俱进办大学，广阔之地展宏图》，载《高校基建研究》2004年第10期。

420.《凸现人文精神在学校教育中的位置》，载《教师报》2004年10月3日。

421.《高校要敢于行使办学自主权》，载《中国青年报》2004年10月22日。

422.《教师教育要向高层次专业化方向发展》，载《教育研究》2004年第9期。

423.《校长的职责》，载《社会科学报》2004年10月26日。

424.《发展教育产业有助于促进教育发展》，载《教育发展研究》2004年第12期。

425.《用科学发展观正确分析高校扩招》，载《湖北招生考试》2005年第2期。

426.《树立以学为中心的教学观》，载《高教探索》2005年第2期，编入《教育新视野新理念》，上海教育出版2007年版。

427.《高校必须树立正确的定位观和质量观》，载《高等教育研究》2005年第2期。

428.《用科学发展观正确解决高校的分类定位问题》，载《中国高等教育评估》2005年第3期。

429.《人人是学习之人，处处是学习之所》，载《上海科技报》2005年3月15日。

430.《树立"以人为本""以学为中心"的教学观》，载《大学教育科学》2005年第5期。

431.《树立宏观的教育时空观，为创建学习型社会服务》，载《教育发展研究》2005年第5期。

432.《加强形势任务教育，增强当代大学生使命感和责任感》，载《中国高教研究》2005年第6期。

433.《大学校长必须研究教育》，载《社会观察》2005年第6期。

434.《向中考学生和家长进言》，载《文汇报》2005年7月6日。

435.《让"阳光工程"照亮公平之秤》，载《文汇报》2005年7月13日。

436.《现代社会需要怎样的人》，载《钱江晚报》2005年10月17日。

437.《人文教育与人才成长》，编入《东方讲坛》，文汇出版社2006年版。

438.《树重适应性的高等教育质量观》，载《人才开发》2006年第1期。

439.《科学发展观与高等教育大众化》，载《中国高教研究》2006年第1期，编入《教育新视野新理念》，上海教育出版社2007年版。

440.《拔尖创新人才从哪里来》，载《文汇报》2006年10月18日。

441.《大学校长要坚持用教育理念指导教育实践》，载《高等教育研究》2006年第11期。

442.《培养拔尖人才障碍在哪里》，载《中国教育报》2006年11月6日。

443.《培养创新人才应克服体制性障碍》，载《中国高等教育研究》2006年第12期，编入《教育新视野新理念》，上海教育出版社2007年版。

444.《总理的"焦虑"与培养更多杰出人才》，载《文汇报》2006年12月5日。

445.《对两种自主招生改革的剖析》，编入《招生考试研究》，上海教育出版社2007年版。

446.《农民工子女受教育问题的思考》，载《上海师大学报》（基础教育版）2007年第1期，编入《教育新视野新理念》，上海教育出版社2007年版。

447.《树立科学的教育质量观》，载《中国教育报》2007年1月29日。

448.《论科学的教育发展观、定位观和质量观》，载《教育发展研究》2007年第2期。

449.《建设大学文化，推动大学发展》，载《高校教育管理》2007年第2期，编入《教育新视野新理念》，上海教育出版社2007年版。

450.《树立科学的高等教育评估观》，载《中国高等教育评估》2007年第2期。

451.《鼓励更多的优秀青年当教师》，载《中国教育报》2007年3月20日。

452.《高等学校怎样办出特色》，载《现代大学教育》2007年第6期。

453.《高等教育的改革和发展趋势》，载《大学教育科学》2007年第6期。

454.《对我国高校独立学院的理性思考——独立学院全部转为"公办"不可取》，载《中国高教研究》2008年第1期。

455.《中国高等教育办学理念的八大转变》，载《北京大学教育评论》2008年第2期。

456.《潘懋元教授与我国第一本高等教育学》，载《高等教育研究》2008年第4期。

457.《理性地看待奥运冠军破格上大学》，载《文汇报》2008年9月10日。

458.《评"名校垄断高分者，高分者统统进名校"》，载《北京大学教育评论》2009年第1期，人大复印资料《高等教育》2009年转载。

459.《独立学院是中国特色的新型民办高校》，载《高等教育研究》2009年第3期。

460.《对我国高等教育发展问题的思考》，载《教育发展研究》2009年第5期。

461.《聘用单位"以校取人"不可取》，载《文汇报》2009年2月6日。

462.《呼吁建立上海教育博物馆》，载《文汇报》2009年5月9日。

463.《高等教育大众化下的校际合作办学探索》，载《临沂师范学院学报》2009年第2期。

464.《令人担忧的"高考不加分"》，载《文汇报》2009年6月10日。

465.《唯才聘用就要敢于"破格"》，载《文汇报》2009年7月23日。

466.《院校研究的视角：民办高校迫切需要加强自身研究》（与张艳辉合作），载《浙江树人大学学报》2009年第3期。

467.《关于高职院校特征的几点思考》，载《浙江树人大学学报》2009年第4期。

468.《用智慧点亮心灯——评教育激励论》，载《教育研究》2009年第7期。

469.《60年来中国高等教育办学体制和管理体制的变革》，载《大学教育科学》2009年第5期。

470.《树立科学的教育发展改革观》，载《青岛科技大学学报》2009年第2期。

471.《我们能向"洋高考"学什么》，载《文汇报》2009年第9期。

472.《民办高校迫切需要加强自身研究》，载《浙江树人大学学报》2009年第3期。

473.《用智慧点亮心灯——评教育激励论》，载《教育研究》2009年第7期。

474.《60年来中国高等教育办学体制和管理体制的变革》，载《大学教育科学》2009年第5期。

475.《高等教育走向大众化阶段后的思考》，载《科学时报》2009年第10期。

476.《高职院校教育教学有效性研究》，载《教育发展研究》2009年第21期。

477.《唯才是举，不要唯校是举》，载《人才开发》2009年第5期。

478.《对大学排名榜争议的辨析》，载《高校教育管理》2009年第6期。

479.《关于高职教育特征的几点思考》，载《浙江树人大学学报》2009年第4期。

480.《60年来中国高校招生就业制度的改革》，载《江苏高教》2009年第6期。

481.《60年来中国高等教育大众化进程》，载《现代大学教育》2010年第1期。

482.《用大学文化推动大学发展改革》，载《中国高等教育》2010年第1期，《高教文摘》2010年7月转载。

483.《应将部分研究型大学转变为创业型大学》，载《高等理科教育》2010年第2期。

484.《关于高校去行政化的思考》，载《教育发展研究》2010年第9期。

485.《60年来中国高等教育投资体制的变革》，载《上海师范大学学报》2010年第1期，中国人大书报资料中心《高等教育》2010年5月转载。

486.《中国高校怎样去行政化》，载《科学时报》2010年7月27日。

487.《独立学院的发展模式及未来走向》，载《教育发展研究》2010年。

488.《教育岂能"目中无人"》，载《文汇报》2010年10月8日。

489.《潘懋元先生高等教育思想与实践研究》，载《中国高教研究》2010年第10期。

490.《如何评判我国高教发展与改革中的几个问题——与杨东平教授商榷》，载《江苏高教》2011年第5期。

491.《提高高等教育质量贵在落实》，载《大学教育科学》2011年第6期。

492.《进入大众教育阶段后的中国高等教育面临的10个问题》，载《上海师范大学学报（哲学社会科学版）》2011年第3期。

493.《十年耕耘结硕果，与时俱进创辉煌》，载《中国高教研究》2011年第9期。

494.《对高校"结盟"招生的反思和质疑》，载《中国高等教育评估》2011年第1期。

495.《对千余"状元"无一"顶尖"的教育反思》，载《高校教育管理》2011年第3期。

496.《"宽进严出"是我国高校发展的必然趋势》，载《现代大学教育》2011年第3期。

497.《提高质量是高等教育的生命线》，载《高教领导参考》2011年第11期。

498.《潘懋元：中国高等教育学的创始人和践行者》，编入《中国高等教育评论》，教育科学出版社2011年版。

499.《要树立"大教育"观和科学发展观》，载《高教领导参考》2011年第10期。

500.《中国高等教育面临的问题与对策》，载《高等学校文科学术文摘》2011年第4期。

501.《对中国"三过"教育现状的分析及对策探讨》，载《上海师范大学学报（哲学社会科学版）》2012年第5期。

502.《关于社会转型与高等教育发展的思考——与陈先哲博士商榷》，载《高等教育研究》2012年第8期。

503.《"用整个的心"做"整个的校长"》，载《中国教育报》2012年8月20日。

504.《摒弃"过度教育"和"暴力教育"》，载《上海教育》2012年9月13日。

505.《让孩子赢在养成良好的素质上》，载《现代基础教育研究》2012年第五卷。

506.《民办高校：高等教育的未来增量》，载《中国社会科学报》2012年10月24日。

507.《活明白了》，载《上海老干部工作》2012年第6期。

508.《破解文凭"虚"术和学历注水》，载《检察风云》2012年第14期。

509.《中国研究生教育的发展历程》，载《大学教育科学》2013年第4期。

510.《上海市高等教育学会常务副会长杨德广：提高教育质量，必须打一场教学制度改革硬仗》，载《上海教育》2013年第12期。

511.《跨国合作办学应有的理念与担当》，载《上海教育》2013年第25期。

512.《防腐需要"源头活水"》，载《检察风云》2013年第6期。

513.《高等教育"适应论"是历史的误区吗——与展立新、陈学飞商榷》，载《北京大学教育评论》2013年第3期。

514.《"三过"教育现状剖析》，载《检察风云》2013年第1期。

515.《教学制度改革的梦想如何实现》，载《高校教育管理》2013年第4期。

516.《对中国高等教育进入大众化阶段后的反思》，编入《中国高等教育评论》，教育科学出版社2013年版。

517.《对中国"三过"教育现状的分析及对策探索》，载《教育文化论坛》2013年第1期。

518.《办好老年大学高等学校须担当》，载《老年教育（老年大学）》2014年第8期。

519.《建设良好教风取决于教师的"三个投入"》，载《高校教育管理》2014年第6期。

520.《加强章程建设，用制度管权管事管人》，载《上海教育》2014年第1期。

521.《潘懋元论教育外部规律的内涵》，载《宁波城市职业技术学院学报》2014年第3期。

522.《30年来中国高等教育的十大变革》，载《重庆高教研究》2015年第5期。

523.《上海高考综合改革试点试出了什么》，载《基础教育论坛（文摘版）》2015年第6期。

524.《树立"积极老龄化"理念》，载《成才与就业》2015年第2期。

525.《再论潘懋元的"两个规律论"和"适应论"——与展立新、陈学飞商榷》，载《山东高等教育》2015年第9期。

526.《高校开展老年教育并非资源流失》，载《成才与就业》2015年第1期。

527.《陈光标是怎样的慈善家》，载《至爱》2015年第1期。

528.《为坚持素质教育导向的综合改革叫好》，载《现代基础教育研究》2015年第1期。

529.《论当代大学的性质和功能——与展立新、陈学飞教授商榷》，载《高等教育评论》2015年第2期。

530.《关于高等教育改革与发展几个争议问题之我见》，载《教育发展研究》2016年第1期。

531.《讲真话是我的学术责任——杨德广教授专访》，载《苏州大学学报（教育科学版）》2016年第3期。

532.《高校，以治学为本》，载《检察风云》2016年第6期。

533.《关于高等教育改革与发展几个争议问题之我见》，载《教书育人（高教论坛）》2017年第3期。

534.《美国老年教育的发展及启示》，载《世界教育信息》2017年第4期。

535.《教育研究要有现实性、针对性和批判性——我从教和治学的经历及感悟》，载《中国教育科学》2017年第12期。

536.《课堂上不能"我的地盘我做主"》，载《解放日报》2017年第10期。

537.《建立老年教育学刍议》，载《教育研究》2018年第6期。

538.《研究生教学改革应立足于育人和育能》，载《学位与研究生教育》2018年第8期。

539.《构建德智体美劳教育体系》，载《中国教育报》2018年第10期。

540.《围绕五育大目标构建教育大体系》，载《基础教育论坛》2018年第10期。

541.《构建德智体美劳教育体系》，载《现代教学》2018年第10期。

542.《创一流大学必须在育一流人才上下功夫》，载《上海教育》2019年第1期。

543.《改变大学生"松散懒"高校需要"充实教育"——杨德广先生专访》（与罗志敏合作），载《重庆高教研究》2019年第1期。

544.《中小学生课业负担重的源头及破解对策——从中学校长发出"救

救孩子"的呼声谈起》，载《中国教育学刊》2019年第8期。

545.《我国应着力于"超常"学生的选拔和培养——兼论"钱学森之问"的破解》，载《教育发展研究》2019年第11期。

546.《〈新时期大学治理改革研究〉序》，科学出版社2019年版。

547.《习近平总书记关于教育的重要论述对毛泽东和邓小平教育思想的传承和发展》，载《重庆高教研究》2020年第5期。

548.《百岁教育家潘懋元的精神世界》，载《中国高等教育评论》2020年第7期。

549.《行动研究何以成功的三要义》，载《高教论坛》2021年第5期。

550.《课程思政是教育规律和教育本质决定的》，载《江苏高教》2021年第6期。

551.《教育本质是育人》，载《中国教育学刊》2021年第8期。

552.《教育的本质是育人而不是育智》，载《江苏教育》2021年第10期。

553.《建设一支青年科学家队伍》，载《教育家》2022年第1期。

554.《加强"超常"教育的紧迫性及实施路径》，载《教育发展研究》2022年第10期。

555.《拔尖创新人才培养的成效、缺失和建议》，载《重庆高教研究》2022年第6期。

556.《老年教育学的源流与学科建设理据》，载《宁波大学学报（教育科学版）》2022年第3期。

557.《关于"双减"的重要性、成效及问题、对策》，载《上海师范大学学报（哲学社会科学版）》2023年第3期。

558.《摇号招生折射出的"教育公平观"剖析》，载《现代基础教育研究》2023年第6期。

附录三　主要科研奖励和荣誉称号

1990年4月，获首届全国教育科学研究优秀成果奖二等奖。

1995年10月，获国务院颁发的政府特殊津贴。

1996年12月，获上海市第三届哲学社会科学优秀成果奖著作三等奖。

1998年12月，获上海市第二届邓小平理论与宣传优秀成果论文三等奖。

1998年12月，获第二届中国高校人文社会科学研究优秀成果奖二等奖。

1999年9月，获第二届全国教育科学研究优秀成果一等奖。

2000年9月，获上海市第五届哲学社会科学优秀成果奖论文三等奖。

2001年11月，获第七届上海市教育科学研究成果奖著作二等奖。

2002年3月，获全国绿化委员会颁发的2001年度"全国绿化奖章"。

2002年9月，获上海市第六届哲学社会科学优秀成果奖著作三等奖。

2003年9月，获上海市教育功臣提名奖。

2005年3月，获上海市第八届教育科学研究成果（教育理论创新奖）二等奖。

2006年9月，获第三届全国教育科学研究优秀成果二等奖。

2008年5月，获上海市第九届教育科学研究优秀成果奖（教育决策咨询奖）三等奖。

2009年9月，获上海市民政局颁发的"上海慈善奖"。

2010年12月，被全国老龄办评为"全国十大老龄新闻人物"。

2011年3月，获上海市第十届教育科学研究优秀成果奖（教育改革实验奖）一等奖。

2011年4月，被上海师范大学精神文明建设委员会评为"2010年度精神文明十佳好人好事"。

2012年1月，获上海市慈善基金会第五届上海市"慈善之星"称号。

2013年6月，获中国高教学会"从事高教工作逾30年、高教研究有重要贡献学者"称号。

2013年12月，获上海高等教育学会"杰出贡献奖"。

2014年5月，获上海市慈善基金会成立20周年"贡献奖"。

2014年6月，获甘肃省文化和旅游厅"联村联户为民富民"行动"突出贡献奖"。

2014年10月，被中共中央组织部评为"全国离退休干部先进个人"，并受到了习近平总书记等国家领导人的亲切接见。

2017年7月，被中国教育学会等七家单位评为"中国当代教育名家"。

2018年9月，被民政部评为第十届"中华慈善楷模"。

2018年9月，《我为什么做慈善》被上海公益新媒体中心评为"十佳公益故事"。

2021年10月，论文《我国应着力于"超常"学生的选拔和培养——兼论"钱学森之问"的破解》（《教育发展研究》2019年第23期），获首届"天元超常儿童教育奖"唯一金奖。

2021年12月，学术专著《高等教育改革的探索与反思》（人民教育出版社2021年版）入选2021年度"影响教师的100本书"。

2022年8月，在西浦未来教育学院等机构联合发起的首届"寻找新时代中国杰出教育家"活动中，被评为"中国杰出教育家"。

附录四　社会媒体报道部分清单（2010—2022）

1.《70岁大学教授卖房资助贫困生》，《东方早报》2010年2月7日。

2.《慈善是一种崇高》，《解放日报》2010年2月8日。

3.《杨德广：倾毕生所蓄助贫困学子》，《中国教育报》2010年2月27日。

4.《把希望和善心，播种到学生心里》，《解放日报》2010年9月10日。

5.《老教授杨德广卖房设基金助学》，《文汇报》2010年9月10日。

6.《上师大老校长杨德广卖房捐款资助贫困学生》，《东方网》2010年9月11日。

7.《杨德广"裸捐"300万元设奖学金》，《中国青年报》2010年10月30日。

8.《上海师大老校长出稿费设奖学金》，《中国教育报》2010年11月2日。

9.《杨德广：卖房助学思源情深》，《中国教育报》2010年11月17日。

10.《老教授卖房300万元助学》，《新闻晨报》2011年4月11日。

11.《上师大老校长杨德广捐毕生积蓄设奖学金》，《新华网》2012年4月18日。

12.《杨德广：用"整个的心"去做"整个的校长"》，《中国教育报》2012年8月20日。

13.《"慈善校长"》，《现代快报》2012年10月27日。

14.《上海杨德广助学帮困基金情系环县教育》，《甘肃日报》2013年9月30日。

15.《上师大原校长杨德广为九中学生发奖学金》，《扬子晚报》2013年10月9日。

16.《退休校长杨德广的慈善经》，《中国科学报》2014年7月4日。

17.《杨德广基金惠及环县5所学校捐赠29万午餐资金》,《中国环县网》2014年9月10日。

18.《"慈善校长"卖房子兑现助学承诺》,《新华每日电讯》2014年12月14日。

19.《"慈善校长"杨德广:助学带来快乐和幸福》,《新华网》2014年12月23日。

20.《"活明白"的大学校长》,《解放日报》2015年1月20日。

21.《"阳光慈善之家"资助西部贫困生》,《新民晚报》2015年3月18日。

22.《从"慈善校长"到"绿化老人"》,《新民晚报》2015年6月3日。

23.《"慈善校长"再回母校"续"奖学金》,《金陵晚报》2015年6月23日。

24.《"慈善校长"杨德广再拿出25万元助学》,《现代快报》2015年6月23日。

25.《"杨德广帮困助学基金"资助环县贫困学子》,《甘肃日报》2015年12月7日。

26.《杨德广:"绿化校长"的慈善情结》,《中国慈善新闻网》2016年3月22日。

27.《"慈善校长"发起成立阳光慈善基金》,《中青在线》2016年6月24日。

28. 李昶洁、张跃跃:《绿色校长的阳光慈善——访校友杨德广先生》,《华东师范大学新闻中心》2016年7月1日。

29.《这一次我们与大师同行,共享一场精神的饕餮盛宴!》,《微口网》2016年10月19日。

30.《今天地图上这里一片绿,看看发生了什么!》,《搜狐网》2017年3月26日。

31.《从农民儿子到大学校长:做了一辈子教育,我活明白了!》,《搜狐网》2017年10月19日。

32.《杨德广校友捐赠"阳光亭"在南京九中落成揭牌》，《南京九中》2018年5月14日。

33.《杨德广的"有所为"》，《光明日报》2018年6月18日。

34.《慈善让我更有价值、更快乐》，《上海老年报》2018年9月4日。

35.《雪中送炭寄学子上海"慈善校长"播善心》，《中国新闻网》2018年9月5日。

36.《78岁老校长捐300万做慈善，每天午饭只吃阳春面》，《文汇报》2018年9月5日。

37.《一碗68元面条不舍得吃，却卖房捐资300万元助学，这位老校长被评"中华慈善楷模"》，《上观新闻》2018年9月5日。

38.《他没有万贯家财，却变卖房产捐赠学校！慈善校长杨德广的丰盛人生！》《周到网》2018年9月5日。

39.《这位"平民校长"资助两兄弟踏入上海名校，还曾卖房筹集善款》，《澎湃新闻》2018年9月5日。

40.《"捐房校长"杨德广的慈善人生》，《新民晚报》2018年9月5日。

41.《慈善让我的生命更有价值》，《劳动报》2018年9月5日。

42.《"中华慈善楷模"杨德广：他没万贯家财卖房捐资300万助学》，《东方网》2018年9月6日。

43.《"中华慈善楷模"杨德广：他没万贯家财卖房捐资300万助学》，《解放网》2018年9月6日。

44.《他过得"吝啬"，却活得"富足"》，《解放日报》2018年9月6日。

45.《"抠门"校长的"丰裕"慈善路》，《文汇报》2018年9月6日。

46.《这位高校校长卖房资助千位贫困生："我明白钱从何来将向何去"》，《东方网》2018年9月9日。

47.《"慈善校长"杨德广的幸福生活》，《中国社会报》2018年9月14日。

48.《杨德广和"一个鸡蛋的暴走"项目荣获第十届"中华慈善奖"》，《上海民政》2018年9月17日。

49.《他用善举汇聚身边"善的力量"》，《上海法治报》2018年9月18日。

50.《为啥不把百万财产留给子女？78岁老校长这样说》，《人民政协网》2018年9月19日。

51.《为啥不把百万财产留给子女？78岁老校长这样说》，《人民政协网》2018年9月20日。

52.《"活成一个明白人"我国著名高等教育研究专家杨德广讲述自己的人生经历》，《东方教育时报》2020年11月18日。

53.《用精神慈善温暖师范学子心》，《华东师范大学教育发展基金会》2021年4月21日。

54.《上海师范大学原校长杨德广：从农民的儿子到大学校长》，《上海教育电视台》2021年10月3日。

55.《以己之德，广惠万家——记82岁的教育家杨德广教授》，《慈善公益报》2021年11月16日。

56.《人生的意义在有为人生的价值在奉献》，《解放日报》2022年9月5日。

57.《先撒一把种子——专访上海师范大学原校长杨德广》，《解放日报》2022年9月16日。

58.《南京江宁乡贤杨德广："新时代中国杰出教育家"》，《学习强国》2023年6月8日。

后记

2025年是我从教60周年。我于1965年从华东师范大学毕业后，一直从事教育工作。先后在华东师范大学、上海市高等教育局、上海高教研究所、上海大学、新上海大学、上海师范大学、上海震旦职业学院任职，担任了16年高校校长。我坚信理论的作用，坚持用教育理论指导教育实践，回答与解决思想认识上和工作实践中遇到的问题。60年来，我把"工作、学习、研究"紧密结合起来，每天早上6点起床，晚上11点半休息。工作之余，共撰写和发表了500余篇文章，出版了40多部专著（含主编），有效地提升了我的教育理论素养，推动了工作顺利开展。我深深体会到教育研究大有可为、大有作为！

本书精选了20多篇相关的文章。用一个个案例，阐述了开展教育研究为何有为、如何有为的问题。一要有理论的觉醒；二要有行动，用理论指导实践；三要做好调查研究工作；四要有坚持真理、开拓创新的精神；五要热爱教育，把教育当作终身追求的事业。

感谢韩延明、张茂聪教授的诚邀，将我列入《中国高教研究名家论丛》的编写行列，我甚感荣幸。感谢山东师范大学与山东教育出版社勇于承担出版这套艰辛而有意义的《论丛》的重任。感谢责任编辑张予善高度负责的精神，她对书稿做了精心修改和指导。本书在选文和编辑过程中，得到了杭州师范大学罗志敏教授的大力帮助。在此一并表示崇高的敬意！